DIÁLOGOS NA EDUCAÇÃO
DE JOVENS E ADULTOS

Coleção Estudos em EJA

Organização
Leôncio Soares
Maria Amélia Gomes de Castro Giovanetti
Nilma Lino Gomes

DIÁLOGOS NA EDUCAÇÃO
DE JOVENS E ADULTOS

4ª edição
2ª reimpressão

autêntica

Copyright © 2005 Os autores
Copyright © 2005 Autêntica Editora

Todos os direitos reservados pela Autêntica Editora. Nenhuma parte desta publicação poderá ser reproduzida, seja por meios mecânicos, eletrônicos, seja via cópia xerográfica, sem a autorização prévia da Editora.

COORDENADOR DA COLEÇÃO ESTUDOS EM EJA
Leôncio Soares

EDITORA RESPONSÁVEL
Rejane Dias

EDITORA ASSISTENTE
Cecília Martins

REVISÃO
Rosemara Dias dos Santos

PROJETO GRÁFICO DA CAPA
Alberto Bittencourt

EDITORAÇÃO ELETRÔNICA
Waldênia Alvarenga

D537   Diálogos na educação de jovens e adultos / organizado por Leôncio Soares, Maria Amélia Gomes de Castro Giovanetti, Nilma Lino Gomes. – 4. ed.; 2. reimp. – Belo Horizonte: Autêntica Editora, 2018 (Estudos em EJA).

296p.

ISBN 978-85-7526-150-7

1.Educação. 2.Alfabetização. I. Soares, Leôncio. II. Giovanetti, Maria Amélia Gomes de Castro. III. Gomes, Nilma Lino. IV. Título.
CDU 372.4

Belo Horizonte
Rua Carlos Turner, 420
Silveira . 31140-520
Belo Horizonte . MG
Tel.: (55 31) 3465 4500
www.grupoautentica.com.br

São Paulo
Av. Paulista, 2.073, Conjunto Nacional, Horsa I
23º andar . Conj. 2310-2312 Cerqueira César
01311-940 São Paulo . SP
Tel.: (55 11) 3034 4468

SUMÁRIO

7   APRESENTAÇÃO

19   Educação de jovens-adultos: um campo de direitos e de responsabilidade pública
Miguel González Arroyo

EIXOS TEMÁTICOS

PARTE I – Juventudes

53   A juventude e a Educação de Jovens e Adultos: reflexões iniciais – novos sujeitos
Juarez Tarcísio Dayrell

69   Políticas de juventude e Educação de Jovens e Adultos: tecendo diálogos a partir dos sujeitos
Geraldo Magela Pereira Leão

PARTE II – Sujeitos coletivos e políticas públicas

87   Educação de Jovens e Adultos e questão racial: algumas reflexões iniciais
Nilma Lino Gomes

105   Juventude, lazer e vulnerabilidade social
Luiz Alberto Oliveira Gonçalves

133   Protagonismo recente dos movimentos sociais em política, educação e cultura
Rogério Cunha Campos

PARTE III – Cultura popular

149   Possibilidades e limites da educação popular
João Valdir Alves de Souza

PARTE IV – Escola

169 A didática na EJA: contribuições da epistemologia de Gaston Bachelard
Ana Maria Simões Coelho
Carmem Lúcia Eiterer

185 O processo de escolarização dos Xacriabá: história local e os rumos da proposta de educação escolar diferenciada
Ana Maria Rabelo Gomes

205 Escola, cultura juvenil e alfabetização: lições de uma experiência
Lúcia Helena Alvarez Leite

225 Educação Matemática de Jovens e Adultos: discurso, significação e constituição de sujeitos nas situações de ensino-aprendizagem escolares
Maria da Conceição Ferreira Reis Fonseca

PARTE V – Formação de educadores(as)

243 A formação de educadores de EJA: o legado da educação popular
Maria Amélia G. C. Giovanetti

255 Formação de educadores de EJA voltada para a transformação social: pesquisa e militância
Júlio Emílio Diniz Pereira

273 Do direito à educação à formação do educador de jovens e adultos
Leôncio Soares

291 OS AUTORES

APRESENTAÇÃO

A Educação de Jovens e Adultos (EJA) é um campo carregado de complexidades que carece de definições e posicionamentos claros. É um campo político, denso e carrega consigo o rico legado da Educação Popular.

Os educadores e as educadoras de pessoas jovens e adultas, assim como os seus educandos(as), são sujeitos sociais que se encontram no cerne de um processo muito mais complexo do que somente uma "modalidade de ensino". Estão imersos em uma dinâmica social e cultural ampla que se desenvolve em meio a lutas, tensões, organizações, práticas e movimentos sociais desencadeados pela ação dos sujeitos sociais ao longo da nossa história.

Os pesquisadores(as) da Educação de Jovens e Adultos não estão isentos nesse processo. Se qualquer atuação acadêmica e de pesquisa na área das ciências humanas exige posicionamentos políticos e sensibilidade para com os processos de humanização e desumanização vividos pelos sujeitos, aqueles que se dedicam ao campo da Educação de Jovens e Adultos carregam em si mesmos e nas investigações que realizam uma maior responsabilidade social, política e acadêmica de compreender, interpretar, descrever, refletir e analisar as trajetórias, histórias de vida, saberes, ensinamentos e conhecimentos produzidos pelas pessoas jovens e adultas.

Isso significa que a EJA, como um campo político de formação e de investigação, está irremediavelmente comprometida com a educação das camadas populares e com a superação das diferentes formas de exclusão e discriminação existentes em nossa sociedade, as quais se fazem presentes tanto nos processos educativos escolares quanto nos não escolares.

O foco do nosso olhar, ao nos aproximarmos e atuarmos nas múltiplas práticas educativas de Educação de Jovens e Adultos, suscita sérias questões: como garantir a jovens e adultos populares seu direito ao conhecimento e à cultura devidos? Como equacionar as formas mais apropriadas de organizar e aprender esse conhecimento? Serão as formas que nos são familiares em nossa tradição escolar? O equacionamento e as respostas a essas questões que tantos educadores(as) de jovens e adultos populares se colocam deverão ser feitos tendo como referencial as vivências, processos, identidades, lutas e saberes construídos pelos sujeitos da EJA nas relações sociais, culturais e políticas vivenciadas nos diferentes espaços sociais: a família, o trabalho, os grupos culturais, os movimentos sociais, a militância política, as igrejas, os terreiros de candomblé, a luta pela terra, os espaços de lazer, entre outros. A articulação dessa totalidade tem sido uma tensão na história da Educação de Jovens e Adultos e nas pesquisas e práticas educativas.

Essas são algumas reflexões que esta coletânea suscita. O objetivo geral que a originou foi o de criar um espaço de intercâmbio intelectual entre os(as) professores(as) integrantes do NEJA – Núcleo de Educação de Jovens e Adultos – Pesquisa e Formação, da Faculdade de Educação da UFMG.

Apesar de sermos um núcleo articulado em torno de uma mesma temática, os afazeres acadêmicos, as aulas, os projetos de extensão, o ritmo da atual política de produtividade etc. Nos impunham uma rotina um tanto quanto atípica: até então, cada um de nós estava envolvido com seus múltiplos afazeres, desenvolvendo os trabalhos de maneira solitária. A reflexão sobre essa temporalidade recortada pelo ritmo acelerado da vida acadêmica dos nossos dias, somada à reflexão e ao desafio de *realmente* nos constituirmos internamente como um *núcleo*, suscitou a necessidade de nos conhecermos mais de perto, no plano intelectual. Perguntávamo-nos: quem somos nós? O que nos identifica como *núcleo de pesquisa e formação*? Compartilhamos da mesma concepção de EJA? Sentíamos necessidade de mostrar a "*nossa cara*" à comunidade acadêmica e criar, entre nós, um espaço real de debates, reflexões e discussões. Além disso, sentíamo-nos desafiados a compreender, enquanto *núcleo*, como cada pesquisador e pesquisadora vêm dialogando com o campo da EJA, a partir da sua formação intelectual, inserção política e acadêmica e sensibilidades.

Esse é o contexto que possibilitou a presente coletânea. Os textos aqui registrados expressam uma nova articulação do NEJA, a entrada de novos(as) pesquisadores(as) e novas temáticas que, até então, não se viam contempladas em nossos projetos de pesquisa e extensão. Por isso, os artigos aqui registrados revelam as diferentes formas de *diálogos com a EJA* e os possíveis *diálogos sobre a EJA* produzidos pelos(as) autores(as). Cada artigo reflete a maneira como o(a) autor(a) se insere, discute e analisa o campo da EJA, assim como a sua concepção, experiência de pesquisa e de formação. Por isso, encontraremos, aqui, níveis diferenciados de diálogos e de aprofundamento com o tema proposto.

Alguns artigos caminham na direção de um debate teórico-conceitual, outros falam do trabalho com formação de educadores(as). Há aqueles que privilegiam e problematizam os saberes populares, a cultura popular, os movimentos sociais e as experiências escolares e não escolares em EJA. Existe, porém, um *eixo comum* que permeia toda a coletânea: a compreensão das pessoas jovens e adultas como *sujeitos sociais e de direitos*. Sujeitos em movimento. Sujeitos que vivem processos diversos de exclusão social e que, nesse contexto, criam, recriam a cultura, lutam, sonham e impulsionam a EJA, as políticas públicas, a escola e a universidade para um processo de mudança.

Por isso, alertamos novamente os(as) leitores(as) que encontrarão, neste livro, uma diversidade de olhares e diferentes formas de aproximação do campo da EJA. Optamos por manter esse ritmo diferenciado dos artigos, respeitando as opiniões dos(as) autores(as) e deixando o leitor e a leitora tomarem contato com essa dinâmica de produção textual e de pesquisa.

O livro apresenta uma introdução que orienta o leitor e a leitora para a concepção de Educação de Jovens e Adultos aqui presente, ou seja,como *um campo de direitos*. Essa discussão é feita pelo professor Miguel González Arroyo no seu artigo "Educação de Jovens-Adultos: um campo de direitos e de responsabilidade pública". Trata-se de um texto que problematiza os dilemas vividos pela EJA presentes nesta coletânea. Miguel Arroyo abre os nossos "Diálogos sobre a EJA" com uma interrogação: qual o momento vivido na EJA? "Talvez a característica marcante do momento vivido na EJA seja a diversidade de tentativas de configurar sua especificidade... de configurá-la como um campo específico de responsabilidade pública..."O texto mostra que estamos em um *tempo* propício a essa configuração. Entretanto, ela não é espontânea. Exige-se uma intencionalidade política e pedagógica. Miguel Arroyo destaca três fronteiras de ação: primeiro, conhecer quem são os jovens e os adultos, suas trajetórias humanas e escolares, seu protagonismo social e cultural. Vê-los como coletivo com sua herança coletiva de direitos negados, e compreender a EJA como política afirmativa. A segunda fronteira destacada é recontar a história tensa e fecunda da Educação de Jovens e Adultos, superar visões preconceituosas e descobrir seu fecundo legado para configurar a EJA como campo de direitos e de responsabilidade pública. Por fim, o autor sugere a urgência de se repor a relação entre EJA e as outras modalidades de educação básica. Mostra que as relações entre Educação de Jovens e Adultos e o Sistema Escolar sempre foram tensas e apontam um possível diálogo de enriquecimento mútuo sem descaracterizar o rico legado da Educação de Jovens e Adultos.

Após essa introdução, a coletânea se organiza em cinco eixos temáticos: *Juventudes, Sujeitos Coletivos e Políticas Públicas, Cultura Popular, Escola e Formação de Educadores(as)*.

O primeiro eixo, intitulado *"Juventudes"*, traz os artigos de Juarez Dayrell e Geraldo Magela P. Leão. No seu artigo, "Juventude, Produção Cultural e Educação de Jovens e Adultos", Juarez Dayrell discute que a tradição da EJA sempre foi muito mais ampla do que o "ensino", não se reduzindo à escolarização, à transmissão de conteúdos, mas dizendo respeito aos processos educativos amplos relacionados à formação humana, como sempre deixou muito claro Paulo Freire.

O autor enfatiza que os jovens que frequentam, na escola, as turmas de EJA precisam ser vistos como sujeitos sociais e não simplesmente como "alunos" ou qualquer outra categoria generalizante. Por isso, a escola e seus profissionais que desejem estabelecer um diálogo com as novas gerações deverão se mexer, sair do lugar! Um dos caminhos apontados é conhecer os jovens (e os adultos) com os quais trabalham, construir o seu perfil, descobrir como eles constroem um determinado *modo de ser jovem*. A fim de contribuir para essa discussão, Juarez Dayrell analisa um fenômeno que envolve, cada vez mais, um maior número de jovens em nossa sociedade: a produção cultural. Para tal, privilegia a juventude de periferia – o público potencial da EJA –, mais particularmente os jovens que participam dos grupos musicais ligados aos estilos *rap* e *funk*.

O artigo de Geraldo Magela P. Leão, "Políticas de juventude e educação de jovens e adultos: tecendo diálogos a partir dos sujeitos", parte da constatação de um fenômeno recente na sociedade brasileira, a emergência com grande visibilidade da juventude nas últimas décadas. O mesmo fenômeno se manifesta na EJA. É o chamado "rejuvenescimento" da EJA, provocando novos desafios. O texto pretende discutir as possibilidades e limites do encontro entre os dois campos: as políticas de inclusão social de jovens e a EJA, tendo como referência os jovens como sujeitos. O texto culmina na reafirmação da importância dos jovens como sujeitos e no reconhecimento da moderna condição juvenil como pilar do diálogo entre a EJA e as políticas de juventude.

No segundo eixo, intitulado *"Sujeitos Coletivos e Políticas Públicas"* encontramos os artigos de Nilma Lino Gomes, Luiz Alberto Oliveira Gonçalves e Rogério Cunha Campos.

No texto "Educação de jovens e adultos e questão racial: algumas reflexões iniciais", Nilma Lino Gomes discute a importância e a centralidade da temática da questão racial na educação de jovens e adultos, na medida em que os projetos escolares e não escolares da EJA atendem um público majoritariamente pobre e negro. Buscando um equilíbrio entre a inquietação e o reconhecimento das conquistas do debate, o texto ganha um tom propositivo, sinalizando a existência de uma "mudança lenta acontecendo", fruto da ação dos sujeitos sociais sempre propulsora de mudanças. Nilma conclui seu texto refletindo sobre alguns desafios e apresentando algumas propostas na articulação entre EJA e questão racial, destacando a relevância da implementação das ações afirmativas.

Luiz Alberto Oliveira Gonçalves, no seu texto "Juventude, lazer e vulnerabilidade social", discute que nem sempre os profissionais e estudiosos das políticas e práticas voltadas para a juventude e a vida adulta consideram o papel social e político do lazer na vida e na construção das identidades dos sujeitos, sobretudo dos negros que fazem parte das camadas populares e vivem processos de exclusão e vulnerabilidade social. O autor estuda as múltiplas formas de exclusão na sociedade atual argumentando que essa reflexão poderá nos ajudar a compreender "o momento de tanta euforia em que se discute, às vezes sem muita crítica, a adoção de políticas de inclusão social envolvendo jovens em situação de vulnerabilidade social". A fim de ampliar esse debate, Luiz Alberto analisa os dados levantados pela etnografia do antropólogo Carlos Benedito Rodrigues da Silva (1995) referente à inserção e às práticas dos jovens negros que vivem a experiência do *reggae* no município de São Luiz do Maranhão. Essa vivência é analisada como movimento de libertação e resistência, forma de expressão, lazer e produção cultural. Segundo o autor, as desigualdades que atingem a juventude em situação de vulnerabilidade social (na sua maioria negra) têm de ser enfrentadas com políticas públicas que imprimam uma nova visão no que se refere à inclusão de grupos com uma longa história de discriminação.

O texto de Rogério Cunha Campos, "Protagonismo recente dos movimentos sociais em política, educação e cultura", tem uma particularidade interessante na medida em que problematiza com pertinência a reivindicação dos movimentos indígenas por educação escolar de sua população adulta. O autor destaca as dimensões cultural e política em que estão imersas as comunidades indígenas e que, portanto, constituem uma referência ao se pensar as relações da educação de jovens e adultos com o mundo indígena. Partindo de uma breve retrospectiva dos movimentos sociais a partir dos anos 80 no

Brasil, Rogério chega à temática central de seu texto, aprofundando seu debate em torno dos movimentos indígenas como sujeitos socio-culturais. O texto culmina com uma reflexão a respeito da educação de jovens e adultos no interior dos movimentos indígenas.

O terceiro eixo, nomeado *"Cultura Popular"*, traz as reflexões de João Valdir Alves de Souza sobre as articulações possíveis entre a EJA e a cultura popular. Uma discussão necessária e pouco realizada. Insistimos em mantê-la como uma seção separada das outras, pois a própria insipiência de estudos que privilegiem essa articulação já nos revela a necessidade de sua ampliação e aprofundamento. O seu texto, "Possibilidades e limites da educação popular", sintetiza o conjunto dos resultados de um projeto de pesquisa que o autor coordenou. Pesquisa desenvolvida por professores de uma escola estadual locali-zada na cidade de Turmalina, no Vale do Jequitinhonha. O texto está estruturado em duas partes; a primeira voltada para reflexões a respeito da medicina popular em geral, e a segunda centrada nos resultados da pesquisa sobre a da medicina popular em Turmalina. Em sua conclu-são, João Valdir ressalta a contribuição da pesquisa para os alunos que dela participaram, uma vez que entraram em contato com muitos dos representantes das práticas da medicina popular: benzedeiras, rezadei-ras, parteiras, curadores e raizeiros que continuam sendo admirados e respeitados. O autor finaliza seu texto alertando que valorizar a cultura do povo não significa concebê-la por um prisma romântico e acrítico. Suas práticas representam também inúmeros limites.

O quarto eixo refere-se à *"Escola"* e o seu diálogo com a EJA. A escola é aqui pensada como espaço sociocultural, de construção, produção e socialização de conhecimentos, vivências. Ela é vista, também, como espaço/tempo de formação de sujeitos sociais concre-tos e, sobretudo, como conquista de grupos sociais e étnico-raciais com histórico de luta, exclusão e discriminação.

Nesse eixo, encontramos os artigos de Ana Maria Simões Coelho e Carmem Lúcia Eiterer, Ana Maria Rabelo Gomes, Lúcia Helena A. Leite e Maria da Conceição F. R. Fonseca

O texto "A didática na EJA: contribuições da epistemologia de Gaston Bachelard", de autoria de Ana Maria Simões Coelho e Carmem Lúcia Eiterer, é um instigante ensaio para pensar as possíveis relações entre as preocupações do filósofo professor – *Gaston Bachelard* – a respeito da construção do conhecimento científico e as situações reais de ensino-aprendizagem enfrentadas na sala de aula pelos educadores de jovens e adultos. Com base na obra *A formação do espírito científico*, as autoras discutem o conceito de ciência, de resistência e o processo de constituição dos sujeitos.

Ana Maria Rabelo Gomes, no artigo intitulado "O processo de escolarização dos Xacriabá: história local e os rumos da proposta de educação escolar diferenciada", confronta duas diferentes possibilidades de análise do processo de escolarização dos Xacriabá; uma toma como referência os trabalhos de etnografia do cotidiano escolar, em particular na Antropologia da Educação americana, e, dentro dessa, explora as análises sobre as descontinuidades culturais e sobre a constituição de práticas pedagógicas culturalmente orientadas. E a outra possibilidade toma a história da educação como referência, em particular os estudos sobre os processos de escolarização, nos quais se indaga sobre a natureza da atual crise da escola, apontando para um eventual esgotamento de um modelo hegemônico, ou seja, o modo escolar de socialização. Demonstra como, a partir de duas óticas de análise, emergem diferentes direções do processo de escolarização dos Xacriabá.

O texto de Lúcia Helena A. Leite, "Escola, cultura juvenil e alfabetização: lições da experiência", parte de um projeto desenvolvido com adolescentes entre 12 e 15 anos, alunos do 3º ciclo da Rede Municipal de Belo Horizonte que ainda não tinham a base alfabética construída. A autora revela que o texto é fruto de uma reflexão coletiva construída pelo grupo de professoras participantes do referido projeto. A análise da experiência evidencia que a causa do desinteresse dos alunos pelas atividades escolares encontra-se na falta de sentido das mesmas. A Lúcia Helena finaliza seu texto ressaltando a necessidade de políticas públicas dirigidas a jovens com trajetória de exclusão social, possibilitando que os mesmos sejam sujeitos de seu processo de formação e transformando a "escola como espaço de cultura viva".

No texto "Educação Matemática de jovens e adultos: discurso, significação e constituição de sujeitos nas situações de ensino-aprendizagem escolares", a autora Maria da Conceição F. R. Fonseca analisa a sua inserção acadêmica no campo da Educação de Jovens e Adultos a partir de indagações específicas sobre a questão da significação na aprendizagem adulta da Matemática Básica. Discute a dimensão coletiva da memória semântica e dos modos de *matematicar*. Por fim, a autora tematiza os processos de ensino-aprendizagem da Matemática como fenômenos de interação verbal e de constituição do sujeito.

O quinto e último eixo temático, *"Formação de Educadores(as)"*, enfrenta o desafio de discutir a EJA como espaço de formação dos sujeitos e processo de construção de relações humanas, trajetórias sociais e pessoais. Os artigos problematizam e descrevem a diferentes maneiras de ver, intervir e investigar a EJA e a formação de educadores(as). Nessa sessão, encontramos os artigos de Maria Amélia G. C. Giovanetti, Júlio Emílio Diniz Pereira e Leôncio Soares.

Maria Amélia G. C. Giovanetti, no seu artigo "A formação de educadores de EJA: o legado da Educação Popular", além de explicitar o legado da Educação Popular para a reflexão sobre o processo de formação de educadores de EJA, destaca duas marcas identitárias da EJA: o pertencimento dos jovens e adultos às camadas populares e a perspectiva da mudança social norteando o processo educativo. Com o objetivo de responder à questão de como pensar a formação de educadores de EJA, marcada pela intencionalidade de contribuir para um processo de mudança social, o texto conclui apresentando possíveis contribuições de uma interlocução com a filosofia e com as Ciências Sociais, clareando as concepções de mundo, de homem e de sociedade que respaldam um processo educativo.

No texto "Formação de educadores voltada para a transformação social: pesquisa e militância", Júlio Emílio Diniz Pereira discute a "descoberta" do campo da formação de educadores voltada para a transformação social como área de pesquisa e militância na educação. Discute também as potencialidades e os desafios do desenvolvimento de projetos de formação de educadores voltados para a transformação social na educação de pessoas jovens e adultas.

Leôncio Soares, no seu artigo "Do direito à educação à formação do educador de jovens e adultos", se dedica ao exercício do *pensar* sobre a sua própria trajetória como profissional e pesquisador da EJA. O autor analisa a sua inserção e trajetória na área da educação de jovens e adultos a partir de três eixos principais: o direito à educação, as políticas públicas de EJA e a formação do educador de jovens e adultos. Nesse processo de reflexão sobre a própria trajetória e produção teórica, Leôncio Soares discute e analisa os conceitos que foram sendo ressignificados e os passos que foram se redefinindo no seu percurso na EJA a partir do seu contato com o sujeito jovem e adulto que vivencia esse processo educativo, assim como na sua atuação como professor da formação complementar "Educação de Jovens e Adultos" no curso de Pedagogia da FaE/UFMG. O texto aponta, ainda, a necessidade de maiores reflexões sobre a formação inicial e continuada do(a) educador(a) da EJA e as possibilidades de atuação do egresso do curso de Pedagogia nesse campo. Esse último aspecto tem sido tema de pesquisa do autor no presente momento, e os dados iniciais apontam uma contradição e forte tensão entre a formação do(a) educador(a) da EJA, o campo de trabalho possível para a sua atuação e as políticas educacionais.

Reconhecemos que muitos outros temas ainda não foram abordados. Esperamos que as ausências e lacunas percebidas produzam dois tipos de movimento: um interno e outro externo. O primeiro diz respeito à própria equipe do NEJA, ampliar e aprofundar as temáticas de pesquisa e os *olhares sobre a EJA*. Esforço esse já iniciado e demonstrado nas páginas a seguir. O segundo constitui-se de pistas e sugestões de possíveis temáticas de pesquisa dentro do campo da EJA que ainda se encontram abertas ou se mostram incipientes, carecendo de educadores(as) e pesquisadores(as) que aceitem o desafio de desenvolvê-las.

Finalmente, destacamos que este trabalho é fruto de uma articulação conjunta entre os integrantes do NEJA e não pretende se esgotar somente nessa publicação. Pelo contrário, pretende ser a expressão de um movimento interno e dinâmico de maior articulação entre pesquisadores(as), seus projetos e suas pesquisas. Para tal, contamos com o suporte e apoio do professor Miguel González Arroyo. Gostaríamos de deixar registrados os nossos sinceros agradecimentos e o reconhecimento à sua brilhante contribuição, alertas, sugestões e críticas. Ele é e sempre será uma referência acadêmica e de vida para todos nós.

Dedicamos este livro a todos aqueles que sonham e lutam por uma Educação de Jovens e Adultos cada dia mais comprometida com o processo de formação humana e com a luta contra toda e qualquer forma de discriminação e exclusão social.

Leôncio Soares
Maria Amélia Gomes de Castro Giovanetti
Nilma Lino Gomes

Educação de jovens-adultos:

um campo de direitos
e de responsabilidade pública

Miguel González Arroyo

> As águas deste rio onde vão,
> Eu não sei.
> A minha vida inteira esperei...
>
> *Tom Jobin*

O campo da Educação de Jovens e Adultos tem uma longa história. Diríamos que é um campo ainda não consolidado nas áreas de pesquisa, de políticas públicas e diretrizes educacionais, da formação de educadores e intervenções pedagógicas. Um campo aberto a todo cultivo e onde vários agentes participam. De semeaduras e cultivos nem sempre bem definidos ao longo de sua tensa história.

Talvez a característica marcante do momento vivido na EJA seja a diversidade de tentativas de configurar sua especificidade. Um campo aberto a qualquer cultivo e semeadura será sempre indefinido e exposto a intervenções passageiras. Pode-se tornar um campo desprofissionalizado. De amadores. De campanhas e de apelos à boa vontade e à improvisação. Um olhar precipitado nos dirá que talvez tenha sido esta uma das marcas da história da EJA: indefinição, voluntarismo, campanhas emergenciais, soluções conjunturais.

A configuração da EJA como um campo específico de responsabilidade pública do Estado é, sem dúvida, uma das frentes do momento presente. Há indicadores que apontam nessa direção? As universidades e os centros de pesquisa e de formação assumem os jovens e adultos e seus processos de formação como foco de pesquisas e de reflexão teórica. O Grupo de Trabalho – Educação de Jovens e Adultos da ANPEd é um dos espaços de apresentação e troca dos produtos dessas pesquisas. Este pode ser um ponto promissor na reconfiguração da EJA: as universidades em suas funções de ensino, pesquisa e extensão se voltam para a educação de jovens e adultos.

Há outros indicadores promissores para a reconfiguração da EJA. Além de se constituir como um campo de pesquisas e de formação, a EJA vem encontrando condições favoráveis para se configurar como um campo específico de políticas públicas, de formação de educadores, de produção teórica e de intervenções pedagógicas. Podemos encontrar indicadores novos de que o Estado assume o dever de responsabilizar-se publicamente pela EJA. Cria-se um espaço institucional no MEC, na Secretaria de Educação Continuada, Alfabetização e Diversidade (Secade). Discute-se a EJA nas novas estruturas de funcionamento da educação básica – Fundo de Manutenção e Desenvolvimento do Ensino Básico (Fundeb). Criam-se estruturas gerenciais específicas para EJA nas Secretarias Estaduais e Municipais.

Por outro lado, encontramos na sociedade sinais de preocupação com os milhões de jovens e adultos que têm direito à educação básica. ONGs, igrejas e cultos afro-brasileiros, sindicatos e movimentos sociais, especificamente os movimentos sociais do campo como o MST, criam propostas voltadas à educação de jovens e adultos. Instituições como UNESCO, Abrinq, Natura dão prioridade à EJA... O compromisso dessa diversidade de coletivos da sociedade não é mais de campanhas nem de ações assistencialistas. Um novo trato mais profissional está se consolidando como indicador de que tanto o Estado quanto a sociedade em seus diversos atores são mais sensíveis aos jovens e adultos e a seus direitos à educação. Surge uma nova institucionalidade entre o Estado e a sociedade. Os Fóruns de EJA passaram a ser um novo espaço promissor.

Poderíamos encontrar outros indicadores de que estamos em um tempo propício para a reconfiguração da EJA. Um dos mais promissores é a constituição de um corpo de profissionais educadores(as) formados(as) com competências específicas para dar conta das especificidades do direito à educação na juventude e na vida adulta. As faculdades de Educação criam cursos específicos de formação para EJA. Por outro lado, hoje é mais fácil encontrar produção teórica e material didático específicos para esses tempos educativos.

Entretanto, o que há de mais esperançoso na configuração da EJA como um campo específico de educação é o protagonismo da juventude. Esse tempo da vida foi visto apenas como uma etapa preparatória para a vida adulta. Um tempo provisório. Nas últimas décadas, vem se revelando como um tempo humano, social, cultural, identitário que se faz presente nos diversos espaços da sociedade, nos movimentos sociais, na mídia, no cinema, nas artes, na cultura... Um tempo que traz suas marcas de socialização e sociabilidade, de formação e intervenção. A juventude e a vida adulta como um tempo de direitos humanos, mas também de sua negação. A sociedade e o Estado, sensibilizados, vão reconhecendo a urgência de elaborar e implementar políticas públicas da juventude dirigidas à garantia da pluralidade de seus direitos e ao reconhecimento de seu protagonismo na construção de projetos de sociedade, de campo ou de cidade.

Esse quadro trará seríssimas consequências na reconfiguração da Educação de Jovens e Adultos. Esta será marcada, sem dúvida, pela orientação que forem adquirindo as políticas da juventude e o reconhecimento da especificidade humana, social e cultural desses tempos da vida como tempos de direitos. A visão reducionista com que, por décadas, foram olhados os alunos da EJA – trajetórias escolares truncadas, incompletas – precisará ser superada diante do protagonismo social e cultural desses tempos da vida. As políticas de educação terão de se aproximar do novo equacionamento que se pretende para as políticas da juventude. A finalidade não poderá ser suprir carências de escolarização, mas garantir direitos específicos de um tempo de vida. Garantir direitos dos sujeitos que os vivenciam.

Todo esse conjunto de indicadores aponta que estamos em um momento novo, que exige como primeira estratégia a reconfiguração da EJA. Entretanto, essa reconfiguração não virá espontaneamente. O sistema escolar continua a pensar em sua lógica e estrutura interna e nem sempre tem facilidade para abrir-se a essa pluralidade de indicadores que vem da sociedade, dos próprios jovens-adultos e de outras áreas de políticas públicas. Exige-se, pois, uma intencionalidade política, acadêmica, profissional e pedagógica no sentido de colocar-nos na agenda escolar e docente, de pesquisa, de formação e de formulação de políticas, a necessidade de pensar, idealizar e arquitetar a construção dessa especificidade da EJA no conjunto das políticas públicas e na peculiaridade das políticas educativas. Constituir a educação de jovens-adultos como um campo de responsabilidade pública.

Quem são esses jovens-adultos?

Que elementos trazer para esta construção ou configuração nova da EJA? Na diversidade de debates e de práticas, podemos encontrar várias estratégias para essa configuração. Encontramos uma maior sensibilidade por saber quem são esses jovens-adultos. Penso que a reconfiguração da EJA não pode começar por perguntar-nos pelo seu lugar no sistema de educação e menos pelo seu lugar nas modalidades de ensino. Partir desse foco vai nos confundir mais do que ajudar na reconfiguração da EJA. A inserção "escolar" não pode ser o ponto de partida. Seria uma pretensão desfocada.

A Educação de Jovens e Adultos tem de partir, para sua configuração como um campo específico, da especificidade desses tempos da vida – juventude e vida adulta – e da especificidade dos sujeitos concretos históricos que vivenciam esses tempos. Tem de partir das formas concretas de viver seus direitos e da maneira peculiar de viver seu direito à educação, ao conhecimento, à cultura, à memória, à identidade, à formação e ao desenvolvimento pleno (LDB, n. 9394/96, Art. 1° e 2°).

O ponto de partida deverá ser perguntar-nos quem são esses jovens e adultos. As pesquisas passaram a dar maior destaque ao conhecimento dos sujeitos da ação educativa. Os cursos de formação passaram a dedicar tempos novos para que os educadores da EJA conheçam esses jovens e adultos. Pesquisem e tenham acesso aos estudos sobre a história social da juventude, sobre o olhar da sociologia, da antropologia e da historiografia. Quanto mais se avançar na configuração da juventude e da vida adulta teremos mais elementos para configurar a especificidade da EJA, a começar por superar visões restritivas que tão negativamente a marcaram. Por décadas, o olhar escolar os enxergou apenas em suas trajetórias escolares truncadas: alunos evadidos, reprovados, defasados, alunos com problemas de frequência, de aprendizagem, não concluintes da 1ª à 4ª ou da 5ª à 8ª. Com esse olhar escolar sobre esses jovens-adultos, não avançaremos na reconfiguração da EJA.

Sem dúvida que um dos olhares sobre esses jovens e adultos é vê-los como alunos(as), tomarmos consciência de que estão privados dos bens simbólicos que a escolarização deveria garantir. Que milhões estão à margem desse direito. Que o analfabetismo e os baixos índices de escolarização da população jovem e adulta popular são um gravíssimo indicador de estarmos longe da garantia universal do direito à educação para todos. Colocamo-nos nessa perspectiva é um avanço em relação às velhas políticas de suplência. Porém, o olhar pode não mudar. Continuam sendo vistos pelas carências e lacunas no percurso escolar. O direito dos jovens e adultos à educação continua sendo visto sob a ótica da escola, da universalização do ensino fundamental, de dar novas oportunidades de acesso a esses níveis não cursados no tempo tido em nossa tradição como oportuno para a escolarização. A EJA continua sendo vista como uma política de continuidade na escolarização. Nessa perspectiva, os jovens e adultos continuam vistos na ótica das carências escolares: não tiveram acesso, na infância e na adolescência, ao ensino fundamental, ou dele foram excluídos ou dele se evadiram; logo, propiciemos uma segunda oportunidade.

A EJA somente será reconfigurada se esse olhar for revisto. Se o direito à educação ultrapassar a oferta de uma segunda oportunidade de escolarização, ou na medida em que esses milhões de jovens-adultos forem vistos para além dessas carências. Um novo olhar deverá ser construído, que os reconheça como jovens e adultos em tempos e percursos de jovens e adultos. Percursos sociais onde se revelam os limites e possibilidades de ser reconhecidos como sujeitos dos direitos humanos. Vistos nessa pluralidade de direitos, se destacam ainda mais as possibilidades e limites da garantia de seu direito à educação. Não se trata de secundarizar esse direito mas de não o isolar dos tortuosos percursos de suas específicas formas de se realizar como seres humanos. A EJA adquire novas dimensões se o olhar sobre os educandos se alarga.

Como ver esses jovens-adultos? Reconhecendo e entendendo seu protagonismo. A visibilidade com que a juventude emerge nas últimas décadas e seu protagonismo não vêm apenas das lacunas escolares, das trajetórias escolares truncadas, mas vêm das múltiplas lacunas a que a sociedade os condena. Sua visibilidade vem de sua vulnerabilidade, de sua presença como sujeitos sociais, culturais, vivenciando tempos da vida sobre os quais incidem de maneira peculiar, o desemprego e a falta de horizontes; como vítimas da violência e do extermínio e das múltiplas facetas da opressão e exclusão social. As carências escolares se entrelaçam com tantas carências sociais. Nesse olhar mais abrangente da juventude as políticas públicas e as políticas educativas da juventude como EJA, adquirem configurações muito mais abrangentes. Radicalizam o legítimo direito à educação para todos. Esse "todos" abstrato se particulariza em sujeitos concretos.

Essa mudança de olhar sobre os jovens e adultos será uma pre-condição para sairmos de uma lógica que perdura no equacionamento da EJA. Urge ver mais do que alunos ou ex-alunos em trajetórias escolares. Vê-los jovens-adultos em suas trajetórias humanas. Superar a dificuldade de reconhecer que, além de alunos ou jovens evadidos ou excluídos da escola, antes do que portadores de trajetórias escolares truncadas, eles e elas carregam trajetórias perversas de exclusão social, vivenciam trajetórias de negação dos direitos mais básicos à vida, ao afeto, à alimentação, à moradia, ao trabalho e à sobrevivência. Negação até do direito a ser jovem. As trajetórias escolares truncadas se tornam mais perversas porque se misturam com essas trajetórias humanas. Se reforçam mutuamente. A EJA como política pública adquire uma nova configuração quando equacionada na abrangência das políticas públicas que vêm sendo exigidas por essa juventude.

Diante da vulnerabilidade de suas vida, o direito à educação foi e continuará sendo vulnerável. Consequentemente, não se trata de secun-darizar a universalização do direito ao ensino fundamental para esses jovens-adultos. Trata-se de não separar esse direito das formas concretas em que ele é negado e limitado no conjunto da negação dos seus direitos e na vulnerabilidade e precariedade de suas trajetórias humanas.

Entretanto, o protagonismo da juventude não vem apenas das carências. Esses jovens-adultos protagonizam trajetórias de humanização. Consequentemente, devemos vê-los não apenas pelas carências sociais, nem sequer pelas carências de um percurso escolar bem-sucedido. Uma característica do olhar da historiografia e sociologia é mostrar-nos como os jovens se revelam protagonistas nas sociedades modernas, nos movimentos sociais do campo ou das cidades. Se revelam protagonistas pela sua presença positiva em áreas como a cultura, pela pressão por outra sociedade e outro projeto de campo, pelas lutas por seus direitos... Trata-se de captar que, nessa negatividade e positividade de suas trajetórias humanas, passam por vivências de jovens-adultos onde fazem percursos de socialização e sociabilidade, de interrogação e busca de saberes, de tentativas de escolhas e formação de valores. As trajetórias sociais e escolares truncadas não significam sua paralisação nos tensos processos de sua formação mental, ética, identitária, cultural, social e política. Quando voltam à escola, carregam esse acúmulo de formação e de aprendizagens.

Ver esses processos formadores pode significar uma reconfiguração da própria EJA, da formação dos educadores, dos conhecimentos a serem trabalhados, dos processos e das didáticas. A EJA como espaço formador terá de se configurar reconhecendo que esses jovens e adultos vêm de múltiplos espaços deformadores e formadores onde participam. Ocupam espaços de lazer, de trabalho, cultura, sociabilidade, fazem parte de movimentos de luta pela terra, pelo teto e pelo trabalho, pela cultura, pela dignidade e pela vida. Criam redes de solidariedade e de trocas culturais, de participação nas suas comunidades e assentamentos, na cidade e nos campos. Esse olhar mais totalizante e mais positivo do protagonismo dos jovens-adultos poderá ser determinante à educação. Uma nova compreensão da condição juvenil levará a uma nova compreensão do seu direito à educação. Consequentemente levará a uma nova compreensão da EJA.

Essa postura supõe ver a juventude e a vida adulta como tempos de direitos. Da totalidade dos direitos e especificamente do direito à educação. Consequentemente, afirmar políticas da juventude, inclusive educativas. Entretanto, dependendo da visão que se tenha desse protagonismo, as políticas terão um sentido ou outro. Se a sociedade e o Estado se preocupam com a juventude como uma ameaça, como um tempo de carência de valores e condutas, por seus comportamentos ameaçadores e violentos, as políticas terão a marca preventiva. Por vezes, as políticas educativas e a própria EJA se afirmam nessa direção preventiva, moralizante: salvemos a juventude (popular é claro) da violência, da droga e da prostituição e até do desespero diante da falta de horizontes de sobrevivência e emprego. Nesse equacionamento, a EJA não sai de onde sempre esteve: um remédio para suprir carências seja de alfabetização, de escolarização, seja de fome e exclusão e agora de violência e deterioração moral. A configuração da EJA sempre terá a cara da configuração que a sociedade e o Estado fizerem do protagonismo ameaçador que nossa cultura vê nos setores populares. Como é pesado esse olhar negativo sobre a juventude popular! É um traço de nossa cultura elitista. A EJA vem pagando um alto tributo quando se deixa impregnar por esse olhar negativo sobre a juventude popular.

Educação de Jovens e Adultos e Políticas Públicas

A EJA sairá dessa configuração supletiva, preventiva e moralizante se mudar o olhar sobre os jovens-adultos e os ver com seu protagonismo positivo: sujeitos de direitos e sujeitos de deveres do Estado. Aí poderá se configurar como política pública, como dever de Estado. As possibilidades de reconfigurar esse direito à educação passam por aí: por avançarmos em uma visão positiva dos jovens e adultos populares, por reconhecê-los como sujeitos de direitos. Consequentemente por criar uma nova cultura política: que o Estado reconheça seu dever na garantia desse direito. A EJA somente será outra do que foi e ainda é se for assumida como política pública, se for equacionada no campo dos direitos e deveres públicos. Esses avanços exigem clareza por parte dos diversos atores que intervêm nesse campo tão aberto e indefinido. Esses diversos atores sociais que historicamente tentam a educação dos jovens e adultos populares terão de abandonar orientações supletivas, compassivas, preventivas e moralizantes e redefinir suas ações reconhecendo em cada jovem ou adulto um sujeito de direitos e consequentemente pressionar o Estado para que assuma seu dever de garantir esse direito. Essa empreitada não exclui os diversos atores sociais que historicamente se fazem presentes no campo da EJA, porém exigirá um horizonte público, de direitos e deveres. Exigirá uma definição mais precisa desse campo: não fechá-lo a diversas semeaduras, porém todas marcadas pelo reconhecimento da educação desses jovens-adultos como um direito e consequentemente como um dever público. De Estado.

Por que a indefinição se lastra por décadas nesse campo? Porque não foi reconhecido nem pela sociedade nem pelo Estado como um direito e um dever, como uma responsabilidade pública. A ausência dos governos levou agentes diversos da sociedade a assumir sua responsabilidade diante de uma realidade cada vez mais premente: quem daria conta da obrigação ética, social, política de garantir o direito à educação de milhões de jovens-adultos populares? Por que o Estado continuou tão ausente? A compreensão dessa questão nos remete ao campo do reconhecimento social dos direitos. Nas últimas décadas, a responsabilidade do Estado avançou nas áreas em que a educação foi reconhecida como direito: o ensino fundamental, de sete a 14 anos. Apenas. Essa restrição do direito à educação apenas a crianças e adolescentes de sete a 14 anos deixou de fora o direito da infância, dos jovens-adultos, da formação profissional dos trabalhadores, da educação de portadores de necessidades especiais. O Fundef como responsabilidade do Estado é um marco nessa estreiteza de reconhecimento do direito à educação e do dever do Estado apenas à idade de 7 a 14 anos. E os outros tempos não são também tempos de direitos? Essa estreita visão do direito à educação legitimou que os tempos da juventude e vida adulta fossem reconhecidos como tempos de suplência porque esses jovens-adultos não teriam sido escolarizados quando estavam com 7-14 anos.

A EJA vem se enredando nessa estreiteza do reconhecimento do direito à educação apenas ao ensino fundamental e apenas a essa idade sete a 14 anos. Sem alargar essa estreita visão do direito à educação não sairemos do mesmo lugar: a EJA continuará um tempo de suplência. Ultimamente os termos suplência, supletivo vão sendo abandonados, porém a lógica continua a mesma. Falamos em EJA de 1ª-4ª e de 5ª-8ª. O direito à educação continua restrito ao ensino fundamental e à idade de 7 a 14 anos, porém se abre uma brecha para esse direito ao ensino fundamental para além dos 14 anos para suprir o cardápio intelectual que deveriam ter recebido quando crianças e adolescentes. O reconhecimento da juventude e da vida adulta como um tempo específico de direito à educação está, ainda, muito distante de ser legitimado na sociedade e no Estado, inclusive nos atores mais comprometidos com EJA. Se pretendemos reconfigurar a Educação de Jovens e Adultos, teremos de começar por reconfigurar a estreiteza com que vem sendo equacionado o direito à educação em nossa tradição política e pedagógica. O embate tem de se dar no campo do alargamento dessa estreita concepção dos direitos sociais, humanos. A história mostra que o direito à educação somente é reconhecido na medida em que vão acontecendo avanços sociais e políticos na legitimação da totalidade dos direitos humanos. A reconfiguração da EJA estará atrelada a essa legitimação.

Sujeitos coletivos de direitos

Há indicadores de que a consciência dos direitos vem avançando. Vários caminhos vêm sendo trilhados para alargar essa estreita visão dos direitos. Os agentes que vêm pressionando pelo alargamento dessa estreita visão são os movimentos sociais, das cidades e dos campos. A participação dos jovens nesses movimentos os leva a reconhecer--se como sujeitos específicos de direitos. A presença de milhões de jovens-adultos, fazendo tantos sacrifícios por sua educação, pode ser lida como um sinal inequívoco de que se reconhecem sujeitos de direitos e exigem da sociedade e do Estado esse reconhecimento.

Esses pontos merecem pesquisas mais detidas: qual o papel histórico dos movimentos sociais e da diversidade de ações coletivas na afirmação dos direitos à vida, ao trabalho e à terra, à alimentação e à moradia, à saúde e à educação, à memória e à identidade? Toda essa mobilização dos trabalhadores, das cidades e dos campos, das mulheres, dos povos negros e indígenas, dos jovens... tem um ponto em comum: se reconhecem sujeitos de direitos e exigem seu reconhecimento social e político. Teimar em reduzir direitos a favores, à assistência, à suplência, ou a ações emergenciais é ignorar os avanços na construção social dos direitos entre eles à educação de jovens e adultos. A EJA somente se afirmará entrando nos espaços que os movimentos sociais vão abrindo nas lutas por seus direitos. Fala-se muito hoje em parcerias entre a sociedade, seus diversos atores e o Estado, porém as parcerias que contribuirão na configuração da EJA como garantia de direitos e como dever de Estado serão aquelas que situam suas intervenções na legitimação dos direitos dos excluídos, dos setores populares; aqueles atores sociais que superarem visões assistencialistas para com esses setores populares, que os reconhecerem sujeitos coletivos de direitos, na totalidade dos direitos humanos. Criar alguns espaços para a continuidade de estudos dos jovens e adultos populares, nada ou pouco fazendo por mudar as estruturas que os excluem do trabalho, da vida, da moradia, de sua memória, cultura e identidade coletiva não configurará a EJA no campo dos direitos. As experiências mais determinantes na história de EJA foram aquelas vinculadas aos movimentos sociais tão determinantes do avanço da legitimidade dos direitos.

Esses avanços pressionam pelo reconhecimento da infância, dos portadores de necessidades, dos trabalhadores, dos jovens-adultos como coletivos de direitos e não de favores e suplências. Assumir essas pressões coletivas implicará assumir outra configuração pública para a educação infantil, educação especial, educação profissionalizante e, também, educação de jovens e adultos. É extremamente significativo que seja nos movimentos sociais em suas ações coletivas que encontraremos propostas mais corajosas de EJA. Propostas mais próximas da especificidade das vivências dos jovens-adultos populares. Propostas que vêem a EJA como um tempo de direitos de sujeitos específicos e em trajetórias humanas e escolares específicas. Em movimento.

Os movimentos sociais nos chamam a atenção para outro ponto: que as trajetórias desses jovens-adultos são trajetórias de coletivos. Desde que a EJA é EJA esses jovens e adultos são os mesmos: pobres, desempregados, na economia informal, negros, nos limites da sobrevivência. São jovens e adultos populares. Fazem parte dos mesmos coletivos sociais, raciais, étnicos, culturais. O nome genérico: educação de jovens e adultos oculta essas identidades coletivas. Tentar reconfigurar a EJA implica assumir essas identidades coletivas. Trata-se de trajetórias coletivas de negação de direitos, de exclusão e marginalização; consequentemente a EJA tem de se caracterizar como uma política afirmativa de direitos de coletivos sociais, historicamente negados. Afirmações genéricas ocultam e ignoram que EJA é, de fato, uma política afirmativa e, como tal, tem de ser equacionada. Consequentemente tem de ir além das formas genéricas de tentar garantir direitos para todos. Trata-se de direitos negados historicamente.

Os jovens-adultos populares não são acidentados ocasionais que, ou gratuitamente, abandonaram a escola. Esses jovens e adultos repetem histórias longas de negação de direitos. Histórias coletivas. As mesmas de seus pais, avós, de sua raça, gênero, etnia e classe social. Quando se perde essa identidade coletiva, racial, social, popular dessas trajetórias humanas e escolares, perde-se a identidade da EJA e passa a ser encarada como mera oferta individual de oportunidades pessoais perdidas. As trajetórias humanas e escolares desses jovens-adultos merecem ser lidas nessa perspectiva. Assumida esta dimensão: direitos negados historicamente aos mesmos coletivos sociais, raciais, consequentemente teremos de assumir a EJA como uma política afirmativa, como um dever específico da sociedade, do Estado, da pedagogia e da docência para com essa dúvida histórica de coletivos sociais concretos.

Aprendendo com a História da Educação de Jovens-Adultos

Estamos defendendo que a reconfiguração da EJA virá do reconhecimento da especificidade dos jovens-adultos com suas trajetórias de vida, seu protagonismo social e cultural, suas identidades coletivas de classe, gênero, raça, etnia... Virá do reconhecimento de sua vulnerabilidade histórica e das formas complicadas em que se enredam essas trajetórias humanas com suas trajetórias escolares. Entretanto virá, também, de um olhar atento à própria história da educação de jovens e adultos.

A questão passa a ser como ver essa longa, tensa e rica história. Um olhar apressado sobre essa história tende a ver apenas na EJA um campo indefinido, descoberto ou aberto a todo tipo de propostas, de intervenções as mais desencontradas, predominando um trato na base de companhias e experimentações conjunturais. Porém essa leitura é parcial apesar de ter sido a que se impôs no imaginário da formulação de políticas, da didática, da organização escolar e até do recontar de nossa história da educação.

Podemos aproximar-nos com outro olhar e ver uma riqueza nesse caráter aberto e nessa diversidade de atores e de intervenções. De fato, a abertura à diversidade tem sido um traço da história da EJA. Diversidade de educandos: adolescentes, jovens, adultos em várias idades; diversidade de níveis de escolarização, de trajetórias escolares e sobretudo de trajetórias humanas; diversidade de agentes e instituições que atuam na EJA; diversidade de métodos, didáticas e propostas educativas; diversidade de organização do trabalho, dos tempos e espaços; diversidade de intenções políticas, sociais e pedagógicas... Essa diversidade do trato da educação de jovens e adultos pode ser vista como uma herança negativa. Porém, pode ser vista também como riqueza. Pode refletir a pluralidade de instituições da sociedade, de compromissos e de motivações tanto políticas como pedagógicas. É significativo que todos os movimentos sociais, revolucionários, democráticos e progressistas incorporem em seus programas a educação do povo, a erradicação do analfabetismo, a conscientização e politização dos jovens e adultos. A EJA sempre aparece vinculada a um outro projeto de sociedade, um projeto de inclusão do povo como sujeito de direitos. Foi sempre um dos campos da educação mais politizados, o que foi possível por ser um campo aberto, não fechado e nem burocratizado, por ser um campo de possíveis intervenções de agentes diversos da sociedade, com propostas diversas de sociedade e do papel do povo.

Por outro lado, essa diversidade fez com que os movimentos pedagógicos progressistas penetrassem na EJA com maior facilidade do que no fechado sistema escolar. O caráter aberto e diverso permitia que as teorias e propostas progressistas em educação encontrassem maior facilidade e menor resistência para serem aceitas do que nas outras modalidades do ensino. Nestas modalidades, deram-se inovações didáticas e curriculares, de ensino e aprendizagem. Entretanto, pouca abertura houve a inovações nas concepções educativas, nas matrizes formadoras do ser humano. A EJA, por ter sido sempre um campo menos de "ensino" e mais de formação-educação, esteve sempre mais aberta a inovações vindas da renovação das teorias da formação, socialização, a-culturação, politização, conscientização...

Essa riqueza que acompanhou a história da EJA, exatamente porque marcada pela diversidade, mereceria pesquisas atentas na área da história da educação e dos movimentos e teorias de renovação pedagógica. Possivelmente pesquisas cuidadosas revelem uma imagem da EJA mais rica como campo de inovação educativa do que a imagem apressada de um campo apenas de campanhas e de improvisação.

Um dado pode ser revelador na história da América Latina: o Movimento de Educação Popular, hoje reconhecido como inovador da teoria educativa, encontrou na Educação de Jovens e Adultos um campo mais aberto do que na instituição escolar. Recentemente muitos dos ideais educativos da Educação Popular vêm marcando propostas educativas dos sistemas escolares. Mais particularmente, vêm marcando as propostas educativas dos movimentos populares. A abertura e a diversidade na educação de jovens-adultos podem ter sido características propícias à criatividade e à inovação de práticas e teorias pedagógicas. A imagem da EJA tem de ser reconstruída com olhares menos negativos. Sobretudo tem de ser reconstruída pesquisando com um olhar não "escolarizado" ou onde não se compare a EJA com o suposto modelo ideal de escolarização que temos.

Ainda é dominante a visão de que a forma de educação escolar-formal que se consolidou nos últimos séculos, com sua rigidez, hierarquias, disciplinas e grades, é a organização ideal para garantir o direito ao conhecimento; consequentemente, qualquer outra forma de organização será vista como indefinida, não formal, consequentemente será avaliada como negativa, atrasada, desprofissionalizada. Nesta dicotomia entre educação formal escolar como positiva e educação não formal, a EJA tem sido avaliada como o atraso e a improvisação. Consequentemente será defendida a institucionalização da educação de jovens e adultos nos moldes e modalidades organizativas do ensino fundamental e médio, com sua rigidez, grades e disciplinas, cargas horárias, frequências, hierarquias e avaliações. Vivemos um momento em que a configuração da EJA é vista como deixar de ser educação não formal para entrar na formalidade escolar. Somente assim os direitos dos jovens e adultos à educação seriam levados a sério.

A longa história da EJA mostra inúmeros educadores e instituições, inúmeras práticas e teorias pedagógicas sérias que vêm resistindo a esse olhar polarizado. Sem superar essa polarização dificilmente reconstruiremos a história de nossa educação e será difícil a configuração da EJA como campo de direitos e como política pública de Estado.

Sem dúvida que também será urgente pesquisar os riscos dessas características da EJA, indefinição e diversidade. Riscos de imprecisão, desprofissionalização, isolamento de agentes e frentes, amadorismo, descontinuidade etc. Esses riscos ou limites têm sido mais destacados na história da educação de jovens-adultos do que as riquezas a que nos referimos antes. Daí a imagem tão negativa da EJA que se passa na formulação de políticas e normas. Uma visão mais equilibrada, menos parcial ajudará na sua configuração. Inclusive ajudará a superar os limites e a articular essa fecunda riqueza que foi possível pela diversidade que caracteriza esse campo da educação. Urge produzir pesquisas históricas que reconstruam a imagem real da educação de jovens e adultos e superem a imagem bastante preconceituosa que ainda é dominante. Se partirmos dessa imagem não conseguiremos configurar um campo do direito à educação de milhões de jovens e adultos populares.

Frente a essa ênfase na indefinição e imprevisão, na diversidade de atores, tempos, propostas e intervenções, poderíamos enfatizar o que, nessa modalidade de educação, foi sempre uma constante: a vulnerabilidade dos jovens e adultos com que EJA, nessa diversidade, vem trabalhando. Há constâncias que merecem a atenção das pesquisas e das políticas púbicas: por décadas esses jovens e adultos são os mesmos, pobres, oprimidos, excluídos, vulneráveis, negros, das periferias e dos campos. Os coletivos sociais e culturais a que pertencem são os mesmos. Essas constâncias históricas têm sido mais determinantes na história da sua educação do que a indefinição, imprevisão e diversidade de atores, de ações, espaços e intervenções. Mais ainda, essas características históricas tidas como negativas na história da EJA somente se explicam pelas constâncias perversas a que continuam submetidos os coletivos sociais, raciais, culturais com que a EJA vem trabalhando. É a persistente realidade brutal a que continuam submetidos esses coletivos que torna persistentes as características tidas como negativas na EJA: indefinição, descompromisso público, improvisação. Um olhar mais atento às continuidades e constâncias dos jovens e adultos poderá redefinir a visão apressada e despectiva com que se narra a história de sua educação.

Continuo defendendo que estamos em um momento muito delicado para a EJA: ou diluí-la nas modalidades escolarizadas de ensino fundamental e médio vistas como a forma ideal, ou configurá-la como um campo específico do direito à educação e à formação de coletivos marcados por constantes sociais. Defendo esta segunda alternativa, ainda que mais complexa e desafiante para a pesquisa, a teorização e a formulação de políticas e de normas. Considero que estamos em um tempo oportuno, propício para tentar essa configuração com sua especificidade. Sem dúvida que essa tarefa exige superar improvisações e amadorismos, porém exige, sobretudo, não jogar fora a rica diversidade e a abertura que caracterizam essa história: não ter esquecido a especificidade dos coletivos sociais jovens-adultos populares.

O que aprender da História
da educação de Jovens-Adultos?

Na própria história da EJA, podemos encontrar elementos para avançar nessa direção. Um dos capítulos mais marcantes nessa história, o Movimento de Educação Popular, continua apontando horizontes. Vejamos alguns traços que podem ajudar na configuração da especificidade desse campo educativo:

Primeiro: Partir de uma visão realista dos jovens-adultos. O Movimento de Educação Popular foi até acusado de dar demasiada centralidade às trajetórias humanas dos educandos em suas concepções e propostas de EJA. Seria melhor reconhecer que, em sua visão, não cabia qualquer simplificação das trajetórias dos setores populares. Nem sequer uma visão simplificada de suas trajetórias escolares. Muitos educadores da EJA, sensíveis aos educandos populares, sabem que esses jovens-adultos se debatem com uma sensação de caminhos cortados. Em cada encruzilhada ou chegada, pode estar a frustração e a pergunta inevitável: cheguei ao final do caminho? O que se abre a minha frente? O abismo, a outra margem, a borda? E depois dela? O vazio? Tentar de novo a escola pode significar que esperam ainda transpor essa borda e poderão mover-se em outros territórios. Porém, voltando à escola, nem todos experimentarão a sensação de que suas escolhas se tornarão mais facilitadas. Nem com a volta ao estudo suas trajetórias se tornarão planas. A história da EJA, apesar de seus limites, não perdeu a sensibilidade para os limites que a sociedade impõe aos oprimidos.

Segundo: O Movimento de Educação Popular nos legou uma leitura positiva do saber popular. Os jovens e adultos acumularam em suas trajetórias saberes, questionamentos, significados. Uma proposta pedagógica de EJA deverá dialogar com esses saberes.

É significativo que uma das ênfases da Educação Popular e de Paulo Freire é no caráter dialogal de toda relação pedagógica. Falam sobretudo de suas experiências na educação de jovens e adultos populares. Reconheciam que estes carregam para a relação pedagógica saberes, conhecimentos, escolhas, experiências de opressão e de libertação. Carregam questões diferentes daquelas que a escola maneja. Essas diferenças podem ser uma riqueza para o fazer educativo. Quando os interlocutores falam de coisas diferentes, o diálogo é possível. Quando só os mestres têm o que falar, não passa de um monólogo. Os jovens e adultos carregam as condições de pensar sua educação como um diálogo. Se toda educação exige uma deferência pelos interlocutores, mestres e alunos(as), quando esses interlocutores são jovens e adultos carregados de tensas vivência,s essa deferência deverá ter um significado educativo especial.

A possibilidade de diálogo será mais fácil entre mestres/adultos e educandos/jovens-adultos. As questões vivenciadas serão mais próximas e que os mestres não deixarão nenhuma questão daqueles sem resposta. Mas a proximidade da idade não transpõe todas as distâncias sociais, raciais e culturais.

Partir dos saberes, conhecimentos, interrogações e significados que aprenderam em suas trajetórias de vida será um ponto de partida para uma pedagogia que se paute pelo diálogo entre os saberes escolares e os saberes sociais. Esse diálogo exigirá um trato sistemático desses saberes e significados, alargando-os e propiciando o acesso aos saberes, conhecimentos, significados e a cultura acumulados pela sociedade. A história da EJA se debateu sempre com essas delicadas relações e diálogos entre reconhecer o saber popular como parte do saber socialmente produzido e a garantia do direito ao conhecimento; entre reconhecer os processos populares de produção e apreensão do conhecimento como parte dos processos humanos de conhecimento e a garantia do direito à ciência e à tecnologia; entre reconhecer a cultura popular como uma riqueza da cultura humana e a garantia do direito às ferramentas da cultura universal. Houve improvisações, tratos pouco sérios, porém houve também diálogos fecundos que enriqueceram o pensar e o fazer educativos. Esse diálogo é um legado que não pode ser perdido.

Terceiro: Chegamos a um ponto importante na história da EJA: ter sido um rico campo da inovação da teoria pedagógica. O Movimento de Educação Popular e Paulo Freire não se limitaram a repensar métodos de educação-alfabetização de jovens-adultos, mas recolocaram as bases e teorias da educação e da aprendizagem. EJA tem sido um campo de interrogação do pensamento pedagógico. O que levou a essa interrogação? Perceber a especificidade das trajetórias dos jovens-adultos.

Quando jovens e adultos educandos são populares com trajetórias humanas tão difíceis de entender, terminam interrogando a docência e a pedagogia. A pedagogia e a docência são interrogadas uma vez que, os jovens carregam trajetórias fragmentadas que se que se contrapõem a linearidade do pensar e fazer pedagógico. O sonho da escola é que todas as trajetórias escolares fossem lineares, sempre progredindo, sem quebras, subindo as séries sem escorregar, aprendendo em progressão contínua, em ritmos acelerados. Quaisquer alunos(as) que não seguirem essa linearidade serão catalogados como alunos com problemas de aprendizagem, de ritmos lentos, de progressão descontínua, desacelerada. A maior parte ou a totalidade das trajetórias dos alunos e alunas que volta a EJA não se enquadram nessa esperada linearidade. Contrapõem-se a essa linearidade. Contestam-na. Interrogam as bases teóricas (se é que existem) dessa suposta linearidade nos processos de aprender e de desenvolvimento humano. Qualquer proposta de EJA que acredite nessa linearidade dos processos de aprendizagem e desenvolvimento humano nascerá fracassada, incapaz de entender seres humanos que carregam trajetórias fragmentadas, negação de qualquer linearidade.

Aqui situa-se um dos pontos mais tensos entre as velhas crenças da pedagogia – certas pedagogias – e a educação de jovens e adultos populares. Por aí percebemos como o Movimento de Educação Popular foi radical ao rever velhas concepções pedagógicas lineares sobre a formação humana no diálogo com a educação do povo. A EJA tem de assumir-se como um campo radical do repensar e do fazer pedagógicos. Assim foi ao longo de sua incômoda história. Se a pedagogia tem por função interpretar e intervir nos processos da formação e da aprendizagem humanas, a EJA pode ajudar a fornecer pistas para que formas não lineares, mais complexas de constituir-nos humanos venham à luz e instiguem a pedagogia a refletir sobre elas. Sobretudo quando essas formas fragmentadas, truncadas são trajetórias de milhões de crianças e adolescentes, de jovens e adultos com que a escola se defronta cotidianamente. Em vez de condenar essas trajetórias por não obedecerem a supostos processos lineares, a pedagogia e a docência terão de redefinir suas crenças sob pena de continuar excluindo milhões de seres humanos apenas por serem condenados a trajetórias tão fragmentadas e descontínuas. Aliás, não será essa não linearidade um traço comum em toda aprendizagem humana?

Atualmente, o avanço das teorias da aprendizagem, da formação e do desenvolvimento humano está fecundando a pedagogia e nos ajuda a recolocar muitas sensibilidades aprendidas na história da EJA. Por exemplo, a centralidade das vivências, da cultura, do universo de valores, dos sistemas simbólicos dos educandos e dos educadores nos processos de aprendizagem. Essas sensibilidades fazem parte da história da EJA. Não podem ser esquecidas nas tentativas de sua configuração. Deverão ser aprofundadas à luz de novas bases teóricas.

Quarto: Recuperando o foco na educação. Ao longo da história da EJA, o foco tem-se mantido no termo educação e não ensino. Esse uso do termo educação teria sido gratuito? As trajetórias de jovens e adultos recolocam uma questão que está na raiz da pedagogia: a educabilidade humana. As trajetórias de jovens e adultos populares estranham a docência porque não cabem nas crenças na linearidade dos processos de aprendizagem, mas também porque essas trajetórias quebram outra crença da pedagogia: a bondade, inocência, educabilidade com que tem sido imaginada a infância que a pedagogia aprendeu a acompanhar e a ensinar. Como manter essas ingênuas crenças na educabilidade espontânea humana diante de trajetórias de jovens e adultos que revelam a banalização do mal não tanto nas suas condutas de alunos(as), mas na sociedade que os mantém nos limites das possibilidades de humanização? Essas trajetórias contestam olhares tradicionais e ingênuos sobre a educabilidade humana.

Todo ser humano é mesmo educando nas condições inumanas a que é submetido? É uma das interrogações mais de raiz para a autoimagem da pedagogia e da docência.

Na EJA, os professores intuem que ser mestres ensinantes é muito, porém exige-se mais. Essas vidas exigem respostas no plano da educação, dos valores e do sentido do bem e do mal. Da ética ou falta de ética de nossa sociedade. Não é por acaso que a letra *E* de EJA não é de ensino, mas de educação de jovens e adultos. Ainda bem que a LDB manteve Educação de Jovens e Adultos, talvez porque, nessas idades e nessas trajetórias populares, as grandes interrogações vinham do campo dos valores, do sentido do bem e do mal, das possibilidades e limites da humanização que tão profundamente marcam suas trajetórias.

Mais uma vez, é bom relembrar que, já nos anos 60, a Educação Popular pensou a formação do povo como educação, não apenas ensino. Como possibilidades de humanização-desumanização. Atrelou a EJA aos ideais de emancipação-libertação, igualdade, justiça, cultura, ética, valores. Ideais experimentados como aspirações na diversidade dos movimentos populares. Seria suficiente deixar que os próprios jovens-adultos nos revelem alguns dos momentos fortes de suas vidas para vermos que essas interrogações são uma constante ainda hoje. Esses jovens-adultos populares criam personagens densos, interrogantes sobre os valores, os preconceitos, as crenças, os significados da vida. Questões que levam à EJA e que interrogam os saberes escolares, as didáticas e a docência. Como ignorar essas desafiantes interrogações? Que respostas temos como profissionais do conhecimento?

Quinto: Na história da EJA, podemos encontrar uma relação tensa com os saberes escolares. Os próprios jovens-adultos levam a EJA essa tensa relação. Não pode ser ignorada. Suas trajetórias escolares truncadas e retomadas estão marcadas por reprovações e repetências indicadoras de uma tensão que vem desde a infância. Desde o pré--escolar. Seriam menos capazes para aprender os saberes escolares? São indolentes e não têm consciência de seu direito ao conhecimento ou esperam outros conhecimentos? Que conhecimento responderá a suas interrogações? Deixar-nos desafiar por suas interrogações seria uma postura própria de profissionais do conhecimento.

Na história da EJA, não faltou essa postura de escuta e interrogação diante dos saberes, valores e culturas populares. "Populismo ingênuo", alguns interpretaram. Os avanços nos estudos sobre o conhecimento e a cultura, sobre o processo civilizador deixaram mais tranquilo o reconhecimento do saber e do conhecimento, dos valores e da cultura populares como uma produção que exige reconhecimento e trato profissional. A EJA colocou sempre à escola esta pergunta: por que o conhecimento escolar continua tão duro em relação a esse saber popular? Os jovens-adultos que carregam para a escola trajetórias tão interrogantes dos valores e dos conhecimentos estabelecidos merecem um olhar amável e reconhecido das interrogações que a vida lhes coloca.

Para muitos professores, as interrogações que vieram das vidas dos jovens-adultos são uma nova luminosidade para rever os conhecimentos escolares. Apostam que novas formas de garantir o direito ao conhecimento são possíveis quando os educandos são jovens e adultos que, em suas trajetórias, carregam interrogações existenciais sobre a vida, o trabalho, a natureza, a ordem-desordem social, sobre sua identidade, sua cultura, sua história e sua memória, sobre a dor, o medo, o presente e o passado... Sobre a condição humana. Interrogações que estão chegando à docência, aos currículos, à pedagogia. Quando o diálogo é com percursos humanos tão trancados de jovens-adultos populares, essas interrogações podem se tornar mais prementes. Exigem resposta.

A EJA, quando tomada em sua radicalidade, sempre foi instigante para a pedagogia e a docência. Os mais de 40 anos do Movimento de Educação Popular são um testemunho eloquente. A EJA é um campo especialmente instigante para o exercício da renovação do pensar e do fazer docente, para a revitalização do ofício de mestres. Por quê? Insisto, porque à EJA chegam interrogações mais radicais ainda do que chegam à educação infantil e fundamental. Porque milhares desses jovens-adultos passaram e passam como coletivos por vivências de opressão, exclusão e rejeição, de sobrevivência e reprovação social e escolar, vivências humanas que tocam nas grandes interrogações do conhecimento. Mas também porque esses jovens-adultos levam para a EJA experiências de escolhas no limite, escolhas de liberdade frente à droga, à violência e de opção pela dignidade, os valores, a ação cultural e até a liderança em movimentos de luta pelo teto, pela cultura, pela terra e pela identidade. Indagações que intrigaram sempre o campo da ética e da cultura.

Quando coletivos de adultos-professores se abrem a essa rica e tensa realidade dos educandos e a levam a sério, novos conteúdos, métodos, tempos, relações humanas e pedagógicas se instalam. Por aí a EJA instiga os saberes escolares, as disciplinas e os currículos. Essa é a história mais rica da EJA. Essa tem sido e pode ser sua mais séria contribuição ao movimento de renovação curricular e de renovação do pensar e fazer docente. As ciências do ser humano foram mais audaciosas quanto mais se aproximaram das grandes interrogações da condição humana. A pedagogia e a docência não fugiram a essa regra. O que deteriorou o pensar e o fazer escolares tem sido entreter-nos com questões e saberes instrumentais apenas e com didáticas miúdas, passando distraídos pelos questionamentos radicais que os próprios educandos vivenciam e levam à escola. De maneira peculiar, levam à EJA.

Sexto: O Movimento de Educação Popular trouxe outra marca: fazer uma interpretação política das intrincadas trajetórias dos setores populares. Não aceitar qualquer interpretação despolitizada, nem sequer das truncadas trajetórias escolares, mas vê-las inteiramente atreladas às trajetórias sociais, econômicas, culturais, éticas a que nossa perversa história vem condenando os setores populares. Vê-los como oprimidos será um olhar mais politizado do que vê-los como pobres, preguiçosos ou violentos, ou como reprovados e defasados.

Essa visão politizada dos jovens e adultos populares deixou profundas marcas nas propostas pedagógicas. Deixou luminosidades que até hoje norteiam milhares de educadores(as) de jovens-adultos. Ignorar essas luminosidades e tentar despolitizar a EJA será alocá-la em lugar nenhum. Poderá significar burocratizá-la, gradeá-la e discipliná-la. Estamos hoje nessa encruzilhada.

A educação de jovens e adultos sempre trouxe uma instigação política. No conjunto dos "níveis" do sistema escolar, foi o campo mais politizado. Na década de 60, é retomada na América Latina em um momento extremamente politizado. Uma politização que não vinha apenas do ideário político das revoluções que o privilegiaram: Cuba, Nicarágua... Nem apenas dos movimentos sociais, do campo, por exemplo, ou dos partidos políticos conectados com as demandas populares.

O radicalismo político vem das questões radicais e explosivas a que são submetidos os filhos dos setores populares, dos pobres, negros, oprimidos desde a infância. Quando eles e elas chegam de volta à escola, carregam essas radicais questões acumuladas e condensadas em suas trajetórias. A radicalidade política da EJA vem de dentro, carregada pelos próprios jovens e adultos populares. Não são trajetórias lineares, fáceis, de superfície, sem significados políticos. Ao contrário, são trajetórias que, desde crianças, os interrogam e interrogam a educação sobre os significados políticos da miséria, da fome, da dor, da morte, da luta pela terra, pela identidade e pela sua cultura, pela vida e dignidade. Trajetórias de idas e voltas, de caídas e recaídas. De escolhas sem horizontes e luminosidades para escolher. Sem alternativas de escolha.

Na história da EJA, essas vivências foram interpretadas politicamente como opressão, como negação da liberdade, como desumanização. Consequentemente a educação desses jovens e adultos foi assumida como um ato político como exercício de emancipação e libertação. O direito popular ao conhecimento sempre teve na EJA um sentido político: contribuir nesses ideais de emancipação e libertação. Dar aos setores populares horizontes de humanização. Dá-lhes o direito de escolher, de planejar seu destino, de entender o mundo. De intervir. Um professor de EJA comentava: "O que mais me impressiona nesses jovens-adultos é a falta de horizontes. Estão atolados no presente, na sobrevivência mais imediata". De fato, ninguém os perguntou, nem eles e elas se atreveram a perguntar-se "o que vou ser na vida quando crescer". Mas chegaram a escolher voltar a estudar com essas idades. Mais uma escolha nada fácil. Talvez mais um engano. Ao voltar às aulas, à noite, após o trabalho, não terão recepções como quando crianças. Nem músicas, cantos, rodas, festinhas, histórias, fantasias... O mundo encantado da infância que a escola tão bem reproduz deverá ficar distante. A EJA será mais pragmática, aprender a seco? Mais parecida com suas duras vivências de jovens-adultos? Talvez alguns coletivos de professores(as) decidam por colorido, músicas, discursos de acolhida, fantasia, sentimento. Um clima humano, como os educandos merecem exatamente porque suas vivências de jovens-adultos são duras mesmo e porque da EJA esperam alguma forma de ser mais livres em suas escolhas.

Lembro-me de uma professora que comentava em um coletivo: "Quando vejo alguns jovens e algumas jovens dormindo sob o peso do cansaço, um arrepio me percorre a espinha". Sei de professores com opções políticas que decidiram pela EJA para voltar a seus tempos de alunos do noturno. "Voltei às mesmas interrogações que eu levava para a EJA disposto a encontrar algumas respostas com esses jovens populares. No campo da EJA, há radicais opções políticas de docentes. Nem todos ignoram acolhidas emotivas. Há paixão e indignação política. Uma das marcas históricas da EJA. Os movimentos sociais sempre deram centralidade à educação dos seus militantes, jovens e adultos, e sempre contagiaram a EJA com sua paixão e indignação política. Os jovens e adultos que voltam ao estudo carregam expectativas e incertezas à flor da pele. É o clima que se respira nos cursos de EJA. Dificilmente os professores conseguem ser frios e rígidos ensinantes. Terminam contaminados pela indignação política. Muitos docentes voltam angustiados de noites de docência e convívio com esses jovens e adultos populares. "É mais fácil dormir depois de um dia de convívio com crianças risonhas", comentava uma professora.

Essa indignação política vivenciada no convívio com jovens e adultos em situação de tanta radicalidade política levou o Movimento de Educação Popular, e Paulo Freire em particular, a ver em todo ato educativo um ato político. Uma dimensão que tanto marcou o movimento progressista de educação. A EJA dificilmente será despolitizada porque as trajetórias, interrogações, escolhas dos jovens e adultos populares continuam atreladas às gravíssimas interrogações políticas não respondidas, antes agravadas em nossa sociedade.

Manter essas interrogações políticas nas escolas e nos cursos de formação, na pesquisa e no pensar pedagógico, na cultura e ação docentes pode ser uma aposta na EJA. Uma aposta em uma reconfiguração de um campo educativo que tem uma história tão tensa quanto densa, mas que exige ser reconhecido como um campo específico de responsabilidade pública.

A Educação de Jovens e Adultos
Interroga o Sistema Escolar

A preocupação atual com a reconfiguração da educação de jovens-adultos nos leva às relações entre EJA e o sistema escolar. Essas relações foram sempre tensas ao longo da história de ambos, o que nos traz uma lição: tentar adequar a educação de jovens e adultos às modalidades de ensino de nosso sistema escolar não será fácil. Com certeza, ela estará marcada por essa tensa história que vem de longe.

Por vezes, as análises sobre essa tensa relação culpam a EJA por ter sido uma forma demasiado informal de educação. Pouco séria. A maneira de levá-la a sério será enquadrá-la na forma do ensino formal. Deixar mais definidas as normas, as exigências de frequência e de cargas horárias; definir os conteúdos a serem dados, aprendidos e avaliados; organizar esses conteúdos, assim como os tempos e o trabalho docente numa sequenciação mais ordenada; acabar com esse trato pouco científico das lógicas da produção e apreensão dos conhecimentos etc. Enfim, fazer com que a informalidade da EJA entre na lógica da dita educação formal. Este ponto merece pesquisas e análises aprofundadas.

De fato, a história da EJA correu, em grande parte, à margem da construção do Sistema Escolar: campanhas, movimentos sociais, ONGs, igrejas, sindicatos, voluntários... Entretanto, sua análise sempre se fez em comparação com o sistema escolar formal. As conclusões foram as esperadas: a EJA vista como distante do ideal de educação prefigurado no sistema escolar. Faltam-nos pesquisas que se aproximem da história da EJA sem essas comparações e parâmetros escolares. Por aí talvez descubramos que uma das suas riquezas seja ir além dos pesados esquemas, rituais e grades do sistema escolar. Muitas das "carências" apontadas tendo como parâmetros as modalidades escolares de ensino fundamental e médio podem ser revertidas e vistas como "virtudes".

A consolidação histórica do sistema escolar representou avanços que não podem ser perdidos: a ênfase no conhecimento a ser transmitido, o ordenamento dessa transmissão, as didáticas para sua aprendizagem, a capacitação de um corpo profissional para o ofício de ensinar, aprender etc. Entretanto esses avanços terminaram por ser estruturados em lógicas temporais e espaciais e em lógicas de organização do trabalho e dos processos de selecionar, organizar e sequenciar o conhecimento que se tornaram um empecilho às modernas concepções do direito universal à educação. Essas lógicas da organização do sistema escolar vêm sendo revistas ultimamente e vêm sendo redefinidas para darem conta dos sujeitos reais e do direito igual de todos os coletivos sociais à educação, ao conhecimento, à cultura, a tal ponto que, nas sociedades democráticas, os sistemas escolares estão sendo redefinidos e buscavam-se formas mais inclusivas, igualitárias de garantir esses direitos.

A superação de estruturas e lógicas seletivas, hierárquicas, rígidas, gradeadas e disciplinares de organizar e gerir os direitos ao conhecimento e à cultura é uma das áreas de inovações tidas como inadiáveis. Neste quadro de revisão institucional dos sistemas escolares, torna-se uma exigência buscar outros parâmetros para reconstruir a história da EJA. Se a organização dos sistemas de educação formal está sendo revista e redefinida a partir dos avanços da consciência dos direitos, a educação dos jovens-adultos tem de ser avaliada na perspectiva desses avanços.

O que estamos sugerindo é repensar os parâmetros escolares com que a história da EJA tem sido contada. Buscar parâmetros próprios específicos na diversidade de formas tentadas para garantir o direito à formação, à socialização e às aprendizagens. Nas últimas décadas, as ciências humanas vêm mostrando a diversidade de processos, de tempos e espaços, o repensar das organizações, dos conteúdos e das didáticas com que a formação e as aprendizagens humanas acontecem. Olhando nessa perspectiva, a história da EJA em sua diversidade pode nos fornecer didáticas, conteúdos, processos, tempos e espaços a serem levados em conta na empreitada que a todos nos instiga: garantir o direito à educação dos setores populares, tanto na infância e adolescência quanto na juventude e vida adulta.

Entretanto, dependendo da perspectiva com que nos aproximarmos na reconstrução da história da EJA, poderemos defender políticas e propostas diversas. Se o parâmetro é o sistema escolar, e se suas modalidades de ensino fundamental e médio são vistas como as formas ideais e únicas de garantir o direito à educação, as propostas serão no sentido de fazer da EJA uma cópia dessas modalidades. "Adaptar" conteúdos, metodologias, tempos, espaços, organização do trabalho docente e discente às formas e lógicas em que foram estruturadas essas modalidades de ensino. A proposta final será aproveitar as "brechas" do sistema de ensino, fazendo tantas contorções quantas forem necessárias para que os jovens e adultos populares encaixem suas trajetórias humanas complicadíssimas nas frestas do sistema escolar. Se suas trajetórias humanas não se encaixaram nessas brechas escolares quando crianças e adolescentes, será mais fácil quando jovens-adultos?

O que se propõe, nessa perspectiva, é que caberá aos profissionais da EJA a grande luta pela conquista do sistema escolar, pois, somente nessa forma e lógica escolar, será garantido o direito dos jovens-adultos populares ao conhecimento e às competências que a inserção no mundo moderno exige. Essa passou a ser a proposta dos defensores do sistema escolar. Recentemente passou a ter grandes adeptos entre formuladores de políticas, conselheiros e pareceristas, formadores de professores, especialistas em financiamento e até lideranças dos sindicatos docentes. Essa esperança não está ausente nos próprios Fóruns de EJA.

Nessa perspectiva, a solução para que a conquista do sistema escolar seja uma realidade para a EJA será tomar medidas mais fortes, mais compulsórias. Por exemplo, condicionar o financiamento da EJA a sua escolarização. No dia em que os governantes se virem condicionados a receber recursos apenas pelos jovens e adultos matriculados e frequentes nas modalidades de ensino, a EJA entrará no sistema. A defesa de que o direito à educação dos jovens e adultos seja assumido como um dever do Estado e consequentemente como uma política pública encontra estímulo nesta perspectiva de que, desta vez, a EJA está próxima de ser inserida no sistema escolar. Uma esperança tentadora, porém complexa.

As reações estão se mostrando no Eneja, nos fóruns e encontros de profissionais e entidades que trabalham historicamente nesse campo tão rico e diverso. Implicaria cercar esse campo como responsabilidade única do Estado? Os jovens e adultos atendidos fora dessas modalidades de ensino seriam excluídos do financiamento? Aplicaríamos a defendida rigidez de que dinheiro público é para escola pública? Confundiremos as diversas formas e instituições de educação de jovens e adultos populares como modalidades de ensino? Perderíamos todo o acúmulo de experiências de educação em tão variados espaços não escolares? Quais os ganhos e perdas desse encaixar a EJA nas modalidades de ensino em nome de que, desta vez, a educação de jovens-adultos seja assumida como política pública escolar?

Essas e tantas outras interrogações que perpassam os encontros e fóruns sugerem que estamos em um momento instigante que exige extrema cautela. Sobretudo há uma questão que deveria ser a primeira: quais os custos e os ganhos para os jovens e adultos populares? Deveríamos destacar com maior cuidado as tensas relações entre suas trajetórias de vida, trabalho, sobrevivência, exclusão, vulnerabilidade social... e as trajetórias escolares nas modalidades e nas lógicas de ensino de que participaram desde crianças. A maior parte desses jovens e adultos já tentaram articular suas trajetórias de vida com as trajetórias escolares. A maior parte com experiências frustrantes. Elas revelam a incompatibilidade entre trajetórias populares nos limites da sobrevivência e a rígida lógica em que se estrutura nosso sistema escolar. O que nos garante que essas tensas relações serão superadas se o sistema escolar continua tão apegado a suas inflexíveis lógicas?

As trajetórias de vida dos jovens e adultos não se tornaram mais fáceis; ao contrário, vêm se tornando mais imprevisíveis e incontroláveis para os próprios jovens e adultos, até para os adolescentes que são forçados a frequentar o ensino noturno. Os índices de abandono na EJA, que tenta se escolarizar ainda que com tímidas flexibilizações, refletem que nem com um estilo escolar mais flexível eles e elas conseguem articular suas trajetórias de vida e as trajetórias escolares. Os impasses estão postos. Como equacionar o direito à educação dos jovens e adultos populares e o dever do Estado?

O diálogo entre o sistema escolar e a EJA será possível e mutuamente respeitoso. Alguns pontos merecem destaques.

Teremos de inventar alternativas corajosas, assumindo que as formas como se cristalizou a garantia pública à educação não são estáticas. Podem e devem ser reinventadas. Como sugerimos antes, avançaremos se nos aproximarmos da história da EJA, reconhecendo essa história como parte da história da educação. Não negando, mas incorporando seu legado. Reinventando formas possíveis de garantir o direito à educação na especificidade das trajetórias vividas pelos setores populares. A EJA não foi inventada para fugir do sistema público, mas porque neste não cabiam as trajetórias humanas dos jovens e adultos populares. O Movimento de Educação Popular foi sensível a esses impasses. Eles continuam e se agudizaram. A realidade da opressão-exclusão não é menos trágica do que nos anos 60. As tentativas de garantir o direito à educação nessas perversas condições não são menos sérias nessas décadas na EJA do que no sistema escolar.

Partindo desse respeito e riqueza mútua, será fecundo o diálogo. A EJA tem a aprender com a pluralidade de propostas de inovação educativa que vem acontecendo no sistema escolar assim como este tem muito a aprender com os corajosos esforços que vêm acontecendo na pluralidade de frentes onde se tenta, com seriedade, garantir o direito à educação, ao conhecimento, à cultura dos jovens e adultos populares. O clima para esse diálogo é hoje propício. Diante da urgência de repensar as formas de organização dos tempos e espaços e das lógicas em que se articulou nosso sistema escolar, sem dúvida, um diálogo com as experiências de EJA pode ser enriquecedor para as tentativas de inovação urgente no sistema escolar, afim de torná-lo mais democrático, mais público. Nosso sistema de ensino tem de se tornar um campo de direitos e de responsabilidade pública. Os milhões de jovens-adultos defasados são a prova de que esse sistema de ensino está distante de ser público.

Defender que os direitos dos jovens e adultos à educação sejam garantidos como direito público significa entender que suas vidas são demasiado imprevisíveis, exigindo uma redefinição da rigidez do sistema público de educação. Essa rigidez foi consolidada quando o sistema escolar estava distante de ter como preocupação a garantia do direito à educação dos setores populares. Para estes, essa rigidez é excludente. Nega seus direitos. Dificilmente construiremos formas públicas da garantia do direito à educação dos jovens e adultos populares sem termos coragem de rever a rigidez de nosso sistema escolar, se não investirmos em torná-lo realmente público.

A história da EJA mostra sérias tentativas de sair dessa rigidez como única forma de articular as trajetórias de vida e as trajetórias escolares dos setores populares. Reconhecer o que há de positivo nessa história será uma forma de superar preconceitos. Reconhecida essa história de compromissos com os direitos populares, será possível um diálogo promissor entre o sistema escolar e a EJA. Desse diálogo virão algumas consequências. Os profissionais que trabalham com jovens e adultos deixaram de ficar à margem da formulação das políticas de educação de jovens e adultos e passaram a ocupar seu lugar trazendo a diversidade de iniciativas que se desenvolvem nas diferentes modalidades de EJA.

As diversas entidades, os fóruns deverão estar no centro da formulação de políticas públicas, oferecendo ideias, concepções pedagógicas, experiências não formais, porém sérias de organização dos currículos, dos tempos e espaços e do trabalho de professores e alunos; apresentando aos governos propostas viáveis para a remoção dos entraves que historicamente vêm limitando o acesso e permanência dos setores populares à educação no próprio sistema escolar; mostrando aos formuladores de políticas que não é suficiente celebrar a "quase" universalização da entrada no sistema escolar enquanto esse sistema, com sua rigidez excludente e seletiva, torna inviável a permanência dos setores mais marginalizados e penalizados da sociedade. A EJA sempre veio para recolher aqueles que não conseguiam fazer seu percurso nessa lógica seletiva e rígida de nosso sistema escolar. Cada jovem e adulto que chegam à EJA são náufragos ou vítimas do caráter pouco público de nosso sistema escolar. Um espaço será público quando adaptado às condições de vida em que o povo pode exercer seus direitos.

Enquanto milhões de jovens e adultos e até crianças e adolescentes não derem conta de articular suas trajetórias humanas concretas com as exigências do sistema escolar, este estará longe de ser público. A EJA, em nossa história, veio sempre encurtar essa distância entre as condições concretas de vida, de sobrevivência da infância, da adolescência, da juventude e da vida adulta e a intransigência seletiva de um sistema educacional feito à medida dos filhos desocupados e bem-cuidados. Essas formas e lógicas podem ter sido a garantia dos direitos de alguns setores sociais, porém têm sido o entrave e a negação dos direitos dos setores populares. A história vem provando que esse é o caso de nosso sistema escolar. Os jovens e adultos da EJA são uma denúncia clara da distância intransponível entre as formas de vida a que é condicionada a infância, adolescência e a juventude populares e a teimosa rigidez e seletividade de nosso sistema escolar. Olhar-se no espelho das trajetórias dos jovens e adultos que voltam à EJA talvez seria uma forma do sistema escolar reconhecer essa distância intransponível. Não foi a EJA que se distanciou da seriedade do sistema escolar, foi este que se distanciou das condições reais de vida dos setores populares.

A educação de jovens-adultos avançará na sua configuração como campo público de direitos na medida em que o sistema escolar também avançar na sua configuração como campo público de direitos para os setores populares em suas formas concretas de vida e sobrevivência. Os sistemas que pretendem garantir esses direitos têm de se adaptar à concretude social em que os diversos setores vivem suas exigências, sobretudo quando se trata da infância, adolescência e juventude populares a quem não é dado o direito de escolher suas formas de vida e de sobrevivência. Na história da EJA, encontraremos uma constante: partir dessas formas de existência populares, dos limites de opressão e exclusão em que são forçados a ter de fazer suas escolhas entre estudar ou sobreviver, articular o tempo rígido de escola com o tempo imprevisível da sobrevivência. Essa sensibilidade para essa concretude das formas de sobreviver e esses limites a suas escolhas merece ser aprendida pelo sistema escolar se pretende ser mais público. Avançando nessas direções, o diálogo entre EJA e sistema escolar poderá ser mutuamente fecundo. Um diálogo eminentemente político, guiado por opções políticas, por garantias de direitos de sujeitos concretos. Não por direitos abstratos de sujeitos abstratos.

Entretanto, a plataforma desse diálogo deverão ser os educandos. O que aproxima o ensino fundamental e médio da EJA são as trajetórias de vida dos jovens e adultos tão parecidas hoje quanto nos seus tempos de crianças e adolescentes. As diferenças estão em que essas trajetórias foram piorando e as possibilidades de articulá-las com as trajetórias escolares foram se tornando mais difíceis. Daí que até adolescentes sejam forçados a optar por EJA. Os educandos(as) são o elo mais permanente entre o sistema escolar e a EJA. A realidade socioeconômica das crianças, jovens e adultos populares e seus traços culturais aproximam o que tem sido colocado como campos distantes. Essas aproximações, mais do que as distâncias, deveriam merecer a atenção nas pesquisas e na formulação de políticas. Quando se trata de escola pública e de profissionais que trabalham com o povo, as identidades ou proximidades vão além das diferenças que tentam nos impor por ser da EJA ou do ensino fundamental.

As diferenças de modalidades no sistema escolar se tornam reduzidas diante das aproximações nas vidas de crianças, adolescentes, jovens ou adultos populares. Há sim diferenças. Enquanto a

EJA avançou na compreensão dos setores populares na sua cultura, vivências, opressão e exclusão o sistema escolar teve dificuldade de avançar nessa compreensão. A tal ponto esteve, por décadas, focado nas trajetórias escolares dos alunos, em seu sucesso e fracasso escolar, em seus problemas de aprendizagem que perdeu a sensibilidade para com as perversas formas de viver a infância, a adolescência e a juventude. A politização da educação e da categoria docente, os avanços da teoria pedagógica e da consciência dos direitos estão mudando nosso sistema escolar, inspirado em valores mais igualitários. A EJA tem muito a aprender com os valores que vêm inspirando o sistema escolar.

O diálogo e a troca das marcas de cada um podem ajudar na formulação de políticas para a garantia do direito popular à educação. A reconfiguração mais pública da EJA terá de dialogar com as tentativas de reconfiguração pública do sistema escolar. A educação sobreviveu sempre aos sistemas escolares.

PARTE I

JUVENTUDES

A juventude e a Educação de Jovens e Adultos:

reflexões iniciais – novos sujeitos

Juarez Tarcísio Dayrell

O ato de nomear nunca é neutro, principalmente quando se trata de nomear as diferentes modalidades do ensino no Brasil. Vejamos: quando nos referimos aos segmentos da educação básica, falamos em Ensino Fundamental ou Ensino Médio. Já quando tratamos da EJA, nos referimos à educação, e não ao ensino, e imediatamente nomeamos os sujeitos a quem se destina, ou seja, jovens e adultos, ao contrário das outras modalidades que nomeiam o seu lugar na estrutura educacional. Essa diferença é muito significativa e tem uma relação com a própria história da EJA, cujas origens remontam aos riquíssimos processos da Educação Popular no Brasil, uma tradição que não podemos relegar ao esquecimento.

Nessa perspectiva, ao se referir à "educação", está implícito que a tradição da EJA sempre foi muito mais ampla que o "ensino", não se reduzindo à escolarização, à transmissão de conteúdos, mas dizendo respeito aos processos educativos amplos relacionados à formação humana, como sempre deixou muito claro Paulo Freire. O nome, ao se referir a "jovens" e "adultos", está explicitando que essa modalidade de ensino abrange os sujeitos, e não simplesmente os "alunos" ou qualquer outra categoria generalizante, e mais: sujeitos que estão situados num determinado tempo da vida, possuindo assim especificidades próprias. Ou seja, deixa claro que essa modalidade lida com dois tipos de sujeitos – jovens e adultos – que, pelo lugar que ocupam nos tempos da vida, possuem realidades específicas e assim apresentam demandas e necessidades também específicas.

Tudo isso pode parecer óbvio, mas não é. Frequentando escolas e discussões em torno da EJA, tenho constatado como o debate sobre a questão do sujeito nos processos educativos ainda não está suficientemente claro para os educadores. E é ainda mais sério quando se trata da juventude, um tema constante nas rodas de professores, mas quase sempre abordado sob perspectiva negativa. O jovem geralmente aparece como problema, com ênfase na sua indisciplina, na "falta de respeito" nas relações entre os pares e com os professores, na sua "irresponsabilidade" diante dos compromissos escolares, na sua "rebeldia" quanto à forma de vestir – calças e blusas larguíssimas, *piercings*, tatuagens e o indefectível boné –, o que pode ser motivo de conflito quando a escola define um padrão rígido de vestimenta. É comum também entre os professores o estereótipo das gerações atuais como desinteressadas pelo contexto social, individualistas e alienadas, numa tendência a compará-las às gerações anteriores, mitificadas como gerações mais comprometidas e generosas. Num outro extremo, está, cada vez mais generalizada uma visão do jovem relacionada à violência e ao tráfico de drogas, gerando uma postura de precaução e medo por parte da escola, quando não uma relação assistencialista, baseada na "piedade", ambas igualmente nefastas para os jovens. Além disso, a juventude é considerada uma unidade social, um grupo dotado de interesses comuns, os quais se referem a determinada faixa etária. Nessa perspectiva, a juventude assumiria um caráter universal e homogêneo, sendo igual em qualquer lugar, em qualquer escola ou turno.

O que se constata é que boa parte dos professores de EJA tendem a ver o jovem aluno a partir de um conjunto de modelos e estereótipos socialmente construídos e, com esse olhar, correm o risco de analisá-los de forma negativa, o que os impede de conhecer o jovem real que ali frequenta.

Mas o que é a juventude?

A juventude pode ser entendida, ao mesmo tempo, como uma condição social e uma representação. De um lado, há um caráter universal dado pelas transformações do indivíduo em determinada faixa etária, nas quais completa o seu desenvolvimento físico e enfrenta mudanças psicológicas. Mas a forma como cada sociedade e, no seu interior, cada grupo social vão lidar e representar esse momento é muito variada no tempo e no espaço. Essa diversidade se concretiza no período histórico, nas condições sociais (classes sociais), culturais (etnias, identidades religiosas, valores etc.), de gênero e também das regiões, entre outros aspectos. Podemos afirmar que não existe uma juventude, mas sim *juventudes*, no plural, enfatizando, assim, a diversidade de modos de ser jovem na nossa sociedade.

Diante disso, se a escola e seus profissionais querem estabelecer um diálogo com as novas gerações, torna-se necessário inverter esse processo. Ao contrário de construir um modelo prévio do que seja a juventude e por meio dele analisar os jovens, propomos que a escola e seus profissionais busquem conhecer os jovens com os quais atuam, dentro e fora da escola, descobrindo como eles constroem determinado *modo de ser jovem*. Um caminho possível poderia ser a construção de um perfil que contemple o contexto socioeconômico em que se inserem, as experiências socioculturais que vivenciam, com ênfase nas formas de agregação e de lazer, o posicionamento deles em relação à vida e à escola, bem como suas demandas e necessidades. Não podemos nos esquecer de que, se queremos compreender os jovens alunos, temos, antes de mais nada, de buscar conhecê-los.

Para contribuir nessa tarefa, propomos-nos discutir, neste artigo, um fenômeno que vem atraindo, cada vez mais, um número maior de jovens, que é o envolvimento e a participação cultural, privilegiando aqui a juventude da periferia e pontuando os seus significados para os jovens que dele participam.

Juventude e participação cultural

Nos últimos anos, e de forma cada vez mais intensa, podemos observar que os jovens lançam mão da dimensão simbólica e expressiva como a principal e mais visível forma de comunicação, expressa no comportamento e nas atitudes com os quais se posicionam diante de si mesmos e da sociedade. Envolvem-se com diferentes expressões culturais, como a dança ou o teatro, mas é a música que mais agrega os jovens, sendo o produto cultural mais consumido entre eles. Inúmeras pesquisas constatam esse fenômeno, evidenciando que a cultura e a produção cultural, principalmente aquela que ocorre em torno da música, vêm se tornando um dos espaços privilegiados de produção dos jovens como atores sociais. Ela funciona como articuladora de identidades e referência na elaboração de projetos de vida individuais e coletivos, além de ser o meio através do qual se busca uma intervenção na sociedade, constituindo-se como uma forma própria de participação social.

Esse processo não está presente apenas entre os jovens de classe média. Na periferia da cidade de Belo Horizonte, podemos constatar uma efervescência cultural protagonizada por parcelas dos setores juvenis. Ao contrário da imagem socialmente criada a respeito dos jovens pobres, quase sempre associada à violência e à marginalidade, eles também se colocam como produtores culturais.[1] Entre os jovens, a música é o produto cultural mais consumido, e, em torno dela, criam seus grupos musicais de estilos diversos, entre eles o *rap* e o *funk*, permitindo-lhes inserir-se em um circuito cultural alternativo mais amplo. Em torno desses grupos, estabelecem trocas, experimentam, divertem-se, produzem, sonham em sobreviver das atividades culturais, enfim, vivem um determinado modo de ser jovem. Afinal de contas, o que são esses estilos musicais? O que significa para os jovens participar desses estilos? Qual o diálogo que a escola pode estabelecer para potencializar a dimensão educativa presente nesses estilos? São questões que pontuaremos a seguir.

---

[1] Nos limites deste texto, não cabe desenvolver discussão sobre violência e juventude, que se torna cada vez mais séria, com índices alarmantes de homicídios envolvendo jovens. Como denunciou o juiz Geraldo Claret, do Juizado da Infância e da Juventude de Belo Horizonte, morrem assassinados na cidade, por ano, uma média de 400 jovens de 12 a 20 anos (*Estado de Minas*, 13/10/2001). Mas é importante ressaltar a necessidade de maior problematização desse tema, superando as análises reducionistas que fazem uma vinculação linear da violência à pobreza ou, pior, levam a generalizações preconceituosas que fazem de todo jovem pobre um marginal em potencial, aumentando o fosso social já existente na nossa "cidade partida".

A cena musical na periferia da cidade

Para fazer uma breve caracterização da produção cultural juvenil na periferia de Belo Horizonte, tomaremos como exemplo os estilos *rap* e funk.[2]

Esses dois estilos possuem uma mesma origem, a música negra americana, principalmente *o soul e o funk*, e se difundiram no Brasil a partir dos anos 70, quando da proliferação dos chamados *bailes black* nas periferias dos grandes centros urbanos. Desenvolveram-se nos mesmos espaços, por jovens de uma mesma origem social: pobres e negros, na sua maioria. A música *rap* e *funk* e seu processo de produção apresentam semelhanças, fiéis à sua origem, tendo como base as batidas, a utilização eletrônica e a prática da apropriação musical. Como a base musical é eletrônica, os dois estilos são mais democráticos, não demandando maiores pré-requisitos aos jovens, como o conhecimento de teoria musical ou mesmo o domínio de instrumentos.

Mas as semelhanças entre o *rap* e o *funk* convivem com as diferenças. As letras expressam outros sentidos, as formas de sociabilidade possuem especificidades, assim como os rituais que constituem o estilo. Por intermédio do *funk*, os jovens ressaltam a festa, a fruição do prazer, a alegria de estarem juntos. O estilo *funk* tem como epicentro os bailes, sendo este o elemento central em torno do qual se articula uma identidade própria. É ali que podem expressar os outros elementos do estilo: o encontro com os amigos, o gosto pela musica *funk*, um determinado jeito de dançar e, principalmente, a oportunidade de se mostrarem como MCs.

A produção musical dos jovens "funkeiros" cumpre o papel de animação dos bailes. Isso faz com que as músicas que produzem sejam efêmeras, caracterizadas por um sentido de transitoriedade, pois são executadas por um período relativamente curto e logo são substituídas por outras. A letras são caracterizadas por temas que abordam as relações afetivas, a

---

[2] Os dados empíricos aqui utilizados são resultado da pesquisa que originou a na tese de doutorado intitulada *A Música entra em Cena: o rap e o funk na socialização da juventude em Belo Horizonte,* apresentada na Faculdade de Educação da USP, em julho de 2001. Nela, partimos de um universo de 146 grupos musicais juvenis, de onde foram escolhidos seis grupos de *rap* e *funk*, a partir dos quais discutimos os significados dos grupos musicais.

descrição dos próprios bailes e sua animação, sendo comum também a abordagem de temas jocosos de situações ocorridas na cidade, além da exaltação das diferentes galeras, resgatando o prazer e o humor que são tão negados no cotidiano desses jovens.[3] Esses temas são coerentes com o sentido que atribuem a si mesmos, como MCs: serem mensageiros da alegria, promovendo a *agitação da galera*.[4]

Já o *rap*, palavra formada pelas iniciais da expressão *rhythm anda poetry* (ritmo e poesia), é a linguagem musical do movimento *hip hop*, um estilo juvenil que agrega outras linguagens artísticas, como a das artes plásticas – o grafite –, – a da dança – o *break* – e a da discotecagem – o DJ –, que fazem das ruas o espaço privilegiado da expressão cultural dos jovens pobres. O *rap* é um gênero musical que articula a tradição ancestral africana com a moderna tecnologia, produzindo um discurso de denúncia da injustiça e da opressão a partir do seu enraizamento nos guetos negros urbanos. É exatamente a produção poética que dá o diferencial do *rap* em relação aos outros estilos juvenis. O seu conteúdo reflete o lugar social no qual se situam os jovens pobres e a forma como elaboram as suas vivências, numa postura de denúncia das condições em que vivem: a violência, a discriminação racial, as drogas, o crime, a falta de perspectivas, quando *sobreviver é o fio da navalha*. Mas também cantam a amizade, o espaço onde moram, o desejo da paz e de uma vida melhor. Nesse sentido, o *rap* pode ser visto como uma crônica da realidade da periferia.

Nesse processo, vão tomando consciência de si como jovens pobres e negros, elementos integrantes da identidade de cada um. Os shows são o momento privilegiado de realizarem a missão que atribuem a eles mesmos, de serem porta-vozes da periferia. Assim, o *rap* ganha visibilidade nas festas que ocorrem em algumas danceterias no centro da cidade e nos bairros, além dos eventos de rua.[5]

---

[3] No período da realização da pesquisa, entre 1998 e 2000, ainda não havia surgido o chamado "*funk* coreografia", que ganhou sucesso na mídia por intermédio de grupos como o Tigrão.

[4] Para maiores detalhes sobre o *funk*, ver Herschamann (2000), Sansone (1997), Vianna (1987,1997), Dayrell (2001), entre outros.

[5] Para maiores detalhes sobre o *hip hop*, ver Dayrell (2001), Sposito (1993), Herschamann (2000), Silva (1998), entre outros.

Os *rappers*, como parte do movimento *hip hop*, possuem uma proposta de organização e intervenção social, com muitos dos grupos se organizando em *posses,* uma articulação de grupos das várias linguagens com a proposta de potencializar a produção artística e a promoção de atividades comunitárias. Além disso, vêm surgindo algumas iniciativas de articulação de grupos culturais como uma forma possível de organização e difusão da produção cultural existente no bairro ou região.

Mas a existência dos estilos *rap* e *funk* não se limita aos grupos, fazendo parte de um circuito cultural mais amplo. Até se apresentarem em uma festa ou evento, os grupos musicais passam por diversas etapas e envolvem um número considerável de pessoas em diferentes funções, numa verdadeira "linha de montagem musical". Vamos exemplificar brevemente as etapas dessa linha.

O sonho de todo grupo é ter uma base musical exclusiva, produzida a partir da sua letra. Existem vários produtores que produzem músicas *rap* e/ou *funk* na cidade, em pequenos estúdios espalhados pelos bairros, a maioria deles DJs oriundos do próprio estilo. O esquema é simples: o jovem chega com a sua letra e diz como gostaria que a música fosse produzida. O produtor cria a base musical com os recursos de que dispõe, e o grupo grava o vocal sobre ela em uma fita demo ou *minidisk* (MD). Depois de ter sua música gravada, o grupo passa a buscar espaços para se apresentar, quase sempre na região onde mora, em pequenos eventos de rua promovidos por equipes de som locais. É um outro elo da linha de montagem, ou seja, as equipes de som. São formadas por jovens que, aos poucos, compram uma pequena aparelhagem para animar festas nos finais de semana, complementando, dessa forma, a sua renda.

Para participar de *shows* ou eventos maiores, é necessário que o grupo se articule com os produtores culturais, alguns adultos, outros jovens, que produzem eventos e festas na cidade. A maioria dos produtores existentes é amadora; são pessoas que começaram a desempenhar a função como forma de abrir espaços para o seu próprio grupo. Para ampliar a sua visibilidade, além das apresentações, os grupos recorrem às rádios comunitárias existentes na região onde moram. Muitas destas possuem programas semanais de *rap* e/ou *funk*, conduzidos por um DJ ligado ao estilo. As rádios comunitárias representam outro elo da cadeia de produção musical, um importante meio de informação alternativo à grande mídia. Mas esse potencial se vê relativizado pelo caráter comercial e/ou religioso de várias dessas rádios, além da falta de uma maior capacitação por parte dos produtores dos programas, deixando de explorar todo o potencial comunicativo que uma rádio representa.

Os grupos musicais e seus múltiplos significados

Esta rápida descrição dos estilos *rap* e *funk* e da "linha de montagem musical" que movimentam é um exemplo da existência de uma cena musical na periferia da cidade, que, mesmo ocupando um espaço marginal no circuito cultural, se mantém viva e atuante, apesar das oscilações entre momentos de latência e de maior visibilidade. Para os jovens que dela participam, essa experiência desempenha um papel significativo na vida de cada um.

Apesar das especificidades do *rap* e do *funk*, podemos constatar um conjunto de significados comuns aos dois estilos. Um primeiro aspecto diz respeito ao exercício da criatividade. Os estilos *rap* e *funk* possibilitam que esses jovens se introduzam na cena pública para além da figura do espectador passivo, colocando-se como criadores ativos, contra todos os limites de um contexto social que lhes nega a condição de criadores. Dessa forma, a experiência nos grupos musicais assume um valor em si, como exercício das potencialidades humanas. A música que criam, os shows que fazem, os eventos culturais de que participam aparecem como forma de afirmação pessoal, além do reconhecimento no meio em que vivem, contribuindo para o reforço da autoestima. Ao mesmo tempo, por meio da produção cultural que realizam, principalmente o *rap* e seu caráter de denúncia, colocam em pauta no cenário social o lugar do pobre.

O outro aspecto diz respeito à dimensão da escolha. O *rap* e o *funk* se colocam como um dos poucos espaços onde os jovens puderam exercer o direito a escolhas, elaborando modos de vida distintos e ampliando o leque das experiências vividas. Essa dimensão se torna mais importante quando levamos em conta que é o exercício da escolha, junto com a responsabilidade das decisões tomadas, uma das condições para a construção da autonomia. Se a escolha e a autonomia são frutos de aprendizagens, podemos nos indagar: Quais os espaços que esses jovens encontram no mundo adulto onde possam exercitar a prática de escolhas responsáveis, onde possam ir construindo-se como sujeitos autônomos?

Outra dimensão é a possibilidade que esses estilos proporcionam de vivência da condição juvenil. Para a maioria desses jovens, os estilos funcionaram como um rito de passagem para a juventude, fornecendo elementos simbólicos, expressos na roupa, no visual ou na dança, para que pudessem construir uma identidade juvenil. Desde então, passaram a ser uma referência para a escolha dos amigos, bem como para as formas de ocupação do tempo livre, duas dimensões – o grupo de pares e o lazer – constitutivas da condição juvenil. A convivência continuada no grupo ou na dupla possibilitou a criação de relações de confiança, a aprendizagem de relações coletivas, servindo também de espelho para a construção de identidades individuais.

Todos enfatizam que a adesão aos estilos gerou uma ampliação dos circuitos e redes de trocas, evidenciando o *rap* e o *funk* como produtores de sociabilidades. A dinâmica das relações existentes, o exercício da razão comunicativa, a existência da confiança, a gratuidade das relações, sem outro sentido que não a própria relação, são aspectos que apontam para a centralidade da sociabilidade no processo de construção social desses jovens. Nesse sentido, os estilos podem ser vistos como respostas possíveis à despersonalização e à fragmentação do sistema social, possibilitando relações solidárias e a riqueza da descoberta e do encontro com os outros.

Podemos concluir que o *rap* e o *funk*, mesmo com abrangências diferenciadas, significam uma referência na elaboração e vivência da condição juvenil, contribuindo, de alguma forma, para dar um sentido à vida de cada jovem, num contexto em que se veem relegados a uma vida sem sentido. Ao mesmo tempo, o estilo de vida *rap* e *funk* proporcionou a muitos desses jovens uma ampliação significativa do campo de possibilidades, abrindo espaços para sonharem com outras alternativas de vida que não aquelas restritas oferecidas pela sociedade. Os jovens querem ser reconhecidos, querem uma visibilidade, querem ser alguém num contexto que os torna invisíveis, ninguém na multidão. Querem ter um lugar na cidade, usufruir dela, transformando o espaço urbano em um valor de uso. Enfim, eles querem ser jovens e cidadãos, com direito a viver plenamente a sua juventude. Este parece ser um aspecto central: pelos estilos *rap* e *funk*, os jovens estão reivindicando o direito à juventude.

Por outro lado, a cena musical, em sua maioria, se mostra frágil, com uma produção cultural marcada pela precariedade e pelo amadorismo. É interessante perceber que, se o mundo da cultura se mostra um espaço mais democrático para esses jovens construírem um estilo próprio, o mesmo não acontece quando eles passam a pretender disputar um nicho próprio e sobreviver das atividades culturais. As barreiras são muitas, entre elas o acesso restrito aos bens materiais e simbólicos e a falta de espaços que possibilitem um conhecimento mais amplo e profissionalizado do funcionamento do mercado musical. As escolas públicas pouco ou nada investem na formação cultural, e não existem, em Belo Horizonte, instituições públicas na área cultural que possibilitem o acesso aos conhecimentos específicos da área. Ao mesmo tempo, os jovens se veem obrigados a se dividirem entre o tempo do trabalho e o tempo das atividades culturais, dificultando o investimento no próprio aprimoramento cultural. Vivem um dilema: estão motivados com a produção cultural, sonham em poder dedicar-se integralmente a tais atividades, mas, no cotidiano, precisam investir boa parte do seu tempo em empregos ou bicos que garantam a sua sobrevivência, e mesmo assim quando os têm. Assim, se esses jovens conseguem manter uma cena cultural viva e, de alguma forma atuante, o fazem da forma que podem, de acordo com os recursos materiais e simbólicos a que têm acesso.

Os jovens e a escola

A fragilidade da cena cultural na periferia expõe a fragilidade das redes sociais com as quais esses jovens podem contar no processo de sua construção como jovens, o que reforça a centralidade dos grupos culturais no momento que vivem. Além da família, e, mesmo assim, quando se pode contar com ela, eles estão sós, situados no limiar da precariedade. O mundo do trabalho lhes fecha as portas. Grande parte deles não possuem qualificação profissional e se veem sem perspectivas num contexto de crise da sociedade assalariada. Dessa forma, o mundo do trabalho não lhes parece um espaço de escolhas; ao contrário, nenhum deles gosta do que faz, não vendo nessas atividades nenhuma centralidade além da renda. Assim, o trabalho não constitui fonte de expressividade. Reduz-se a uma obrigação necessária para uma sobrevivência mínima, perdendo os elementos de uma formação humana que derivavam de uma cultura que se organizava em torno do trabalho. Outra instituição com a qual poderiam contar seria a escola. Mas como se dá essa relação?

As experiências escolares desses jovens são diferenciadas. Alguns deles foram excluídos da escola nos mais variados estágios, a maioria antes de completar o Ensino Fundamental, com uma trajetória marcada por repetências, evasões esporádicas e retornos, até a exclusão definitiva. Outros continuam a estudar, alguns no Ensino Fundamental e outros no Ensino Médio, sendo possível perceber que os significados que atribuem a essa experiência são bem diversos, variando desde a indiferença – a escola lhes parece uma instituição distante e pouco significativa – até a frequência escolar carregada de sentido negativo, contribuindo para reproduzi-los na condição de subalternos.

Apesar das diferentes avaliações, esses jovens evidenciam que a instituição escolar mostrou-se pouco eficaz no aparelhamento deles para enfrentar as condições adversas de vida com as quais vieram se defrontando, pouco contribuindo na sua construção como sujeitos. Para muitos deles, a escola se mostrou distante dos seus interesses e necessidades. Isso fica claro quando a escola se mostra pouco sensível à realidade vivenciada pelos alunos fora de seus muros. Um jovem "funkeiro" relata que:

> A escola tem muito "funkeiro", mas eu acho que os professores vão contra o *funk*... porque assim, eles nem sabem que todos os alunos lá gostam do *funk*... eu mesmo, nenhum professor sabe que eu escrevo letras, nem a de português...

Na região onde esse e outros jovens moram, o estilo musical predominante entre eles é o *funk*, existindo dezenas de duplas de MCs, mas a escola não leva essa realidade em consideração; ao contrário, nega a sua existência. Esse jovem tem prática de compor músicas, gosta de escrever poesias, e a professora de português, além de não ter conhecimento disso, não estimula essa sua potencialidade. Esse fato nos leva a algumas considerações sobre as culturas juvenis e a escola.

É importante frisar que a questão não se resume a introduzir as expressões culturais juvenis na escola, na maioria das vezes como uma atividade extraclasse ou mesmo um apêndice ao currículo, fazendo dessas atividades um meio de ocupar os alunos. Muito menos a investir na profissionalização por meio de expressões culturais, acreditando que a escola poderia formar músicos, por exemplo, o que deve ser papel de instituições especializadas. Trata-se de atribuir uma centralidade às diferentes expressões culturais no currículo numa dupla dimensão. Primeiro, considerar que as expressões culturais, como música, teatro, dança, artes plásticas, entre outras, constituem a expressão superior das potencialidades que nos tornam humanos, cada uma delas possibilitando trabalhar, ao mesmo tempo com a totalidade das nossas dimensões, tal como o afetivo, o corporal, o cognitivo etc, possuindo um potencial educativo em si mesmas. Ao mesmo tempo, tais expressões culturais são parte de uma cultura juvenil, e, como tal, é nela que o jovem se envolve e se vê refletido. Trabalhar com elas na escola é envolver o jovem pelo prazer e, ao mesmo tempo, possibilitar que ele próprio se conheça mais e se reconheça como sujeito de uma identidade. O desafio que está posto é como introduzir as expressões culturais no currículo sem que as engessemos como disciplinas curriculares.

Outro aspecto é a relação com os professores. Os depoimentos dos jovens evidenciam que, salvo felizes exceções, os professores não se colocam como expressão de uma geração adulta, portadora de um mundo de valores, regras, projetos e utopias a ser proposto aos alunos. Deixam, assim, de contribuir no processo de formação mais amplo como interlocutores desses alunos, diante de suas crises, dúvidas, perplexidades geradas pela vida cotidiana. Ou seja, a escola não se coloca para esses jovens como um espaço de formação humana, de construção de referências positivas ou mesmo de interlocução com o mundo adulto.

Fica evidente que a escola vive uma crise,[6] com os alunos e professores se perguntando a que ela se propõe. E essa crise se aprofunda

---

[6] A noção de crise é utilizada não no sentido de uma ruptura e de caos, mas de mutações profundas,em que se esgotam modelos anteriores e ainda não estão delineados os novos, como sugere Melucci (1991).

quando se constata que a instituição escolar ainda se pauta por uma visão reiterada de futuro, na lógica do "adiamento das gratificações", ou seja, ela não tem sentido em si pelo acesso a uma formação no presente, mas pelas recompensas que supostamente trará a médio ou longo prazos, numa sociedade que fecha as possibilidades de mobilidade social. A crise da escola é reflexo da crise da sociedade: os velhos modelos nos quais as instituições tinham um lugar socialmente definido já não correspondem à realidade.

Os jovens e os desafios dos educadores

Convivendo com esses jovens, olhando a escola a partir da sua ótica, é necessário se perguntar o que a escola pode fazer por eles, mas sem cair no risco de assumir o discurso oficial que difunde uma imagem da educação, restrita à escola, como apanágio para todos os males. Significa dizer que a instituição escolar, por si só, pouco pode fazer. Esses jovens demandam mais do que a escolarização, mesmo que de melhor qualidade. Eles demandam redes sociais de apoio mais amplas, com políticas públicas que os contemplem em todas as dimensões, desde a sobrevivência até o acesso aos bens culturais. O primeiro desafio para nós educadores é ampliar a nossa reflexão para fora dos muros escolares e buscar saídas no jogo das forças sociais.

Sabendo dos limites da escola, podemos afirmar com Paulo Freire que a tarefa pedagógica da escola é ampliar nos jovens alunos a sua condição de humanos. Isso demanda, em primeiro lugar, ampliar a nossa compreensão sobre os jovens, principalmente aqueles da periferia, como afirmamos anteriormente. Não podemos nos esquecer do aparente óbvio: eles são seres humanos, amam, sofrem, divertem-se, pensam a respeito das suas condições e de suas experiências de vida, posicionam-se diante delas, possuem desejos e propostas de melhoria de vida. Torna-se necessário escutá-los, ver nas práticas culturais e nas formas de sociabilidade que desenvolvem traços de uma luta pela sua humanização, diante de uma realidade que insiste em desumanizá-los, e, na perspectiva do protagonismo juvenil, tomá-los como parceiros na definição de ações que possam potencializar o que já trazem de experiências de vida. Se queremos contribuir para a formação humana desses jovens, temos de encará-los como sujeitos que são, que interpretam o seu mundo, agem sobre ele e dão um sentido à sua vida.

Levar em conta os jovens como sujeitos implica repensar a escola, seus currículos com suas práticas educativas a partir de uma nova pauta de questões: Como fazer da escola e das nossas práticas educativas um momento pedagógico de humanização? Como fazer da escola um espaço de treino de autonomia enquanto exercício de escolhas responsáveis e solidárias? Como incentivar o protagonismo juvenil, considerando os jovens como interlocutores válidos, capazes de opinar nos projetos que lhes dizem respeito? Como incentivar a dimensão educativa da sociabilidade, fazendo da escola um espaço de encontro, um espaço de relações sociais de qualidade? Como despertar e incentivar o desejo pelo saber, dialogando com os interesses e necessidades dos jovens? Como incentivar as diferentes linguagens culturais, possibilitando a expressão autônoma das culturas juvenis?

Como Arroyo (2000), acredito que é através dessas reflexões e das novas práticas que delas resultarem que podemos fazer da escola um tempo mais humano, humanizador, esperança de uma vida menos inumana. Esse é um desafio para o qual não existem receitas. Como dizia o poeta, "caminhante, não há caminho, há caminhos a andar..."

REFERÊNCIAS

ARROYO, Miguel. *Ofício de mestre*. Petrópolis: Vozes, 2000.

DAYRELL, Juarez. *Múltiplos olhares sobre educação e cultura*. Belo Horizonte: Editora UFMG, 1996.

DAYRELL, Juarez. Juventude, grupos de estilo e identidade. *Educação em Revista*, Belo Horizonte, n. 30, dez. 1999, p. 25-39.

DAYRELL, Juarez. *A música entra em cena: o rap e o funk na socialização da juventude em Belo Horizonte*. Tese (Doutorado em Educação) – Faculdade de Educação da Universidade de São Paulo, 2001.

HERSCHMANN, Micael. *O funk e o hip hop invadem a cena*. Rio de Janeiro: Editora UFRJ, 2000.

MARTINS, José de Souza. *Exclusão social e a nova desigualdade*. São Paulo: Paulus, 1997.

POCHMANN, Marcio. *Emprego e desemprego no Brasil: as transformações nos anos 90.* Campinas: Centro de Estudos Sindicais e de Economia do Trabalho (CESIT), UNICAMP, 1998 (mimeo.).

SANSONE, Livio. Funk baiano; uma versão local de um fenômeno global? In: HERSCHMANN, Micael (Org). *Abalando os anos 90; funk e hip hop: globalização, violência e estilo cultural.* Rio de Janeiro: Rocco, 1997.

SILVA, José Carlos Gomes. *Rap na cidade de São Paulo*: música, etnicidade e experiência urbana.1998. Tese (Doutorado em Ciências Sociais) – Departamento de Ciências Sociais do Instituto de Filosofia e Ciências Humanas, Universidade Estadual de Campinas, Campinas, 1998.

SPOSITO, Marília P. A sociabilidade juvenil e a rua; novos conflitos e ação coletiva na cidade. *Tempo Social*, Revista Sociologia da USP, São Paulo, v. 5, n. 1 e 2, 1993, p.161-178.

SPOSITO, Marília P. *Algumas hipóteses sobre as relações entre movimentos sociais, juventude e educação.* Texto apresentado na ANPED, 1999 (mimeo.).

TELLES, Vera da Silva. A experiência da insegurança: trabalho e família nas classes trabalhadoras urbanas em São Paulo. *Tempo Social*, Revista de Sociologia, São Paulo USP, v. 4. n. 1 e 2 ,1992, p. 53-93.

VIANNA, Hermano. *O mundo funk carioca.* Rio de Janeiro: Jorge Zahar, 1987.

VIANNA, Hermano (Org.) *Galeras cariocas; territórios de conflitos e encontros culturais.* Rio de Janeiro: Editora UFRJ, 1997.

Políticas de juventude
e Educação de Jovens e Adultos:
tecendo diálogos a partir dos sujeitos

Geraldo Magela Pereira Leão

$\mathbf{A}$ juventude emerge com uma visibilidade muito grande nas últimas décadas no Brasil. Diversos estudos constatam a presença de uma *onda jovem* na estrutura demográfica brasileira com demandas e problemas específicos.[1] Também, nos cursos de EJA, muitos educadores constatam a presença, cada vez maior, de jovens e adolescentes nas salas de aula. O "rejuvenescimento" da EJA é um fenômeno social que deve ser investigado, procurando-se compreender as rupturas, as alternativas e os novos desafios que provoca. Isso nos impõe a necessidade de refletirmos sobre esses sujeitos. Qual a imagem que fazemos deles? Como acolhemos os jovens em nossos cursos?

A partir da segunda metade dos anos 90, vários programas foram implementados em diferentes níveis de governo, em sua grande maioria movidos pela preocupação com o crescimento do desemprego e da violência entre os jovens. Em várias dessas iniciativas, a EJA é chamada a contribuir proporcionando novas oportunidades

---

[1] Cf. CNPD, 1998.

educacionais aos jovens pobres, muitas vezes a partir de uma visão equivocada do seu papel e do seu alcance como alternativa à exclusão social. Por outro lado, tal confluência pode se constituir em uma rica oportunidade de diálogo entre esses dois campos, fortalecendo a perspectiva dos direitos e dos sujeitos juvenis em contraposição ao predomínio de políticas sociais restritas.

Este texto pretende discutir as possibilidades e limites do encontro entre estes dois campos – as políticas de inclusão social de jovens e a EJA –, tendo como ponto de partida a especificidade dos sujeitos atendidos, marcados pela experiência de viver a transição para a vida adulta em meio ao crescimento da exclusão social. Como construir experiências educativas ricas e significativas para esses jovens? Como lhes proporcionar condições para que possam vivenciar plenamente a sua condição juvenil? Assim apresentadas, tais questões já acenam uma perspectiva: a necessidade de intervir sobre as situações de exclusão que atingem a juventude empobrecida sem desmerecer as suas demandas e necessidades como sujeitos.

Juventude precarizada:
um desafio às políticas sociais

Segundo dados dos IBGE, em 2000, o Brasil tinha 34,1 milhões de pessoas entre 15 e 24 anos. Em geral, os estudos indicam um aumento das oportunidades educacionais para esses jovens em relação às gerações passadas. Houve um crescimento em termos de acesso e de anos de escolaridade, tendência observada desde meados da década de 90 e confirmada por estudos mais recentes. Embora isso possa nos induzir a um certo otimismo, permanecem ainda várias distorções que nos fazem desconfiar de uma real democratização da educação no Brasil. Quando olhamos a relação idade-série, muitos jovens que já deveriam ter concluído o Ensino Fundamental e o Ensino Médio ainda estavam estudando. Além disso, permanecem altas as taxas do analfabetismo funcional, particularmente nas regiões Norte e Nordeste do Brasil. Essas distorções são ainda mais acentuadas quando as diferenças por cor ou sexo são consideradas.

Além da permanência das desigualdades educacionais, os problemas quanto ao mercado de trabalho aumentaram. De acordo com os dados, o balanço do desemprego no Brasil tem revelado o seu *forte viés social e etário,* uma vez que atinge mais os trabalhadores urbanos e jovens.[2] Para o economista Márcio Pochmann,[3] o atual cenário do mercado de trabalho brasileiro representa uma *ruptura do padrão de inserção ocupacional dos jovens,* configurado no pós-Guerra e caracterizado por uma transição relativamente tranquila para a vida ativa. Nos anos 90, com o predomínio dos postos insuficientes e precários, a competição pelo primeiro emprego acirrou-se. O que se verifica é que, embora o nível de escolaridade tenha aumentado para as novas gerações, o padrão ocupacional do jovem tornou-se instável. As dificuldades no mercado de trabalho têm levado os jovens a se inserirem em atividades precárias, sem carteira assinada, sem garantias sociais e com baixos rendimentos.

Em face da expansão do desemprego e da pobreza juvenil, algumas políticas públicas foram implementadas no Brasil, particularmente a partir da segunda metade da década de 90, com o objetivo de superar fazer frente aos problemas sociais decorrentes dessa situação. São iniciativas que envolvem governos em diferentes níveis de administração, ONGs e instituições sociais diversas. Alguns programas buscam criar condições para que os jovens permaneçam na escola, financiando a sua inatividade por meio da transferência de renda. Outras iniciativas buscam combinar oportunidades de trabalho e frequência à escola. Por outro lado, para os jovens em piores condições de vida – sobretudo jovens que não estudam e não trabalham, moradores das periferias das grandes cidades e filhos de famílias muito pobres –, são oferecidos cursos elementares de formação profissional, oportunidades de trabalhos comunitários e ações de elevação da escolaridade.

Algumas ideias foram recorrentes na orientação das políticas de trabalho e educação desde o final dos anos 90. Elas também se fizeram presentes nas iniciativas voltadas aos jovens. O papel da Educação Básica e Profissional foi superdimensionado como capaz de garantir a

---

[2] QUADROS, 2003.

[3] POCHMANN, 1998.

"empregabilidade"[4] das pessoas em um mercado de trabalho volátil e flexível. Outra preocupação passou a ser a ampliação da inatividade dos jovens por meio do sistema educacional a fim de diminuir a pressão sobre o mercado de trabalho e possibilitar uma administração mais eficiente da sua crise.

Velhas concepções sobre os jovens pobres como "perigosos" emergem em muitos programas no contexto específico das mudanças estruturais da sociedade capitalista contemporânea. Há uma permanência que parece já ter se tornado uma tradição no campo das políticas públicas de juventude: os jovens são convocados a participarem de atividades que são realizadas num quadro de grande precariedade em termos de estrutura, condições materiais e de recursos humanos. Repete-se a fórmula de prevenir a ociosidade através de programas ocupacionais.

Quanto às políticas de inclusão social da juventude, duas questões estão relacionadas ao campo educacional. Em relação à sua dimensão educativa, de uma maneira geral, os programas tendem a escolarizar as suas ações, reproduzindo práticas que contribuíram para a exclusão escolar desse público. Outra questão diz respeito à (re)inserção escolar dos jovens. A ideia da educação como alternativa à inatividade dos jovens tem sido cada vez mais frequente, mas ela é insuficiente se não há efetivamente uma integração entre as políticas sociais e educacionais para garantir tanto oportunidades e condições de acesso, como projetos educativos que reconheçam os jovens pobres como sujeitos de direitos. Ou seja, parece ser urgente o desenvolvimento amplo de políticas de integração social – de trabalho, educacionais, culturais, de saúde, de lazer e de esporte –, mas é preciso repensar também as concepções e formas de atuação que superem a tentação de assistir e tutelar a juventude.

---

[4] O termo empregabilidade é definido como a *capacidade dos trabalhadores de se manterem empregados ou encontrar novos empregos*, o que supõe a posse dos requisitos de qualificação exigidos pelos empregadores e procurados pelos trabalhadores como estratégia de valorização da sua força de trabalho. Trata-se de um conceito que do novo vocabulário da Teoria do Capital Humano, o qual pode ser compreendido como um mecanismo de encobrimento das relações sociais excludentes no atual padrão de acumulação do capital, ao transferir para o trabalhador como indivíduo a responsabilidade pelo sucesso ou fracasso na sua inserção profissional.

Condição juvenil e políticas públicas: um difícil diálogo

Discutir questões referentes à juventude é sempre difícil, pois esta não é uma categoria teórica consensual. A juventude é uma construção histórica, fruto tanto das transformações sociais e econômicas da modernidade, do seu tratamento como objeto de estudo acadêmico-científico quanto das representações sociais construídas em épocas e contextos específicos.[5]

Uma noção corrente de juventude, muito disseminada no senso comum, a identifica como um momento de transição da infância para a vida adulta. Nessa concepção os jovens são abordados a partir da ideia de indeterminação, marcados por uma crise de identidade e de valores. A juventude assume assim um caráter negativo – fase de confusões, de conflitos, de rebeldia – em contraposição à positividade da vida adulta, à qual está subordinada. Encontramos também representações idealizadas acerca dos jovens, seja do ponto de vista político (agentes da transformação social), seja do econômico (potenciais consumidores). Esses modelos, orientados para o futuro, deixam em segundo plano as experiências vitais da juventude. O presente (a juventude) está sempre submetido ao futuro (a vida adulta). Quando tal transição conduz os jovens a situações socialmente "indesejáveis", ações corretivas e compensatórias das instituições sociais e do Estado devem reconduzi-los à integração social.

Podemos dizer que várias transformações nas sociedades contemporâneas imprimem mudanças no modo de viver a juventude em relação às gerações passadas, conformando uma *nova condição juvenil*. Para as gerações passadas, a experiência da juventude estava centrada na ideia da sua incorporação à vida adulta, na aprendizagem de novos papéis e na aquisição da experiência a cargo de algumas instituições de socialização. Hoje a juventude passa a ser, cada vez mais, um tempo de afirmação, de liberdade em relação às responsabilidades sociais e de ampliar os universos, as referências e os contatos com outros jovens. Nunca se falou tanto entre os jovens em "conhecer novas pessoas", "aprender mais", "viver experiências interessantes",

---

[5] Cf. KOHAN, 2003 e ALPÍZAR; BERNAL, 2003.

"correr riscos". Segundo Miguel Abad,[6] uma marca da juventude contemporânea é o aumento do seu tempo livre.

Mas, se os jovens contemporâneos têm maiores possibilidades de vivência da *subjetividade juvenil* e de afirmação de sua autonomia em relação às gerações passadas, isso não quer dizer que não haja diferenças nas experiências da juventude segundo o seu pertencimento social e sua identidade de classe, gênero ou raça. A condição juvenil atual se caracteriza pela ampliação e liberalização de um tempo vivido de diferentes formas de acordo com a origem social dos jovens. Para alguns, é uma "escolha" por um tempo de capacitação e de ampliação da sua formação. Para os jovens pobres, no entanto, não há escolhas. Significa a imposição de um tempo vazio, desumanizado, de marginalidade e exclusão. Em geral, esse tempo livre tem sido objeto de suspeição, sobretudo quando recai sobre jovens negros, pobres e moradores das periferias urbanas.

A juventude pode ser compreendida como um período da vida determinado pelo modo como historicamente as sociedades organizam seus ciclos de vida. Ela compreende demandas específicas cuja centralidade está na inserção social das novas gerações. É o tempo da aquisição e experimentação da autonomia. Se em outros tempos havia um percurso nítido da juventude à vida adulta, hoje predomina entre os jovens, a incerteza quanto ao futuro. No caso brasileiro, os dados apontam um crescimento das dificuldades de transição à vida adulta, especialmente para os jovens pobres.[7]

Essas questões impõem alguns desafios para a EJA, que deve ser pensada a partir das demandas deste público recém-chegado. De início, penso ser necessário afastar a ideia de que os jovens não se interessam e não demandam escolarização. Estudar é, um dos poucos caminhos ainda vislumbrados pelos jovens pobres como possibilidade, ainda que remota, de realizar seus projetos de vida. A EJA pode ser uma alternativa de escolarização na qual os jovens pobres tenham acesso a experiências significativas e possam desenvolver todas as potencialidades dessa fase da vida como sujeitos autônomos e de direitos.

---

[6] Cf. ABAD, 2003.

[7] Cf. CAMARANO *et al.*, 2003.

Como dialogar com a experiência de viver a pressão – econômica e social – de se tornar um adulto antes do tempo? O distanciamento dos jovens em relação à escola requer a exploração de formas de organização e de gestão escolar que permitam a construção de vínculos positivos entre os jovens, os professores e os processos de escolarização.

Para além do compensatório...

A marginalização dos jovens no mercado de trabalho, aliada aos problemas do baixo desempenho educacional e do "desajustamento" social da juventude (violência, uso de drogas, saúde e reprodução sexual), tem emergido como uma das preocupações centrais nas manifestações de alguns governos e organismos internacionais a partir dos anos 90 em vários países da América Latina. Recentemente, surgiram programas de bolsa-estágio, bolsa-trabalho e renda mínima em alguns Estados e municípios nos quais a EJA também está inserida.[8] Várias iniciativas pretendem promover a combinação entre formação profissional, exercício de trabalhos voluntários, transferência de rendas e elevação da escolaridade. Para atingir este último objetivo, são propostas algumas ações no campo da EJA, geralmente através de cursos de preparação para exames supletivos ou encaminhamento para cursos da rede pública de ensino. Tendo em vista essa realidade, algumas perguntas se apresentam aos educadores e pesquisadores: Como é visto o papel da EJA nesses programas? Qual concepção educativa guia a sua ação? Como a juventude é abordada nessas iniciativas e nas respectivas ações da EJA?

De uma maneira geral, a relação da juventude pobre com a escola é ambígua, marcada pela tensão e pelo desânimo, mas também pela sua valorização como espaço de sociabilidade e de crescimento pessoal.

---

[8] Desde a década de 90, vários programas federais, estaduais e locais foram implementados. Alguns voltam-se especificamente para jovens pobres, e outros são programas gerais em que a presença juvenil é muito grande. Podemos citar o Plano Nacional de Qualificação do Trabalhador – Planfor, o Programa Comunidade Solidária, o Programa Agente Jovem, o Programa Serviço Civil Voluntário; o Programa Jovem Cidadão: Meu Primeiro Trabalho (Estado de São Paulo), o Programa Primeiro Emprego (Estado do Rio Grande do Sul) e o Programa Bolsa Trabalho (Prefeitura de São Paulo).

Muitas vezes, tal relação é vista de maneira preconcebida pelos educadores e gestores, que tendem a reduzir a postura dos jovens na escola à falta de interesse, à violência e à indisciplina. Tais leituras, embora indiquem problemas reais, são ainda muito parciais e refletem a perspectiva dos adultos integrados: pais, professores, pesquisadores e gestores educacionais. Seria necessário verificar o que os jovens têm a dizer de suas experiências escolares.

Uma pesquisa realizada por mim sobre um programa de inclusão social para jovens pobres, moradores da periferia da Região Metropolitana de Belo Horizonte, revelou trajetórias escolares marcadas pela *experiência das desigualdades escolares.*[9] Tratava-se da experiência de frequentar uma instituição onde os obstáculos ao sucesso eram enormes e os diplomas valiam muito pouco para tanto investimento pessoal, mas para onde, apesar de tudo, os jovens continuavam a acorrer como uma das únicas possibilidades de convívio com os outros, protegidos da violência das ruas e da mesmice do lar. Muitos alunos iam para a escola, mas sem se envolver com as atividades escolares. Valorizavam os tempos nos quais estavam fora do controle dos pais e dos professores. Outros, mesmo não, matriculados, passavam o tempo no portão, nos horários de entrada e saída da escola.

Por outro lado, havia jovens que conseguiram construir uma relação sem grandes conflitos com a instituição escolar apesar das dificuldades. Entre estes, alguns sonhavam em prosseguir os estudos fazendo um curso superior. Outros pretendiam prestar concursos ou investir em cursos profissionalizantes. Para esses jovens, a escola era uma experiência menos angustiante. Vista como possibilidade de mobilidade econômica, de integração social ou de sociabilidade, com diferentes graus de aproximação ou distanciamento do universo escolar, ela ainda era um espaço significativo e valorizado para alguns.

A história de encontros e desencontros entre jovens, escolas e educadores tem disseminado uma imagem preconcebida dos "jovens contra a escola". É comum ouvirmos depoimentos como: "eles não valorizam a escola", "são todos uns marginais", "são uns bárbaros". Mas há também uma tendência a transferir a responsabilidade para

---

[9] LEÃO, 2004.

os professores: "são corporativos", "estão desanimados", "não compreendem os alunos", "são desatualizados e incompetentes". Tudo se passa como se o sistema funcionasse perfeitamente e os problemas se referissem unicamente às capacidades, qualidades e disposições das pessoas envolvidas com o ambiente escolar.

O fato mais banal e aparente, no entanto, não é levado em conta: a escola é um espaço onde pessoas se encontram e produzem relações sociais. Essas relações poderão ser ricas e humanas, mas também poderão ser desumanizadoras quando não estiverem em sintonia com os projetos e as aspirações dos sujeitos envolvidos. Uma pesquisa levada a cabo pela ONG Ação Educativa com professores e jovens de algumas escolas públicas de São Paulo destaca que "uma das principais dificuldades da escola em lidar com seus alunos diz respeito à invisibilidade dos traços propriamente juvenis dessa clientela que são encobertos pela identidade de estudantes".[10]

Essa visão *escolocêntrica* vê os alunos como resistentes à cultura escolar e ao papel de estudantes devido à sua origem social. Segundo esse olhar, os jovens chegam à escola com disposições e hábitos que entram em conflito com o ambiente e a cultura da escola desenvolvidos em suas famílias de origem ou produzidos pela vivência na pobreza. Essa perspectiva separa também os professores dos espaços de encontro e diálogo com os jovens. Além disso, a rotina escolar, a burocracia, a organização e as condições de trabalho impedem uma aproximação maior entre os atores. Os jovens estão ali para aprender – são estudantes – e os adultos estão ali para ensinar – são professores.

Esses desencontros e as representações sociais em torno da juventude pobre produzem uma imagem de que os jovens não gostam de estudar, odeiam seus professores e são uma constante ameaça aos colegas e profissionais da escola. O projeto da Ação Educativa mostrou, ao contrário, um universo bem diferente quanto às aspirações dos jovens:

> Dentre os principais desejos de mudança no espaço escolar estão os que se referem à necessidade de diálogo e ao excesso de regras. A maioria dos alunos, principalmente aqueles com

---

[10] CORTI; FREITAS; SPOSITO, 2001, p. 36.

idade mais elevada, anseia por uma direção, vice-direção, coordenação, funcionários e professores menos autoritários e mais abertos ao diálogo, por mais liberdade em relação ao espaço escolar, às entradas e saídas das aulas, etc. Ao mesmo tempo, também reclamam um controle maior sobre a bagunça dos alunos e um pouco mais de regras e disciplinas, principalmente as meninas. Ou seja, parecem desejar autoridade, mas não autoritarismo. Também aparecem propostas de mudanças relativas à infra-estrutura: melhoria do prédio de um modo geral, salas ambientes, salas de computador, laboratório, quadra coberta, melhoria da limpeza (principalmente dos banheiros), troca de carteiras e mesas, etc. E os aspectos pedagógicos – aulas diferentes, de novas matérias, professores mais competentes e educados – também estão entre os desejos de mudança.[11]

Para além de uma visão comum da *anomia* dos estudantes, esses dados nos mostram que os jovens demandam regras claras e democráticas nas escolas, nas quais sejam valorizados e tenham acesso a uma experiência prazerosa. Cotidianamente se encontram e se desencontram com professores que também vivem, sofrem e reagem aos dilemas de uma condição social e profissional desvalorizada. Defrontam-se com a promessa da mobilidade social por meio da educação – constantemente veiculada pela mídia e pelo discurso oficial – e com uma experiência social que, de antemão, nega tal discurso. Piora ainda esse quadro o fato de que a sua condição de jovens – seus sonhos, perspectivas e valores – não encontra espaços de expressão e realização no ambiente escolar.

Este talvez seja um dos grandes desafios para os educadores: incorporar os jovens como sujeitos de direitos, proporcionando aos mesmos uma educação de qualidade e significativa. Esse desafio se defronta com uma tendência a conceber a EJA como uma educação de segunda categoria, que pode ser implementada de forma aligeirada e sem grandes custos. Essa perspectiva não reconhece os seus alunos como sujeitos de direitos, mas como beneficiários da ação filantrópica e assistencial do Estado mínimo e da sociedade voluntária. Não seria essa a tônica das campanhas de alfabetização ainda em voga no País?

---

[11] CORTI; FREITAS; SPOSITO, 2001, p. 36.

Muitas vezes a EJA é utilizada nas ações voltadas para os jovens a partir de uma visão compensatória, colaborando para sustentar iniciativas que reduzem os jovens pobres a um lugar subordinado.

Como sugere Miguel Arroyo,[12] coloca-se o desafio de pensar qual o papel da EJA em tempos de exclusão. Segundo esse autor, ao longo de décadas, os educadores da EJA no Brasil constituíram *um legado a ser rememorado e radicalizado*. Tal legado é marcado por alguns traços, como a situação de exclusão que caracteriza o seu público, a valorização da sua condição humana, a adoção de uma concepção humanista da educação e a abordagem da educação como um direito. A radicalização desse legado implica a superação das intervenções compensatórias que constituem a sua história.

Essa concepção ampliada da EJA pode servir de instrumento de crítica e de construção de práticas que produzam novas abordagens no campo das políticas públicas de inclusão social no Brasil, incorporando uma dimensão mais ampla da juventude, que não a perspectiva de apenas manter os jovens ocupados. Essas políticas têm se dedicado a criar oficinas ocupacionais, prolongando a inatividade dos jovens sem oferecer condições adequadas para que esse tempo seja rico em experiências que lhes permitam gozar plenamente o seu tempo de juventude. Muitas vezes são iniciativas de assistência social aos jovens, nas quais eles são vistos como destinatários da filantropia.

Para além dos cursos de capacitação para o trabalho e de transferência de renda mínima, cabe impulsionar a organização autônoma dos jovens, incentivando estruturas democráticas de gestão do desenvolvimento local que não estejam atreladas à lógica do capitalismo global. Isso supõe subordinar o humano à competência e à produtividade, ao contrário de iludir os jovens com cursos de capacitação empobrecidos e discursos de trabalho voluntário descolados da mobilização efetiva dos grupos juvenis locais. Uma política que rompa com a ideia de tutela e passe a considerar os jovens como sujeitos de direitos e não como meros objetos da assistência estatal, empresarial ou filantrópica.

De acordo com Miguel Abad, trata-se de desenvolver uma *política de autovalorização* dos jovens.[13] Para esse autor, tem sido uma

---

[12] ARROYO, 2001.

[13] ABAD, 2003.

marca nas políticas de juventude a confusão entre o modo como os jovens estão inseridos nas estruturas sociais e econômicas (*situação dos jovens*) e o que representa a experiência juvenil em dado contexto histórico e social (*condição juvenil*). Para ele, embora seja um avanço o reconhecimento da juventude como categoria social – "uma condição juvenil diferenciada como fato sociológico" –, as políticas públicas concentram-se na sua *situação desfavorável* procurando melhorar as suas condições de transição à vida adulta. Assim, as políticas de juventude têm se caracterizado por um *marcado traço integracionista*[14] que não leva em conta a experiência da condição juvenil para as gerações atuais. Tais políticas tendem a planejar sua intervenção a partir do que falta aos jovens, suas carências em relação a determinados modelos de vida, calcados nos valores do mundo adulto, em detrimento de uma ênfase na atuação no presente e na afirmação dos jovens como sujeitos.

Miguel Abad irá propor uma nova direção para as políticas de juventude que tenha como eixo articulador a *cidadanização dos jovens*. São *políticas de autovalorização* que visam à afirmação da condição juvenil, nas quais são reconhecidos como sujeitos e atores políticos capazes de intervir em sua situação social e histórica, de se posicionar criticamente diante do consumo e do mundo de uma maneira geral. Essa proposta parte da crítica *política das políticas* de juventude tal como têm sido desenhadas: ações que se impõem de cima para baixo e que não têm impacto efetivo sobre as desigualdades sociais. Essas políticas, estruturadas a partir de pressupostos técnicos, não conseguem envolver os jovens porque simplesmente não estão sintonizadas com a nova condição juvenil. Não são atraentes para a maioria.

Para o autor, proceder à crítica *política das políticas* de juventude significa reconhecer que tais iniciativas apenas reproduzem as relações de poder que excluem os jovens do acesso aos bens econômicos, culturais e políticos da sociedade. "A realidade aceita pouquíssimos

---

[14] Segundo o autor, "historicamente a evolução das políticas de juventude na América Latina tem estado determinada pelos problemas de exclusão dos e das jovens da sociedade e de como facilitar-lhes sua transição e integração ao mundo adulto". (ABAD, 2003, p. 233). São políticas de traço *integracionista – políticas de incorporação –*, geralmente assimiladas a políticas de educação e emprego, às quais irá contrapor um modelo de *políticas afirmativas* ou *de autovalorização* dos jovens.

graus de manobra pela via técnica", por isso as ações devem enfrentar "os problemas políticos e distributivos de nossas sociedades". Nessa proposta, os jovens são atores centrais participando com autonomia da elaboração, gestão e controle direto dos recursos. As ações de integração são complementadas com iniciativas de afirmação da condição juvenil, dos seus valores e das suas demandas. Em tal concepção de políticas de juventude, a EJA tem o desafio de oferecer uma educação de qualidade que responda às demandas de qualificação e escolarização dos jovens, ampliando as suas condições de integração no mercado de trabalho e nas diferentes dimensões da vida social, mas sem negar-lhes o reconhecimento das suas necessidades, experiências e anseios vinculados ao presente.

Alguns caminhos possíveis

Nos debates sobre a EJA no Brasil, quase sempre os educadores se veem diante de sentimentos antagônicos. Em primeiro lugar, há uma frustração ao se constatar que, de governo a governo, perduram campanhas periódicas e ações voluntárias sem que a educação das pessoas que não se escolarizaram "no tempo adequado" seja uma prioridade na agenda política.

Por outro lado, há um certo orgulho face ao que já construímos nesse campo. Como não foi completamente absorvida como tarefa prioritária do Estado, a EJA se estruturou e se ampliou vinculada aos movimentos populares e sociais. Tal tradição histórica permitiu o desenvolvimento de experiências educativas inovadoras, que ousaram romper com concepções e práticas pedagógicas restritas. Essas qualidades da experimentação e da criatividade podem ser postas a serviço de um projeto educativo que tenha os jovens como sujeitos, com valores e projetos de vida. O direito à experimentação tem encontrado, cada vez mais, barreiras com o crescimento das desigualdades sociais nas sociedades contemporâneas. Também a EJA irá negá-lo aos jovens pobres?

A capacidade de intervenção das escolas e das experiências de EJA na questão da exclusão social da juventude pobre é limitada. No entanto, a escola poderá ser um espaço de encontro e expressão para os seus alunos que, desde muito cedo, veem negado o direito à vivência plena da sua juventude. Para isso, um dos caminhos possíveis está na articulação com as organizações e grupos juvenis que estão se organizando em torno das mais variadas demandas da juventude.

Além disso, como as políticas públicas seguem uma tradição de não integração entre si, geralmente não há uma devida articulação com outras instâncias responsáveis pelo setor educacional – Ministério da Educação, secretarias estaduais e municipais, escolas, etc. Dessa forma, o alcance das ações é restrito por não investir na criação de condições adequadas de acesso e permanência dos jovens nas escolas e nos cursos de EJA, o que exige repensar as formas de gestão das políticas sociais no Brasil.

Se há uma assimilação da EJA nas políticas de juventude que tende a reproduzir uma visão limitada desta modalidade de ensino, ambas se encontram pela atenção dada a um público marcado pela vivência de diferentes formas de exclusão social. Assentadas nesse terreno comum, a EJA e as iniciativas voltadas à juventude empobrecida podem tecer um rico diálogo caso tenham na valorização dos sujeitos e no reconhecimento da moderna condição juvenil o pilar das suas ações.

Ao lado da luta em torno das políticas sociais de juventude, caberia aos atores envolvidos – educadores, gestores, jovens – aprofundarem os traços presentes em várias experiências da EJA e dos programas e projetos para jovens pobres, as quais caminham nessa direção. Como dialogar com a experiência social de viver a juventude em meio às incertezas e dificuldades do presente? Como tornar os nossos cursos espaços ricos de formação humana para os jovens pobres? Como ir além de uma escolaridade empobrecida? Essas são algumas questões colocadas nos diálogos entre a EJA e as políticas de juventude.

REFERÊNCIAS

ABAD, Miguel. Las politicas de juventud desde la perspectiva de la relacion entre convivencia, ciudadania y nueva condicion juvenil en Colombia. In: *Politicas publicas de juventud en America Latina. Politicas nacionales*. Viña del Mar: Centro de Investigatión y Difusión Poblacional de Achupallas – CIDPA, oct. 2001 [2003], p. 229-263.

ARROYO, Miguel. A educação de jovens e adultos em tempos de exclusão. *Alfabetização e Cidadania*, São Paulo, v. 11, abr. 2001, p. 9-20.

ALPÍZAR, Lydia; BERNAL, Marina. La construcción social de las juventudes. *Última Década*, Viña del Mar, n. 19, nov. 2003, p. 1-20.

CAMARANO, Ana Amélia *et al*. A transição para a vida adulta: novos e velhos desafios? *Mercado de trabalho. Conjuntura e Análise*, Brasília, n. 21, 2003, p. 53-66.

COMISSÃO NACIONAL DE POPULAÇÃO E DESENVOLVIMENTO – CNPD. *Jovens acontecendo na trilha das políticas públicas*. Brasília: CNPD, v. I-II, 1998.

CORTI, Ana Paula; FREITAS, Maria Virgínia de; SPOSITO, Marília Pontes. *O encontro das culturas juvenis com a escola*. São Paulo: Ação Educativa - Assessoria, Pesquisa e Informação, 2001.

KHOAN, Walter. *Infância. Entre educação e filosofia*. Belo Horizonte: Autêntica, 2003.

LEÃO, Geraldo M. P. *Pedagogia da cidadania tutelada: lapidar corpos e mentes. Uma análise de um programa federal de inclusão social de jovens pobres*. 2004. 316 f. Tese (Doutorado em Educação) – Faculdade de Educação, Universidade de São Paulo, São Paulo, 2004.

POCHMANN, Márcio. *A inserção ocupacional e os empregos dos jovens*. São Paulo: Associação Brasileira de Estudos do Trabalho, 1998.

QUADROS, Waldir. Um retrato do desemprego juvenil no Brasil. *Mercado de trabalho, Conjuntura e análise*, Brasília, n. 21, 2003, p. 5-8.

PARTE II

SUJEITOS COLETIVOS E POLÍTICAS PÚBLICAS

Educação de Jovens e Adultos e questão racial:

algumas reflexões iniciais

Nilma Lino Gomes

A construção social e cultural das categorias de idade e a EJA

Este texto representa um desafio inicial de reflexão sobre a Educação de Jovens e Adultos (EJA) e a questão racial. Esclareço, desde já, que a EJA é aqui compreendida como processos, políticas e práticas educacionais voltados para a juventude e para a vida adulta, realizados dentro e fora do contexto escolar. Trata-se, portanto, de um conjunto de práticas, vivências e propostas que lidam diretamente com a construção social, histórica e cultural das categorias de idade.

Ao considerarmos esse aspecto, entenderemos que os jovens e os adultos, em toda e qualquer sociedade, vivenciam múltiplas e diferentes experiências sociais e humanas. Sendo assim, suas temporalidades, trajetórias, vivências e aprendizagens não são as mesmas, e, mesmo que participem de processos socioeconômicos, políticos e educativos semelhantes, esses sujeitos atribuem significados e sentidos diversos à vida, à sociedade e às práticas sociais das quais participam no seu cotidiano. Esse processo está intimamente relacionado com a vivência do seu ciclo/idade social de formação.

Existe, portanto, uma variabilidade de formas de conceber, viver e ser "jovem" e "adulto" nas diferentes sociedades e culturas. Parafraseando Guita Grin Debert (2003, p. 50), podemos dizer que as representações sobre a juventude, a vida adulta, a velhice, a posição social desses sujeitos e o tratamento que lhes é dado na sociedade ganham significados particulares em contextos históricos, sociais e culturais distintos. Estamos, então, diante de um processo de periodização da vida, presente nas mais diversas culturas.

Um caminho interessante para o alargamento da concepção e das práticas de EJA é a compreensão de que a periodização da vida implica um investimento simbólico específico em um processo biológico universal. Essa reflexão se faz presente na Antropologia e também na pesquisa histórica. Podemos citar os estudos de Phillipe Ariès (1981) sobre a construção social e histórica da infância na França Medieval, assim como Norbert Elias (1990) em seu trabalho sobre o processo civilizador, o comportamento e os costumes dos adultos na Idade Média. Esse mesmo autor estudou as mudanças ocorridas na vivência da vida adulta a partir do advento da modernidade, em que a constituição do adulto como um ser independente, dotado de maturidade psicológica, direitos e deveres de cidadania, passou a vigorar (DEBERT, 2003, p. 51-52).

E a educação? E a pesquisa educacional? Ao se discutir e pensar em práticas pedagógicas voltadas para a infância, a juventude e a EJA, será que os(as) educadores(as) compreendem esses grandes ciclos da vida humana enquanto categorias de idade e formas de periodização da vida construídas socialmente? Segundo a antropóloga Guita Grin Debert:

> Afirmar que as categorias de idade são construções culturais e que mudam historicamente não significa dizer que elas não tenham efetividade. Essas categorias são constitutivas de realidades sociais específicas, uma vez que operam recortes no todo social, estabelecendo diferentes direitos e deveres diferenciais em uma população, definindo relações entre as gerações e distribuindo poder e privilégios. (...) Categorias e grupos de idade implicam, portanto, a imposição

> de uma visão de mundo social que contribui para manter ou transformar as posições de cada um em espaços sociais específicos. (DEBERT, 2003, p. 23)

E é a partir do alargamento da concepção e da prática de EJA, compreendendo-a na sua dinâmica conflitiva no contexto dos processos e construções históricas, sociais e culturais, que encontraremos espaço para uma reflexão profícua entre EJA e a questão racial. Poderemos compreender aqueles que participam dos processos de EJA como sujeitos socioculturais e, assim, percebê-los inseridos em um processo cultural e histórico de periodização da vida, constituído de semelhanças e particularidades. Dessa forma, o gênero, a raça, a sexualidade e a subjetividade serão entendidos como processos e dimensões integrantes da EJA, que se expressam na vida e nas relações estabelecidas entre os diversos sujeitos sociais que dela fazem parte. E mais: compreenderemos, também, que as formas como os jovens e os adultos negros(as) e brancos(as) lidam com o seu pertencimento étnico-racial são diversas e estão relacionadas às representações sobre o negro vividas e aprendidas na cultura, nos espaços familiares, na infância, na adolescência e nos processos educativos que se dão dentro e fora da escola.

A questão racial no atual debate político e educacional e a EJA

Nos últimos anos, a questão racial tem sido pautada no debate nacional de uma maneira diferente. Assistimos, atualmente, a uma outra forma de articulação da comunidade negra organizada no Brasil em torno da implementação de políticas e práticas educacionais específicas para o povo negro. Refiro-me ao debate sobre as políticas de ações afirmativas, nas suas variadas modalidades.

Dessa forma, os segmentos negros organizados passaram a formular outro tipo de reivindicação para a educação e para o poder público brasileiro. Face à incapacidade de as políticas públicas universais voltadas para educação, saúde, emprego etc, de atenderem as demandas e as necessidades da população negra, o movimento negro brasileiro, a partir da década de 90, passa a pleitear a elaboração, implementação e o desenvolvimento de políticas específicas voltadas para esse segmento. Assim, a universidade, o mercado de trabalho, a educação básica têm sido focos de atenção e da nova atuação política da comunidade negra brasileira.

Nesse contexto, os níveis e as modalidades de ensino que antes contemplavam minimamente ou desconsideravam o impacto da dimensão étnico-racial na formação da nossa sociedade, nos destinos e trajetórias sociais e escolares dos negros e das negras são chamados para o debate. E a grande questão é: qual é o lugar ocupado pela questão racial na EJA?

Segundo Miguel Arroyo (2001, p. 10), a Educação de Jovens e Adultos (EJA) tem sua história muito mais tensa do que a história da educação básica. Nela se cruzaram e cruzam interesses menos consensuais do que na educação da infância e da adolescência, sobretudo quando os jovens e os adultos são trabalhadores, pobres, negros, subempregados, oprimidos e excluídos. Pensar a realidade da EJA, hoje, é pensar a realidade dos jovens e adultos excluídos.

Eu diria mais: pensar a realidade da EJA, hoje, é pensar a realidade de jovens e adultos, na sua maioria negros, que vivem processos de exclusão social e racial. É por isso que o movimento negro vem se organizando politicamente de maneira diversa na sociedade atual e cobrando uma postura explícita da escola, das políticas educacionais e dos programas sociais e culturais já existentes que considerem a importância da "raça" e desenvolvam projetos e políticas de inclusão não somente social, mas também racial.[1]

O movimento negro trouxe a discussão sobre a desigualdade racial para a arena política, para o debate público e para as práticas e currículos escolares da educação básica, da universidade e também da EJA. Será que os educadores(as) da EJA estão atentos a essa demanda?

---

[1] Quando o movimento negro e pesquisadores(as) das relações raciais trabalham com o conceito de "raça", eles o fazem a partir da ressignificação do mesmo. Trabalha-se "raça" como uma construção social, histórica e política. Reconhece-se que, do ponto de vista biológico, somos todos iguais, porém, no contexto da cultura, da política e nas relações sociais, a "raça" não pode ser desconsiderada: ela tem uma operacionalidade na cultura.

O início da reflexão sobre EJA
e questão racial na minha trajetória profissional

Nos últimos dois anos, tenho participado da coordenação e subcoordenação de dois Programas de Extensão, Ensino e Pesquisa: Ações Afirmativas na UFMG[2] e Observatório da Juventude da UFMG,[3] respectivamente. Ambos atendem um público majoritariamente jovem, pobre e negro.

O contato com os jovens negros universitários do Programa Ações Afirmativas e com os integrantes dos grupos culturais juvenis que recebem assessoria e são parceiros do Observatório da Juventude tem revelado que, além das questões específicas discutidas no interior de cada programa, a dimensão étnico-racial ocupa um lugar de destaque nas trajetórias e identidades dos sujeitos que deles participam. Ser negro(a) e universitário(a), ser negro(a) e agente cultural juvenil na periferia carrega uma dimensão identitária específica que se articula com as múltiplas identidades construídas pelos jovens. As vivências, as representações e as visões de mundo construídas por esses sujeitos articulam-se não somente com a dimensão geracional e de classe, mas também de raça e de gênero. Estas estão em constante interação; e em determinadas situações e espaços sociais, algumas se tornam mais destacadas do que outras. É uma dinâmica, conflitiva, cheia de ambiguidades, significações e ressignificações.

Tanto os jovens do Programa Ações Afirmativas na UFMG quanto aqueles que vivenciam os projetos culturais e políticos desenvolvidos pelo Observatório da Juventude demonstram um profundo interesse em conhecer mais sobre a trajetória e história do negro no

---

[2] O programa *Ações Afirmativas na UFMG* é um dos 27 aprovados do Concurso Cor no Ensino Superior, lançado em setembro de 2001 pelo Programa Políticas da Cor, do Laboratório de Políticas Públicas da UERJ, numa parceria com a Fundação Ford. Visa ao fortalecimento acadêmico de alunos(as) negros(as) da graduação da UFMG, com vistas à sua inserção na pós-graduação.

[3] O Observatório da Juventude da UFMG vem realizando, desde o ano de 2002, atividades de investigação, levantamento e disseminação de informações sobre a situação dos jovens da Região Metropolitana de Belo Horizonte, além de promover a capacitação tanto de jovens quanto de educadores e alunos da graduação da UFMG interessados na problemática juvenil.

Brasil, manifestam desejo de compreender os processos de resistência negra e se mostram fortalecidos na sua identidade étnico-racial quando passam a conhecer a história de luta dos negros desde a época da escravidão.

A introdução da discussão sobre a questão racial nos processos educativos vivenciados pelos(as) jovens no interior dos dois programas acima citados desencadeou uma série de mudanças identitárias na sua forma de ver, lidar e se posicionar diante do mundo. Nesse contexto, podemos dizer que vários(as) jovens passaram por um processo de ressignificação da identidade negra.

Esse processo pôde ser visto através de dois movimentos vividos pelos jovens: um maior interesse pelo debate político, histórico e cultural a respeito da questão racial no Brasil e a adoção de uma estética corporal de valorização dos símbolos étnico-raciais inscritos no corpo. O uso de penteados elaborados nos cabelos, sobretudo as tranças e o estilo *black power*, a mudança na tonalidade das roupas, o uso de adereços corporais e o desenvolvimento de uma postura corporal que se revela mais corajosa e mais desafiadora diante do mundo são alguns exemplos. Além disso, houve um impacto positivo e uma grande surpresa dos jovens envolvidos nos dois programas quando se depararam com as questões ligadas à história da África e das diferentes culturas africanas.

Lamentavelmente, a maioria dos jovens afirmaram que, ao passar pela escola, nunca lhes foi possível vivenciar processos em que a questão racial fosse tematizada e discutida para além da escravidão e abolição da escravatura, assim como também não tiveram acesso aos conhecimentos sobre a negritude que têm vivenciado no interior dos programas de ensino e extensão dos quais participam.

O contato com esses jovens e também com alguns adultos que participam dos dois programas acima mencionados levou-me à seguinte constatação: faz-se necessária a inclusão da discussão sobre a questão racial na EJA não como um tema transversal ou disciplina do currículo, mas como discussão, estudo, problematização e vivências.

A realização de um trabalho pedagógico que discuta a questão racial nas práticas de EJA carrega em si uma complexidade: ao mesmo tempo em que se faz necessária a luta pela inclusão pedagógica dessa questão nos currículos e práticas de EJA, é necessário reconhecer que a questão racial *já está presente na EJA* por meio dos sujeitos que participam das práticas educativas voltadas para jovens e adultos pobres do nosso País. Os negros e as negras são, na maioria das vezes, os principais sujeitos da EJA no Brasil. No entanto, essa forte presença negra não tem sido suficiente para garantir a realização de um trabalho pedagógico e de uma discussão séria e competente sobre a questão racial na educação de jovens e adultos.

Faz-se necessária uma mudança de práticas, de lógicas e de foco que poderá resultar, a curto, médio e longo prazo, numa série de transformações significativas na vida dos jovens e adultos negros(as) que participam de práticas de EJA.

Essa mudança possui um caráter mais amplo, não se restringindo somente aos negros(as) que participam da EJA. Trata-se de um processo significativo e positivo também para os(as) brancos(as). No desenvolvimento do Programa Ações Afirmativas na UFMG e do Observatório da Juventude da UFMG, nos quais tenho trabalhado, observo que a discussão sobre a questão racial tem proporcionado uma série de mudanças na vida e no comportamento dos(as) jovens e adultos brancos(as). Estes(as) passam por um processo afirmativo diante da sua ancestralidade negra, da presença do negro na sua história familiar e na sua conformação como sujeitos. Há também um processo de mudança na sua estética corporal via incorporação de símbolos étnicos relacionados ao segmento negro. A negritude deixa de ocupar o lugar da negatividade e passa a ser motivo de orgulho para negros e brancos. Essa mudança de postura e de visão sobre a questão racial também é percebida na vida dos professores, das professoras e demais educadores(as) ligados aos dois programas.

EJA, práticas educativas
e a produção teórica educacional

Mas, e as práticas de EJA que se desenvolvem no contexto da educação escolar? Existem experiências positivas para contar? Certamente que sim; muitas deles nós ainda não conhecemos e são construídas nas mais diversas regiões desse País. Mas, tenho dúvidas se, entre as práticas de EJA desenvolvidas no interior das escolas em nosso País, as experiências que articulam EJA e questão racial ocupam um lugar significativo. Realizar esse mapeamento é um bom tema de pesquisa para os pesquisadores(as) que têm como foco de estudo os processos educativos escolares vivenciados pela juventude e pelas pessoas adultas.

Podemos dizer que, do ponto de vista da reflexão teórico-educacional, estamos em um momento inicial de estudos e pesquisas que articulem EJA e questão racial. Aos poucos, as pesquisas sobre índices de alfabetismo, educação popular, propostas de acesso e permanência de jovens nas universidades começam a pautar a dimensão étnico-racial como um dado importante para se compreender o perfil dos jovens e adultos em nosso País, os dilemas trazidos pelo racismo e pela discriminação racial na trajetória escolar de pessoas jovens e adultas e a importância de se enfatizar uma reflexão sobre a resistência negra ao se discutir a questão racial na escola.

A compreensão e o aprofundamento sobre a questão racial na EJA vêm sendo construídos, lentamente, na articulação com os processos sociais de classe, gênero, idade e cultura. Essa articulação pode ser considerada como o maior desafio da produção teórica sobre negro, EJA e educação no Brasil.

Mas isso quer dizer que as práticas educativas que contemplam EJA e questão racial são recentes? Nem tanto! Há aqui um duplo movimento que precisa ser compreendido. Do ponto de vista da elaboração e produção teórica, do desenvolvimento de estudos e pesquisas educacionais, podemos dizer que sim, mas o mesmo não acontece quando analisamos as práticas políticas e cotidianas realizadas pela população negra ao longo da nossa história. Há muito a comunidade negra vem construindo estratégias e práticas educativas voltadas para os(as) jovens e adultos tanto no contexto escolar quanto em outros espaços educativos.

Luiz Alberto Oliveira Gonçalves e Petronilha Beatriz Gonçalves e Silva (2000) discutem que, desde o início do século XX, as associações negras desenvolvem estratégias e práticas educativas em prol da comunidade negra. Os(as) jovens e os(as) adultos impedidos e excluídos do sistema escolar faziam parte do conjunto de preocupações dessas organizações. Estes grupos, por meio das mais diversas ações, além de denunciarem o racismo, visavam preencher uma lacuna deixada pelo Estado brasileiro em relação aos processos educativos escolares voltados para o segmento negro da população.

Apesar de a EJA não ser o principal foco de discussão dos autores acima citados, alguns pontos por eles abordados tocam de perto a educação de jovens e adultos, convocando-nos para uma reflexão. Os autores destacam, por exemplo, a importância dos jornais publicados pelas entidades negras no início do século XX e voltados para o segmento negro da população. Neles podemos encontrar, entre outras coisas, informações sobre a existência de escolas mantidas exclusivamente por essas entidades negras e sem qualquer subvenção do Estado.

Regina Pahim Pinto (1994), citada pelos autores acima mencionados, também chama a nossa atenção para o fato de que a primeira referência à atividade educacional para os negros, na cidade de São Paulo, surge no jornal "O Propugnador", em 06/10/1907. O texto falava sobre aulas oferecidas no curso diurno e noturno pela Irmandade de Nossa Senhora do Rosário.

Outro jornal, *O Progresso*, registrava, em 1930, a existência de uma escola, na cidade de São Paulo, mantida pelo Clube 13 de Maio dos Homens Pretos, que oferecia cursos para os filhos dos associados, além de cuidar da alfabetização daqueles que trabalhavam durante o dia.

A alfabetização de adultos era uma preocupação constante das entidades negras da época. Vários artigos e publicações dos clubes e associações negras do início do século passado indicavam para a necessidade de políticas públicas de educação voltadas para o povo negro e a importância do domínio tanto dos adultos quanto das crianças do ato de ler, escrever e contar. Alguns ensinavam à população como proceder para se matricular nos cursos e davam conselhos no sentido de que se abrisse mão das horas de lazer para se dedicar ao estudo.

A leitura do artigo de Luíz Alberto Oliveira Gonçalves e Petronilha B. Gonçalves e Silva (2000) revela que, devido à escassa produção teórica educacional que tenha como objeto de análise a questão racial na EJA, estamos diante da seguinte situação: começar a construir um corpo teórico sobre a temática e fazer uma releitura dos estudos e pesquisas já realizados no campo da educação, de um modo geral, e da EJA, em específico, e que abordam temáticas como: escola noturna, educação popular, práticas culturais, dimensão educativa dos projetos sociais, juventude, religiosidade, terceira idade e políticas públicas.

Ao relermos esses estudos, poderemos refletir se estes consideram a "raça" como uma categoria de análise relevante para se compreender a realidade estudada e se, ao focalizarem as camadas populares, cuja maioria é negra, a questão racial é tematizada. No Brasil, ao falarmos em educação em tempos de exclusão e em desigualdades sociais, inevitavelmente, falaremos da questão racial. E mais: se falarmos em lutas sociais, organização dos movimentos populares, educação popular, cultura juvenil da periferia, inevitavelmente, tocaremos na questão racial. É sempre bom lembrar que, de acordo com o Instituto Brasileiro de Geografia e Estatística (IBGE), os negros (pretos e pardos) representam 45% da população brasileira.

Segundo Marcelo J. P. Paixão (2003, p. 131-132), a qualidade de inserção dos negros no mercado de trabalho brasileiro é substancialmente inferior à qualidade de inserção da população branca. O autor destaca que, nas seis regiões metropolitanas cobertas pela Pesquisa de Emprego e Desemprego/Dieese, em 1998, os negros encontravam-se com mais intensidade nos ramos e setores tradicionais da economia, estavam mais representados na população economicamente ativa (PEA) das regiões menos desenvolvidas do Brasil, permaneciam menos tempo no emprego e tendiam a se sujeitar com mais intensidade a vínculos empregatícios instáveis e de maior precariedade. Dessa forma, o autor conclui que, em um cenário de crise social, os negros (pretos e pardos) poderiam vir a ser os mais sacrificados.

Ele ainda chama a nossa atenção para o fato de que:

> É evidente que, ao contrário do que pregam alguns estudos acadêmicos e o senso comum, *a questão racial está longe de ser um problema menor ou típico de minorias.* Ou antes, cada vez mais se evidencia que o tema das relações raciais ocupa um papel central nas celeumas de nosso regime democrático e da qualidade de nosso tecido social. *Assim, simplesmente não há como superar as injustiças sociais e a exclusão em nosso país sem que o negro, e o seu movimento organizado, seja o ponto de partida e o ponto de chegada das análises e das políticas.* Quanto mais cedo a sociedade brasileira se conscientizar disso, mais cedo ela começará a se afastar da

quase barbárie em que atualmente ela se encontra. (Paixão, 2003, p.134) (grifo nosso)

Dessa maneira, a superação da desigualdade racial na educação deveria ser um dos objetivos das políticas educacionais e das práticas educativas desenvolvidas em nosso País, sobretudo aquelas que lidam com jovens e adultos em processos de exclusão.

A incipiência de estudos sobre a questão racial e a EJA

É fato que, ultimamente, o debate sobre a questão racial começa, aos poucos, a penetrar mais no campo da educação, de um modo geral, e da EJA, em específico. Mas ainda encontramos desconhecimento, resistência e tensão entre educadores(as) quanto à importância e à necessidade dessa inserção. Entre os argumentos encontrados para esse comportamento, existe a forte presença do discurso universalista de educação, sobretudo entre os estudiosos e pesquisadores que investigam a relação entre juventude e políticas públicas, EJA e políticas públicas e EJA e processos de alfabetização.

Esse discurso universalista apregoa que, se implementarmos propostas de EJA que visem às práticas de alfabetização de adultos, ao ensino dos conteúdos e habilidades escolares, às políticas públicas voltadas para a juventude e para a EJA priorizando o enfoque socioeconômico, atingiremos todos os jovens e os adultos de maneira igualitária e, assim, construiremos a democracia. Os que partilham de tal visão acreditam que a questão étnico-racial, de gênero, a sexualidade, as diferentes culturas, entre outras, quando comparadas com as desigualdades socioeconômicas, ocupam um lugar pouco relevante ou secundário. Esse tipo de concepção está alicerçado numa leitura determinista das relações de classe em detrimento da raça, do gênero e da cultura.

Porém, a história tem nos mostrado que a realidade de negros e brancos no Brasil é muito diversa, complexa e desigual. A concepção universalista de políticas educacionais e de práticas educativas não atinge a realidade específica dos negros em tempos de exclusão e nem dá conta de compreender o que significa ser jovem e adulto negro(a), trabalhador(a) ou desempregado(a) neste País. Como nos diz Valter Roberto Silvério (2002, p. 226), os estudos e as pesquisas sobre relações raciais, assim como a luta política do Movimento Negro, têm nos mostrado que, no contexto do *racismo brasileiro*, a "raça" ganha mais destaque do que a língua ou a religião. Por isso, não podemos continuar desconsiderando o peso e a importância da raça e das identidades raciais na formação da sociedade brasileira e na formulação de políticas. Os processos de EJA e o campo das políticas públicas terão que se abrir para esse debate ao focalizarem a juventude e as pessoas adultas.

Não se trata aqui de abolir a importância e a necessidade da implementação de políticas públicas de caráter universal, mas de problematizá-las à luz da história e da realidade racial brasileira. É preciso entender que tais políticas não atingem a todos igualmente. As pesquisas sobre raça e educação, desenvolvimento humano e relações raciais, negro e mercado de trabalho têm nos revelado isso. Há grupos, segmentos e sujeitos que, historicamente, não conseguem ser totalmente contemplados por elas. O segmento negro é um deles.

As políticas públicas em um país diverso como o Brasil deveriam sempre trabalhar com dois registros: garantir o acesso universal à educação, à saúde, ao emprego etc. e também respeitar as diferenças. Quem administra políticas públicas, no Brasil, precisa trabalhar nessas duas perspectivas. Se não fizermos isso, estaremos ferindo princípios democráticos básicos. O Movimento Negro tem, historicamente, trabalhado com esses dois registros.

Essa reflexão poderá nos aproximar mais da especificidade da questão racial na EJA. Poderemos, então, compreender que as práticas educativas desenvolvidas pelas associações e movimentos negros do passado e da atualidade têm sido mais sensíveis e têm tentado articular mais a diversidade étnico-racial, a história e a identidade do(a) jovem e adulto(a) negro(a), a realidade socioeconômica, a cultura e a geração do que o Estado, as políticas públicas e a escola.

Essa afirmação é muito séria e nos leva ao seguinte questionamento: como essa situação é possível se o público atendido pela EJA no Brasil[4] é

---

[4] Sabemos que existem diferenças regionais quando falamos do pertencimento étnico/racial do público atendido pela EJA. Esse também é um campo a ser mais explorado pela pesquisa educacional.

majoritariamente negro e pobre? Para respondermos a essa questão, será necessário mudar a pergunta e, quem sabe, acrescentar mais algumas: como pode o público da EJA ser majoritariamente negro e pobre e essa especificidade não ser contemplada dentro das propostas de EJA? Como pode a discussão sobre a questão racial e EJA ser ainda tão pouco debatida e problematizada pelos educadores e educadoras que trabalham com a EJA? Por que as pesquisas sobre juventude de periferia e políticas públicas para a juventude não consideraram a questão racial? Como pode haver debates e pesquisas sobre EJA e diversidade cultural que não problematizem a questão do negro?

Uma mudança lenta

Como foi dito anteriormente, a questão racial começa, aos poucos, a ser tema de debate de alguns Fóruns de EJA e de algumas discussões sobre políticas públicas para a juventude no Brasil. Isso significa uma mudança positiva. Quem sabe estamos participando de um importante momento na educação de jovens e adultos marcado pelo reconhecimento da diferença? Mas o que tem desencadeado essa mudança? Sem dúvida, é a ação dos negros enquanto sujeitos sociais, enquanto sujeitos em movimento e enquanto movimento negro organizado.

A ação dos sujeitos sociais sempre foi propulsora de mudanças. Os negros, organizados em grupos, associações e movimento,s sempre lutaram pela garantia dos direitos sociais à comunidade negra destacando, dentre estes, uma educação escolar digna que respeite as diferenças. Essa ação dos sujeitos sociais, via movimentos e organizações negras, tem causado um forte impacto nas práticas e concepções de EJA, sobretudo, forçado uma ampliação do olhar dos educadores(as) e pesquisadores(as) que atuam nesse campo, no sentido de compreenderem as práticas educativas que se dão em outros espaços sociais para além da escola.

Essa ação e reação contínuas dos negros(as) em nossa sociedade têm possibilitado a construção de uma maior sensibilidade social e cultural dos educadores e educadoras diante do agravamento da situação de exclusão, que atinge milhares de jovens e adultos negros do nosso País e incrementado as discussões sobre a construção da igualdade social que respeite a diversidade cultural e étnico-racial.

Assistimos, nos últimos anos, a uma problematização da concepção de igualdade social e de garantia dos direitos sociais a todos os cidadãos. A sociedade, o Estado, a educação básica e o ensino superior no Brasil têm sido cobrados pelos diferentes grupos sociais a construírem, de fato, políticas e práticas sociais e educativas mais democráticas que articulem, ao mesmo tempo, a igualdade e a diversidade.

Compreender esse movimento presente na sociedade e os impactos deste no campo da EJA é uma temática de pesquisa ainda a ser explorada. E mais, compreender, mapear, destacar esse movimento e a forma como ele se concretiza em práticas educativas voltadas para pessoas jovens e adultas poderia (e deveria!) ser uma iniciativa e foco de discussão presentes nos fóruns e encontros de EJA no Brasil, nas discussões curriculares e nos seminários de políticas públicas para a juventude.

Mas, pensando especificamente na prática dos educadores(as) de EJA que atuam na escola, que caminhos poderemos lhes apontar na articulação entre EJA e questão racial? Além da implementação de projetos pedagógicos voltados para a questão da diversidade cultural em que a temática do negro se faça presente, podemos citar: o estudo das narrativas africanas enfatizando o peso da africanidade recriada no Brasil; a leitura e a compreensão das revoltas e resistências negras durante e após a abolição; a literatura afro-brasileira; a estética e a arte negras e africanas, o estudo da história de vida de personalidades negras brasileiras, o resgate da história de vida dos alunos e alunas negros(as), a construção de uma genealogia destacando a presença negra nas suas famílias, a dimensão étnico-racial na cultura juvenil da periferia, a presença negra na Música Popular Brasileira; a constituição e as diferenças das religiões afro-brasileiras; as formas organizativas contemporâneas do negro brasileiro e os processos educativos por elas gerados; a presença negra nos movimentos populares em prol da democratização da educação e nas lutas sociais desencadeadas durante e após a ditadura militar, entre outros.

O estudo e o desdobramento dessas temáticas deverão sempre considerar uma realidade: o negro brasileiro vive historicamente a experiência da diáspora. Sendo assim, a identidade negra é construída no encontro, no contato e no confronto com outras culturas e outras identidades, num processo tenso de recriação e de ressignificação cultural das nossa matrizes africanas. E mais: o estudo da questão racial no Brasil não pode ser feito de maneira isolada. Ele tem que ser feito numa discussão que articula o contexto histórico, político, social e cultural brasileiro e a dimensão étnico-racial em nossa sociedade.

EJA e questão racial: um campo político

Para se estabelecer os vínculos entre questão racial e EJA, não basta apenas inserirmos a discussão sobre as diferenças culturais e a resistência negra nos processos de educação de jovens e adultos dos quais participamos. É preciso saber mais sobre essas diferenças, entender como elas foram construídas e produzidas na história e na cultura e qual é o lugar ocupado pelo recorte étnico-racial dentro desse campo tão vasto.

Essa não é uma tarefa fácil. Para realizá-la será preciso compreender que a produção das diferenças é um processo social, histórico, político e cultural. E é aí que nos deparamos com o campo da diversidade cultural. Nesse sentido, educadores, pesquisadores e formuladores de políticas de EJA precisam passar por um processo de revisão de valores e posturas diante da diversidade étnico-racial, que resulte em um posicionamento político.

Sabemos que, no decorrer da história do Brasil, as diferenças têm sido transformadas em desigualdades. E mais, esse processo tão incrustado em nossa história social e política produziu um efeito perverso na relação que a sociedade brasileira estabelece com os "diferentes", a saber, a naturalização das desigualdades. Dessa forma, *desnaturalizar as desigualdades* é um processo necessário para o campo da formação dos educadores de um modo geral e dos educadores de EJA, em específico.

Pensar a diferença é mais do que explicitar que homens e mulheres, negros e brancos se distinguem entre si. Significa compreender que, ao longo do processo histórico, as diferenças foram produzidas e, muitas vezes, usadas como critérios de seleção e exclusão. Mas esse processo nunca foi construído por uma única via. Paralelamente a toda construção político-ideológica de exclusão dos ditos diferentes, esses sujeitos se organizaram em lutas e construíram estratégias de resistência.

Discutir EJA e questão racial é inserir-se em um campo político! A compreensão dessa realidade não significa nenhum apelo romântico à diversidade étnico-racial. Significa compreender a complexidade, o dinamismo e o desafio do que representa ser negro(a) nesse País e entender a construção social da "raça" no contexto das lutas sociais e sua imbricação com as relações de poder e dominação.

Ao assumir uma postura política frente à questão racial, os educadores e as educadoras que atuam na EJA deverão considerar que a proposta de construção de uma pedagogia que valorize e respeite a identidade negra significa lidar com os conflitos, os confrontos, as contradições e as desigualdades. Por isso, para se construir experiências de EJA que incorporem e visem a uma educação para a diversidade e que contemplem a questão do negro, é preciso discutir e inserir-se nas lutas sociais. E, para isso, nada melhor do que aprender com o Movimento Negro. Ele é o grande protagonista na luta pelo reconhecimento da história e da cultura negra na sociedade brasileira.

Concluindo

Diante da realidade social, histórica e cultural da educação e da escola brasileira e do quadro de desigualdades raciais e sociais do Brasil, já não cabe mais às educadoras e aos educadores da EJA aceitar a questão racial só como mais um desafio. A nossa responsabilidade social como cidadãs e cidadãos exige mais. Cobra-nos uma postura, uma tomada de posição diante dos sujeitos da educação de jovens e adultos que reconheça e valorize tanto as semelhanças quanto as diferenças como fatores imprescindíveis a qualquer projeto educativo e social que se pretenda democrático. Cobra-nos, inclusive, o debate sobre o efeito das políticas públicas educacionais de caráter universal na garantia dos direitos sociais aos sujeitos pertencentes a diferentes grupos étnico-raciais, com histórico de exclusão em nosso país.

Vemos, então, que estamos no momento de implementação de políticas públicas específicas que visem à correção das desigualdades e à construção de oportunidades iguais para todas as classes sociais e segmentos étnico-raciais. Estamos diante do debate e da necessidade de implementação das políticas de ações afirmativas.

Ao falarmos em ações afirmativas, estamos nos referindo ao conjunto de políticas, ações e orientações públicas ou privadas, de caráter compulsório, facultativo ou voluntário, que têm como objetivo corrigir as desigualdades historicamente impostas a determinados grupos sociais e/ou étnico-raciais. Elas possuem um caráter emergencial e transitório e implicam uma transformação de caráter político, cultural e pedagógico do Estado, da escola e da sociedade diante das diferenças.

É preciso que entendamos o significado e o impacto das políticas de ações afirmativas e como elas poderão contribuir na luta pela inclusão social e pela garantia da igualdade de oportunidades para o segmento negro e pobre deste País, o qual representa uma grande parcela do público atendido pela EJA. Essa é mais uma discussão que deverá fazer parte do diálogo entre EJA e questão racial no Brasil.

REFERÊNCIAS

ARIÉS, Phillipe. *História social da criança e da família*. Rio de Janeiro: Guanabara, 1981.

ARROYO, Miguel. A educação de jovens e adultos em tempos de exclusão. In: Alfabetização e cidadania. *Revista de Educação de Jovens e Adultos*, Raab, n. 11, p. 9-20, abril, 2000.

d'ADESKY, Jacques. *Racismos e anti-racismos no Brasil*; pluralismo étnico e multiculturalismo. Rio de Janeiro: Pallas, 2001.

DEBERT, Guita Grin. A antropologia e o estudo dos grupos e das categorias de idade. In: BARROS, Myriam Moraes Lins de. (Org). *Velhice ou terceira idade*? Rio de Janeiro: Editora FGV, 2004. p. 49-68.

ELIAS, Norbert. *O processo civilizador. Uma história dos costumes*. Rio de Janeiro: Jorge Zahar, 1990.

GOMES, Joaquim B. Barbosa. *Ação afirmativa & princípio constitucional da igualdade*. Rio de Janeiro: Renovar, 2001.

GOMES, Nilma Lino; GONÇALVES E SILVA, Petronilha Beatriz. O desafio da diversidade. In: GOMES, Nilma Lino; GONÇALVES E SILVA, Petronilha Beatriz (Orgs). *Experiências étnico-culturais para a formação de professores*. Belo Horizonte: Autêntica, 2002. p. 13-33.

GONÇALVES, Luiz Alberto Oliveira; GONÇALVES E SILVA, Petronilha Beatriz. Movimento negro e educação. *Revista Brasileira de Educação*, Rio de Janeiro, n. 15, set./out./nov./dez. 2000, p. 134-158.

HENRIQUES, Ricardo. *Desigualdade racial no Brasil*: evolução das condições de vida na década de 90. Rio de Janeiro: IPEA, 2001.

PAIXÃO, Marcelo J. Paula. *Desenvolvimento humano e relações raciais*. Rio de Janeiro: DP&A, 2003.

PASSOS, Joana Célia dos. As práticas educativas do Movimento Negro e a Educação de Jovens e Adultos. *Alfabetização e cidadania*, Revista de Educação de Jovens e Adultos, n. 18, set. 2004, p. 19-28.

PINTO, Regina Pahim. *Movimento negro em São Paulo*: luta e identidade. 1994. Tese de doutorado – FFLCH, Universidade de São Paulo, São Paulo,1994.

SILVÉRIO, Valter Roberto. Ação afirmativa e o combate do racismo institucional no Brasil. In: *Cadernos de Pesquisa*. São Paulo, n.117, nov. 2002, p. 219-246.

SILVÉRIO, Valter Roberto. Sons negros com ruídos brancos. In: *Racismo no Brasil*. São Paulo: Peirópolis, ABONG, 2002, p. 89-103.

Juventude, lazer e vulnerabilidade social

Luiz Alberto Oliveira Gonçalves

Este artigo foi escrito, inicialmente, para compor uma coletânea sobre políticas públicas de lazer. O enfoque principal do texto solicitado era a relação entre juventude, lazer e vulnerabilidade social. No entanto, é oportuna a inserção do mesmo nesta coletânea, uma vez que nem sempre os profissionais e estudiosos das políticas e práticas voltadas para a juventude e a vida adulta consideram o papel social e político do lazer na vida e na construção das identidades dos sujeitos, sobretudo, dos negros que fazem parte das camadas populares.

Nesse sentido, além de apresentar um enfoque específico voltado para a reflexão sobre a juventude e vulnerabilidade social, o texto discute os espaços de lazer como possíveis movimentos de libertação e resistência e problematiza a ausência dessa reflexão na produção teórica sobre educação de jovens e adultos.

As reflexões a seguir apontam para o seguinte fato: política e lazer não são forçosamente atividades separadas, e, ao refletirmos sobre a juventude em situação de vulnerabilidade social, no Brasil, não há como deixar de pontuar o peso da questão racial. Esta poderá ser estudada a partir dos movimentos culturais que mobilizaram a juventude negra, em nosso País, nas últimas duas décadas, os quais impulsionaram na direção da construção de políticas de inclusão social.

A temática da vulnerabilidade social

Abordar o tema da vulnerabilidade social é sempre um desafio para todo educador e formulador de políticas públicas, pois são grandes os riscos de sermos, por meio dele, (a)traídos pelo discurso da caridade. Discurso esse que tende a não reconhecer os indivíduos enquanto protagonistas de suas ações, mas como simples receptores passivos de iniciativas, sejam estas de órgãos públicos governamentais, de grupos religiosos ou puramente filantrópicos.

Diante disso, pode-se dizer que não há nada mais arriscado, nos tempos atuais, do que enfocar as experiências juvenis em uma perspectiva puramente negativa, que desconsidere a possibilidade de reações dos jovens, sobretudo naquelas situações em que são confrontados a profundas desigualdades sociais.

O reconhecimento do status de cidadania, ocorrido nas últimas décadas do século XX, envolvendo, entre outros atores sociais, adolescentes brasileiros, reflete não só a conquista de movimentos sociais pela democratização da sociedade e pela reafirmação do Estado de direitos como também uma nova visão dos jovens enquanto categoria sociopolítica.

Pode não parecer, mas essa mudança na forma de se encarar a população juvenil tem levado um importante número de pesquisadores a buscar construir novas categorias que deem conta das experiências juvenis em todas as suas dimensões. Segundo alguns estudiosos, após a conquista de importantes direitos constitucionais da juventude, não dá mais para pensar a vulnerabilidade social relativa aos jovens apenas em termos de precariedade das condições econômicas de seu grupo familiar e da classe social a que pertencem (DAYRELL, 2001; CARRANO, 2003; SPÓSITO, 2004).

Como se sabe, essa foi a tônica das políticas que se voltaram para o público jovem, principalmente nos anos de 1970 e 1980, tônica esta que, ainda, se mantém em muitas das iniciativas no atual momento.

O enfoque nas condições econômicas dos grupos considerados em estado de vulnerabilidade social tem sido utilizado para caracterizar estágios de exclusão social. Entretanto, esta última categoria, como bem nos lembra José de Souza Martins, embora pareça expressar algo bastante objetivo, camufla aquilo que de mais importante existe quando se pensa nas possíveis saídas para se reverter o dito quadro de exclusão, a saber: as contradições.

No raciocínio de Martins, os grupos podem reagir contra seus respectivos estados de vulnerabilidade social, ou, melhor dizendo, contra os processos excludentes, proclamando "inconformismo, mal-estar, revolta, esperança" (MARTINS, 1997, p 12). E quando isso ocorre, eles o fazem não de fora dos sistemas econômicos e dos sistemas de poder, como *outsiders,* mas a partir de dentro. Essas reações, nos diz o sociólogo, "constituem o imponderável de tais sistemas, fazem parte deles ainda que os negando" (Op. cit, p. 14).[1]

O que, neste momento, interessa reter das observações de Martins é sua arguta percepção do fato de que a exclusão, quando não concebida como "expressão da contradição no desenvolvimento da sociedade capitalista", vira rótulo que, como ele mesmo diz, acaba empurrando "as pessoas, os pobres e os fracos para fora da sociedade (...) privando-os dos direitos que dão sentido às suas relações" (Idem).

Na realidade, Martins questiona a forma como o termo exclusão tem sido usado por um bom número de agentes formuladores e implementadores de políticas públicas. Não perceber que o termo carrega, em si, contradições é o mesmo que acreditar ser ele algo fixo, irremediável e fatal. E o que é pior, é tratá-lo dentro de uma perspectiva que prolonga a eterna luta entre "o Bem e o Mal", na qual, este último, representado pela exclusão, vence fragorosamente o primeiro (Op. cit., p. 17).

A ideia central da observação de Martins pode ser resumida da seguinte maneira: o que se caracteriza, hoje, como exclusão era o que, até pouco tempo, chamava-se de pobreza. Só que o pobre, nos tempos atuais, como nos lembra o autor, não é apenas quem não tem o

---

[1] Essa mesma observação foi feita por Alain Touraine ao se referir ao uso que sociólogos franceses têm feito da categoria exclusão para explicar problemas decorrentes da dominação social. Para esse autor, no caso francês, importou-se a categoria de uma das correntes da sociologia estadunidense que tende a analisar os fenômenos de dominação social em termos de *inside* e *outsider*, empobrecendo as lutas dos movimentos sociais, ou seja, dos atores sociais.

que comer. A pobreza, hoje, inclui privações múltiplas: "do mercado de consumo, do bem-estar, de liberdade, de esperança, de direitos", entre outras (Op. cit. p. 18). Essa multiplicidade de privações compõe aquilo que Martins chama de "nova pobreza" (Idem).

Mas não é só o conteúdo que muda. Há também uma mudança de postura dos pobres face à "nova pobreza". Diferentemente da antiga que lhes oferecia "perspectiva de ascensão social", a nova não lhes oferece coisa alguma (Idem).

A constatação desse fato nos remete a um aspecto essencial que ajuda-nos a compreender alguns significados que, atualmente, jovens em situação de vulnerabilidade social atribuem a essa mesma situação. Para Martins, está claro que uma grande parte das novas gerações está impaciente, não está disposta, como estiveram no passado seus pais e avós, a nenhum sacrifício. Quer resultados imediatos. Aos poucos, toma consciência de que "o trabalho deixa de ser o meio privilegiado de integração positiva na sociedade" (MARTINS, op. cit, p. 19).

Ora, se a situação vivida por esses jovens não deve ser considerada uma situação de exclusão, ela é o que, então?

A resposta que Martins deu a essa questão acabou colocando no centro do debate político exatamente o oposto da exclusão, a saber: a inclusão, mas não a inclusão plena, e, sim, a que ele denomina de marginal. E é dela que falaremos seguir. As reflexões do autor sobre o tema podem nos ajudar a compreender esse momento de tanta euforia em que se discute, às vezes sem muita crítica, a adoção de políticas de inclusão social envolvendo jovens em situação de vulnerabilidade social.

Resumindo a partir das principais ideias do referido autor ao tratar do "falso problema da exclusão e do problema social da inclusão marginal", destacamos algumas observações que nos parecem fundamentais.

Inclusão marginal dos excluídos

Na realidade, Martins coloca seu leitor na origem de um "problema da exclusão" que, como ele nos assinala, tem, pelo menos, 300 anos de existência. Nasce com a sociedade capitalista e constitui uma parte da história da Europa Ocidental, espalhando-se, posteriormente, para outros continentes. A exclusão se insere na lógica das sociedades capitalistas em qualquer país; lógica esta que tem por princípio desenraizar os indivíduos, os grupos, as etnias, as culturas, objetos, obras, enfim tudo que possa ser lançado no mercado, possa ser posto em movimento e entrar em circulação (Op. cit.).

Vejamos como o próprio autor descreve o referido processo:

> O capitalismo na verdade desenraiza e brutaliza a todos, exclui a todos (...) esta é uma regra estruturante: todos nós, em vários momentos de nossa vida, e de diferentes modos, dolorosos ou não, fomos desenraizados e excluídos. É próprio dessa lógica de exclusão a inclusão.A sociedade capitalista desenraiza, exclui, para incluir, incluir de outro modo, segundo suas próprias regras (...) sua própria lógica. O problema está justamente nessa inclusão. (MARTINS, 1997, p.32)

Seguindo o raciocínio supracitado, podemos inferir que a exclusão, como regra estruturante das sociedades capitalistas, deveria durar o tempo suficiente para que os excluídos fossem incluídos em novas bases. Entretanto, o que se observa, em nossos dias, é que a exclusão que deveria ser transitória vem se tornando permanente, logo se constituindo em uma espécie de modo de viver.

Como veremos mais adiante, a exclusão tem se prolongado porque o modelo de sociedade que vem se impondo às nações, nos últimos 20 anos, tem criado "uma grande massa de população sobrante que tem tido pouca chance de ser reincluída" (MARTINS, op. cit.).

Tal modelo tem não só aumentado as desigualdades sociais, como também criado, no imaginário social, um tipo de inclusão ideológica fundada no "consumo, nas fantasias pasteurizadas e inócuas do mercado"... (Idem).

Falando de outra maneira, as armadilhas ideológicas criadas por esse tipo de imaginário acabam gerando uma forma de disposição na qual os indivíduos buscam sua inclusão a todo custo, servindo-se dos meios que lhes estão disponíveis, sejam estes lícitos ou não.

A demora no processo de inclusão tem levado os indivíduos excluídos ao encontro de formas inclusivas que pressupõem uma "certa degradação" (Idem, p.32), mas tem também levado outros sujeitos a reagirem contra essas formas degradadas que lhes são impostas, ou seja, se recusam a repetir ou a imitar padrões de comportamento pré-fabricados. Apostam na criatividade, na construção, na invenção.

Em suma, os aspectos até aqui apresentados mostram que a exclusão traz, em si, uma série de contradições, a partir das quais somos incentivados a evitar tratar os "excluídos" como indivíduos sem capacidade de reação, a evitar também romantizar o seu papel como se eles fossem puros portadores do bem, como se seu imaginário social fosse construído em outro universo, fora do mundo que os oprime.

Voltando à nossa reflexão acerca das conquistas de direitos de cidadania concernente aos adolescentes, parece-nos muito pertinente a posição de Martins, uma vez que o rótulo de "excluídos" aplicado, em geral, a jovens em situação de vulnerabilidade social priva-os dos direitos duramente conquistados. Assim, retira-lhes a capacidade de expressar seu inconformismo no interior mesmo da sociedade que os coloca em situação de imensa desigualdade social.

Mas, na prática, não é isso que observamos, sobretudo nos grandes centros urbanos. A reação dos jovens em situação de vulnerabilidade social tem sido registrada em diferentes estudos (ABRAMOVAI *et alii*, 2002), que, de certa forma, têm assinalado que, face aos processos excludentes, é possível identificar ações de inconformismo. A questão é saber como a sociedade tem respondido aos desejos individuais, às reivindicações coletivas e às necessidades dos jovens.

Antes, entretanto, parece-nos que seria bastante pertinente analisar as posturas juvenis, na atual conjuntura, que expressem certo inconformismo com os valores vigentes. Como veremos, essas posições podem estar sendo mediadas pelos mais diversos grupos e interesses dos jovens.

Em instigante artigo, escrito no início da década de 90, Marília Pontes Spósito, focando as novas formas de sociabilidade juvenil nas áreas urbanas, produzidas, sobretudo, por jovens advindos de contextos fortemente marcados pela vulnerabilidade social, mostra-nos que as referidas formas de sociabilidade nascem na rua, nas esquinas e pontos de encontro. Ali, nos diz a autora, "esse jovens desenvolvem relações de amizade e lazer, enfrentam os mecanismos da violência urbana e vivem, na luta pela sobrevivência,o confronto diário com os aparelhos de repressão" (Spósito, 1993, p. 16).

Em síntese, a reflexão de Spósito acaba nos chamando a atenção para o fato de que, se quisermos compreender como os jovens têm expressado inconformismo em relação à sua própria situação de vulnerabilidade social, precisamos criar um novo vocabulário sociológico que dê conta do seu potencial contestador.

Ainda seguindo as pistas deixadas pela autora, fica claro que os espaços urbanos são apropriados de forma bastante diferenciada pela população juvenil, expressando, na maioria das vezes, "conflitos multifacetados", desigualdade de gênero, de classe, de etnias, de preferências sexuais e religiosas e até de ruidosas torcidas de futebol. Tudo isso faz com que a produção cultural, sua distribuição e seu consumo reflitam essa infinidade de interesses.

Para exemplificar como todas essas coisas confluem na área urbana, pensemos não apenas nas ruas como lócus de manifestação cultural juvenil mas também em outros espaços, em especial, os de lazer, buscando compreender em que medida eles podem ser vistos como lugares de construção de identidade juvenil. E interroguemos: têm, esses espaços, expressado essa profusão de interesses? Será que, de fato, através de espaços de lazer socialmente constituídos, podemos compreender conflitos latentes e explícitos envolvendo jovens em estado de vulnerabilidade social?

Somos tentados a responder a essas questões positivamente, sobretudo se tivermos o cuidado de compreendê-las a partir do novo vocabulário proposto pelos teóricos da sociologia contemporânea. Eles nos convidam a abandonar antigas categorias que focalizam no lazer apenas seu lado puramente improdutivo, "do não trabalho".

Propomos, assim, que, antes de começarmos a falar dos movimentos culturais juvenis, apresentemos em que bases têm sido produzidas novas configurações acerca do tempo e espaço de lazer na vida das pessoas, pois entendemos que é a partir dessas bases que poderemos compreender as orientações dos movimentos dos jovens nas sociedades pós-industriais.

Velho e novo vocabulário

Para responder positivamente às questões supracitadas, é preciso admitir que existem maneiras diferentes dos indivíduos se apropriarem do conceito de lazer e que provavelmente tal diferenciação se deve às experiências tanto individuais quanto grupais dos mesmos.

Essa observação, entretanto, já nos permite inferir que a forma de se apropriar desse tempo prazeroso, escolhido livremente pelo próprio sujeito – esse tempo de bem-estar pessoal que amplia de forma significativa a qualidade de vida humana – tem assumido contornos bastante variados na maneira pela qual os jovens em situação de vulnerabilidade social usam o referido tempo.

Isso não quer dizer que não houvera, durante muito tempo, uma concepção de lazer que tenha dominado as iniciativas públicas e assistencialistas voltadas ao atendimento desses jovens.

Marcellino (1987), referindo-se a programas executados pelo poder público ou por organizações não governamentais buscando atingir "jovens excluídos", assinala o quanto prevalece nessas iniciativas, um entendimento de que o lazer é oposto ao trabalho. Na realidade, segundo alguns autores, os jovens não são atraídos para esses programas tendo como apelo o lazer em si, mas sim uma atividade tida como "produtiva" ou "educativa" (OLIVEIRA JR., 1999, p.1099). Por exemplo, são mobilizados para participar de alguns cursos semiprofissionalizantes que lhes tomam uma boa parte do dia, e o lazer lhes é oferecido como uma compensação por terem trabalhado seriamente, ou seja, como "uma forma de premiar o bom comportamento do jovem no curso"(Idem).

Poderíamos perguntar: por que foi essa a visão que prevaleceu durante tanto tempo? Por que não se oferece o lazer simplesmente, sem que ele seja compensação de coisa alguma?

A esse respeito, Marcellino nos oferece uma resposta interessante. Seguindo seu raciocínio, parece-nos que paira sobre os formuladores dessas políticas e, de certa forma, sobre um conjunto de intelectuais brasileiros a ideia de que oferecer lazer, puro e simples, a jovens em situação de vulnerabilidade social é algo supérfluo. É como "servir sobremesa" a alguém que "sequer teve uma refeição completa" (MARCELLINO, op. cit.).

Embora prevaleça, ainda em nossos dias, essa concepção de lazer, é preciso ressaltar que, já na segunda metade da década de 80, estudiosos do assunto desmantelaram a poderosa imagem que durou mais de um século, na qual o lazer era pensado como um "tempo não produtivo" ou do não trabalho (Magalhães Pinto). Segundo esses autores, tal imagem foi construída no interior das sociedades capitalistas ocidentais no momento em que elas consolidavam um modelo societário denominado sociedade industrial. Nesta, o lazer, como um tempo de não trabalho, e que fique bem claro, trabalho realizado nas fábricas, regido por penosas jornadas envolvendo quantidades imensas de horas para sua realização, compôs a paisagem desse modelo de sociedade e foi, entre outros, objeto de luta no interior de conflitos protagonizados pelos dois atores que dominaram a cena política no século XIX e grande parte do século XX, a saber: patrões e operários.

Se nos detivermos apenas na observação supracitada, ela, por si só, é suficiente para mostrar que a ampliação do "tempo de não trabalho" para as classes operárias foi uma conquista obtida arduamente ao longo de quase dois séculos. Na realidade, na maior parte das nações democráticas, as garantias dessas conquistas em termos de legislação trabalhista só ocorreram no século XX e, mesmo assim, com muitas lacunas.

Como se sabe, o lazer identificado com "horas e dias de folga" não teve impacto apenas na dimensão jurídica. Ele se refletiu na arquitetura das cidades modernas em termos de áreas específicas para seu exercício. Nos complexos urbanos, o uso dos espaços de lazer seguiu, de certa forma, a dinâmica das classes sociais e, na maioria das vezes, reproduziu as mesmas desigualdades que existem em outros setores da vida humana. Não é difícil encontrar uma concentração de equipamentos públicos de lazer (clubes, praças de esporte, centros de cultura, e assim por diante) em bairros nos quais vivem as pessoas das classes mais favorecidas. Entretanto, isso não impede que, nos contextos em que tais equipamentos sejam mais escassos, a população improvise espaços nos quais seus integrantes possam vivenciar momentos de lazer compartilhado.

Mas o que nos interessa aqui é ressaltar que a concepção de lazer que o identifica com o "não trabalho" tem raízes na sociedade industrial. Entretanto tal modelo convive, já há algum tempo, com um outro que vem produzindo novos vocabulários, ressignificando o termo lazer.

O referido modelo foi inicialmente denominado de "sociedade pós-industrial" (BELL,1976). Posteriormente, foi classificado de "sociedade programada", dada sua capacidade de produzir sua própria imagem por meio de mecanismos de comunicação de massa de longo alcance (TOURAINE, 1992). E atualmente tem sido chamado de "sociedade informacional" (CASTELLS, 1999) por duas razões: primeiro porque ele se caracteriza por profundas e rápidas mudanças estruturais e conjunturais, provocadas pelas revoluções das tecnologias da informação, que afetam contundentemente a base de vida material e imaterial do planeta. Segundo porque, neste modelo societário, indivíduos e grupos organizam-se em torno de redes informacionais (CASTELLS, op. cit.). A partir daí, estabelecem-se novos conflitos, geram-se novos protagonistas sociais, vivem-se novos dramas, e ressignificam-se o mundo e a própria identidade.

Antes de avançarmos para compreender qual o impacto da sociedade informacional na concepção de lazer, é preciso não perder de vista o que nos dizem os autores supracitados. No fundo, eles nos chamam a atenção para o fato de que um modelo não substitui o outro, ou, se preferirmos, um não deixa de existir só porque o outro se instalou. Ao contrário, tais modelos podem conviver perfeitamente dentro de um mesmo contexto histórico, embora um tenha mais predominância do que o outro. Dito de outra forma, o modelo da sociedade industrial pode coexistir, como de fato coexiste, com o da sociedade informacional, durante algum tempo, até que este se torne hegemônico. Isso explica porque, apesar das mudanças já ocorridas, ainda sobrevive um vocabulário sobre o lazer que o descreve como o "não trabalho".

Entretanto, essa persistência no uso do termo não impediu que novos significados tenham sido forjados na sociedade contemporânea. É deles que falaremos a seguir.

Na sociedade informacional, a centralidade posta no trabalho industrial se desloca para as áreas de prestação de serviços e de produção de informação e de imagens. Isso levou alguns analistas a declarar o fim da "sociedade do trabalho", o que é um grande equívoco, uma vez que o trabalho continua sendo a forma como a sociedade tem produzido a si mesma (TOURAINE, op. cit.). O que muda é o fato de que surgem novos espaços de produção e de trabalho (incluindo, é claro, os ciberespaços) que produzem conflitos protagonizados por outros atores sociais.

Ao analisar a sociedade informacional, Touraine ressalta o quanto ela ampliou, por meio dos sistemas de comunicação, sua capacidade de produzir a própria imagem (Idem). Os movimentos operários e sindicais – protagonistas da sociedade industrial –, que predominaram e organizaram as lutas contra a dominação de classe até o fim da década de 80, passam, a partir dessa década, a conviver, de forma cada vez mais crescente, com os chamados novos atores sociais ou movimentos culturais.

Esses movimentos, agindo no campo das disputas jurídicas e no da formulação de novos direitos, trazem, para a cena política, questões pertinentes à construção de novas identidades. E, ainda, atuam na desconstrução de imagens negativas relativas a grupos discriminados e na elaboração de políticas de ação afirmativa e de reconhecimento das diferenças, tais como: equivalência entre os gêneros, promoção da igualdade racial, respeito às preferências sexuais, proteção da criança, do adolescente e dos idosos, demarcação do território indígena e dos remanescentes de quilombos, inclusão dos portadores de necessidades especiais e assim por diante.

A explosão de movimentos culturais é um fenômeno global que não muda apenas o conteúdo dos protestos e das reivindicações, mas que faz uso de poderosas formas de comunicação transformadas pela revolução das tecnologias da informação.

É, nesse contexto, que observamos, como nos lembra Castells, profundas mudanças nos processos de trabalho (Op. cit). Cada vez mais os sistemas produtivos industriais vão emancipando os trabalhadores de suas antigas funções, exigindo-lhes novas habilidades e competências compatíveis com as necessidades das sociedades informacionais. E, ainda, vão cedendo lugar a novas formas de produção que implicam bruscas mudanças nas tecnologias da linguagem e da comunicação.

Embora seja um processo global, as transformações no mundo do trabalho não ocorrem no mesmo ritmo em todos os países e mesmo dentro de um mesmo país (TOURAINE, op. cit.). Isso explica porque, em algumas nações, o modelo de sociedade informacional é hegemônico e em outras não, coexistindo com outros modelos que certamente persistirão por algum tempo.

Em todo caso, apesar da diferenciação nas formas como o modelo informacional vai se ajustando em cada sociedade, vale ressaltar, no presente texto, um de seus traços característicos, a saber: nessas sociedades, as pessoas, liberadas das funções mais instrumentais do antigo mundo do trabalho industrial, passam a ter mais "tempo livre" em suas vidas cotidianas (OFFE, 1989). Isso faz com que esse "tempo livre" adquira o seu próprio estatuto e crie sua autonomia em relação à velha ideia que o opunha ao "tempo de trabalho"(Idem).

O tempo livre autonomizado se transforma em um campo de atuação cada vez mais sedimentado. A nosso ver, é nesse contexto que a concepção de lazer adquire novas conotações já não mais associadas à ideia do "não trabalho". Esta é, à primeira vista, a posição que Luiz Gustavo Gutierrez defende no final da década de 90, ao revelar, na concepção de lazer, princípios muito caros à construção da subjetividade no mundo contemporâneo. São eles: liberdade, desapego e hedonismo (GUTIERREZ, 1997).

Como se pode ver, há uma mudança radical. Por meio do lazer, os indivíduos podem se libertar das amarras do passado e da tradição e viver seu tempo de prazer e de bem-estar pessoal a partir de escolhas, livres de influências externas. O "tempo livre", em si, ganha sua própria dinâmica e não precisa estar atrelado a nada, nem ser compensação de nenhuma força prévia. O prazer é medido pelo próprio prazer.

Mas enquanto espaço que adquiriu autonomia e maturidade legal, o lazer é associado a uma das possibilidades de produção nas sociedades pós-industriais, incorporando o fabuloso mundo das "prestações de serviços", carro-chefe daquilo que hoje se considera ser a melhor alternativa de produção das sociedades informacionais, aparecendo sob a forma seja de lazer e entretenimento, seja de lazer e políticas públicas, ou de lazer e qualidade de vida.

Um outro significado que o termo lazer adquire, nesse novo contexto, e sobre o qual centraremos nossa análise, é aquele em que o "tempo livre" pode ser, e tem sido, usado pelos jovens para protestar ou para resistir às formas de dominação, mas também tem sido usado como um momento privilegiado de construção de identidade.Desnecessário dizer que falaremos dos movimentos juvenis que, de certa forma, reagiram ao estado de exclusão a que seus membros estavam submetidos, e que, portanto, como nos alertou José de Souza Martins (Op. cit.) expressam um conflito, estão carregados de contradições.

A seguir, apresentaremos uma dessas manifestações nas quais jovens negros das periferias das cidades brasileiras reagiram através de um dos seus movimentos culturais contra a vulnerabilidade social.

Juventude negra e seus movimentos culturais

Telles (Op. cit.) reuniu estudos muito interessantes realizados em várias regiões metropolitanas brasileiras e que apontam para formas de segregação residencial, com base na cor de pele. Sem nos estendermos muito sobre o assunto, salientamos apenas aspectos que interessam à presente reflexão.

O primeiro deles se refere a um tipo de correção em nosso olhar. O autor mostra que, quando olhamos a microssegregação por bairro, podemos observar que já não se sustenta como exclusiva a ideia de que as classes médias moram em bairros mais nobres e de que os pobres moram invariavelmente nas periferias. Ledo engano, nos diz Telles. Hoje, os pobres criam suas moradias em favelas no meio dos bairros de classe média alta (Op.cit.). Isso pode ser observado no Rio de Janeiro, Belo Horizonte, São Paulo e em muitas outras cidades.

Essa presença e copresença trazem inúmeras mudanças no imaginário social. Os jovens das favelas ficam mais próximos de jovens de outras classes sociais. Os equipamentos públicos que, em geral, são instalados nas chamadas áreas nobres têm de ser compartilhados por grupos de status diferentes. Por exemplo, em Belo Horizonte é perfeitamente possível encontrar situações em que equipamentos de lazer, quadras, áreas de caminhada, aparelhos de ginásticas são compartilhados, não sem alguma tensão, entre jovens negros favelados e adolescentes brancos das classes médias altas.

Esse é um fenômeno tipicamente urbano, no qual, como nos diz Spósito (Op. cit.), a cidade é apropriada pelos diferentes cidadãos. Os espaços são redesenhados e ocupados por "tribos urbanas", das mais diferentes matizes.

Em áreas metropolitanas brasileiras, Telles estudou indicadores de segregação residencial com base na cor, verificando que, embora sejam moderados quando comparados a áreas metropolitanas dos Estados Unidos, eles refletem, em muitos casos, níveis preocupantes de desigualdades dos negros em relação aos brancos. O isolamento, segundo esse autor, é um indicador estatístico que nos mostra em que "medida uma pessoa negra em áreas urbanas tem vizinhos brancos" (Op. cit., p. 173). Esse fator medido em termos percentuais foi alto em cinco regiões metropolitanas: em Salvador, 82% das negras não têm vizinhos brancos; em Belém, esse percentual é de 77%; em Fortaleza, vai para 75% em Recife, chega a 70% e em Belo Horizonte atinge 58%.

Qual o efeito desse isolamento para os jovens negros?

Antes de responder a essa questão, é preciso considerar que existem várias explicações para esse fenômeno, o que implica efeitos diferenciados.

Rolnick (1989) associava grande presença de negros em uma dada região da cidade à existência de instituições culturais afro-brasileiras, tais como: escolas de samba, terreiros de umbanda, de candomblé. Mais tarde, a autora (1999) vai identificar outros fatores que podem levar à concentração de negros mais em um bairro do que em outro, como, por exemplo, a existência de uma rede social que permite aos indivíduos ajuda mútua (cuidar das crianças, ajudar a construir a casa).

As consequências desse isolamento são também variadas. Em geral, ele se traduz, negativamente, em "desigualdade no acesso ao mercado de trabalho e de consumo, no acesso a escolas, hospitais, proteção policial" (Idem), e, nós acrescentamos, aos equipamentos públicos de lazer e entretenimento. Mas as consequencias não são apenas negativas. Telles chama-nos a atenção para o efeito positivo que o isolamento produziu numa cidade como Salvador. Ali, foram gerados "bairros étnicos dinâmicos", com forte afirmação racial, valorização do espaço residencial, promoção de vida cultural. Houve um empoderamento dos grupos étnicos (TELLES, Op. cit.).

Já em outros lugares, a repercussão não foi tão intensa, mas houve uma reação pelo menos dos jovens, através de movimentos artísticos musicais. Estes vão apresentar diferentes feições e formas de sociabilidade.

Em São Paulo, por exemplo, como nos mostrou Spósito, o movimento de jovens negros que predominou a partir dos anos 80 foi o *rap*, que se reapropria das ruas e usa os espaços urbanos para manifestar seu protesto contra o racismo e contra a violência policial contra os negros (Spósito, op. cit.). Em outros lugares, apareceram outros movimentos, como *funk, black soul* e *reggae*. Produziam, também, formas de sociabilidade, inventavam uma linguagem urbana e criavam, para si, espaços de lazer que o poder público lhes negou.

É nessa perspectiva que analisaremos, a seguir, o movimento *reggae* na cidade de São Luiz do Maranhão. O material apresentado faz parte de um estudo anterior no qual buscávamos identificar, nos movimentos de juventude negra, sinais dos novos tempos. Naquele momento, havia um pequeno número de iniciativas de ações afirmativas tanto no governo federal quanto em alguns estaduais e municipais. Entretanto, ainda não se constituíam como uma política de governo (Telles, op. cit.).

Falar desse movimento, hoje, tem um novo sabor. Pois atualmente existe, em nível federal, uma Secretaria Especial das Políticas de Promoção de Igualdade Racial, com status de Ministério. Isso muda muito o nosso olhar em relação aos movimentos de jovens negros. À medida que eles representam uma reação à exclusão, é preciso *emponderá-los* através de sólidas políticas de ações afirmativas.

Passaremos ao *reggae* de São Luiz e seus clubes dançantes, a partir do belo e clássico estudo realizado por Carlos Benedito Rodrigues da Silva, intitulado *Da Terra das Primaveras à Ilha do Amor: reggae, lazer e identidade cultural*.

Jovens do *reggae*

A escolha foi proposital, visto que esse movimento permite articular, ao mesmo tempo, termos referentes à sociedade informacional, lazer, protesto juvenil contra a vulnerabilidade social e a construção de identidade étnica. Começaremos, portanto, descrevendo as condições em que nascem tais movimentos e o perfil geral de seus protagonistas.

Na sua maioria, os jovens negros mobilizados por esses movimentos artísticos são de origem popular, filhos de trabalhadores, vinculados ao mercado formal e informal, concentrados majoritariamente nos centros urbanos por volta dos anos de 70. Muitos, descendendo de famílias que abandonaram as zonas rurais empobrecidas e se instalaram nas grandes sociedades esperando encontrar melhores oportunidades de trabalho, de educação e saúde (Silva, 1995; Gonçalves, 1997; Cardoso, 1987).

Eles chegam às periferias urbanas tendo como objetivo a ascensão social. Buscam se adaptar às oportunidades ocupacionais e educacionais oferecidas pelo novo contexto. São progressivamente absorvidos pelo sistema de ensino, embora tenham sido levados a frequentar escolas públicas de baixa qualidade, cursos noturnos sem nenhum projeto educacional mais amplo e cursos informais de formação profissional (Heringer, 2000).

Quanto ao mercado de trabalho, muitos estudos já mostravam, na década de 80 que esses jovens integravam amplamente o mercado informal e posteriormente passaram a ser candidatos frequentes no mercado do crime (Adorno, 1995).[2] Em parte, a condição desses jovens corresponde à preocupação básica de José de Souza Martins, longe de estarem totalmente excluídos da sociedade, eles a integram de uma forma precária, ou seja, passam por uma inclusão marginal.

É possível ver, nas estatísticas relativas ao perfil demográfico brasileiro, que, a partir dos anos 70, as desigualdades raciais, no País, entre negros e brancos, que persistiam desde o início do século XX, aumentaram profundamente, atingindo diretamente a população negra juvenil em todas as regiões (Hasenbalg, op. cit.).

Foi, portanto, dentro desse contexto, que os movimentos culturais de jovens negros chegaram à cena urbana. Protestam contra a discriminação racial e o racismo e questionam a própria inclusão a que foram submetidos.

Característica dos movimentos

Concentrados nas periferias urbanas, os grupos que compõem esses movimentos disputam o espaço comunicacional. É por meio deles que surge uma nova "criação de uma estética negra e o

---

[2] HERINGER, R. *et ali* (1985). *Negros: Mercado de trabalho e questão racial no Brasil*. Rio de Janeiro, IBASE.

reconhecimento de um campo simbólico fundamentalmente negro (NASCIMENTO, 1989). Aproximam-se, em grande parte, do tipo sociológico criado por Maffesoli (1992), conhecido como "tribos urbanas". Uma das atrações dessas tribos, como nos lembra o autor, é "não criar identidades fixas, mas múltiplas, trans".

A referida tribalização se confirma pelo fato de existirem, às vezes em um mesmo bairro, uma ou duas bandas que organizam festas e bailes, em geral nos finais de semana, atraindo centenas de jovens que, de fato, circulam de uma banda a outra sem ter, entretanto, nenhum laço permanente com esse ou com aquele grupo particular (GONÇALVES, op. cit.).

No entanto, apesar dessa fluidez de fronteiras entre uma banda e outra, não se pode perder de vista que esse "movimento transnacional" se articula consciente ou inconscientemente com ideias postas pelo mercado capitalista, não havendo, portanto, nada de surpreendente quando encontramos, como ideais dos movimentos culturais dos jovens negros, elementos que circulam no mercado de consumo de bens artísticos (GONÇALVES, Idem).

Em suma, trata-se de um fenômeno cultural tipicamente urbano e de massa que não tem aparentemente nenhuma relação com a tradição afro-brasileira, embora conserve um forte potencial mobilizador da juventude negra. Ao contrário, como protagonistas de conflitos típicos das sociedades informacionais, os movimentos criam uma rede de expressão e de construção de novas imagens, que ultrapassam fronteiras nacionais.

De uma só vez, as periferias de centros urbanos brasileiros, como, por exemplo, de São Paulo, Rio de Janeiro, Salvador, Belo Horizonte e São Luiz do Maranhão, se assemelham às de Kingston, Nova York, Paris e certamente de muitas outras do planeta. Jovens negros dessas periferias se unem através do "*black soul*", do "*reggae*" e mais tarde do "*rap*" para reconstruir suas identidades e também, no caso deste último, para protestar contra a discriminação racial (GONÇALVES, Idem).

A globalização desse fenômeno cultural nos remete a uma questão crucial, em geral, negada por militantes negros e também por pesquisadores que acreditam na pureza desses movimentos juvenis, mas que não pode ser descartada, sob pena de estarmos produzindo uma visão ingênua ou, até mesmo, romântica desses jovens. Por mais que se queira, não dá para não nos interrogarmos acerca da relação entre esses movimentos juvenis e os interesses da indústria cultural, amplamente globalizada, e, consequentemente, interesses do mercado de consumo.

Dificilmente encontram-se pessoas que hoje duvidam que o *reggae*, o *black soul* e o *rap* enquanto, produtos da cultural musical e artística tenham penetrado o circuito de comercialização mundial, suscitando identidades. Resta-nos saber se, ao encontrarem nichos nas periferias para se expandirem, eles são vistos como uma imposição de identidade ou se são transformados pela ação dos sujeitos, constituindo-se em autocriação. Vejamos como alguns desses movimentos foram apropriados pelos jovens negros brasileiros das periferias de algumas grandes cidades.

De Kingston a São Luiz do Maranhão, passando por Nova York

Não há dúvida de que a mais completa etnografia sobre as tribos urbanas tenha sido feita por Carlos Benedito Rodrigues da Silva. Por isso, nela nos concentraremos para expressar o papel do *reggae* nas periferias de São Luiz, compondo o "tempo de lazer" de jovens negros maranhenses.

Segundo o autor, na década de 80, registrava-se a existência de uma centena de clubes de *reggae* em São Luiz, mobilizando um grande número de jovens. Em seu estudo, Silva acentua os processos de apropriação resultante do encontro de duas culturas diferentes (Idem). Percebia que os jovens "regueiros" de São Luiz reinventavam o *reggae* jamaicano. E isso era possível porque, segundo ele, havia um espaço mínimo de liberdade. E foi exatamente esse espaço que foi recuperado em sua pesquisa, com a denominação de território negro livre.

Em estudo anterior, buscamos compreender os contextos sociológicos – São Luiz e Kingston – para entender que direção o movimento *reggae* adotou nesses dois contextos (GONÇALVES, op. cit.). Assinalávamos, naquele momento, o risco de reaproximar artificialmente as duas realidades, pois, embora fosse possível identificar jovens na mesma situação de vulnerabilidade social e de opressão social nas periferias de Kingston e de São Luiz, não havia como negar que os "regueiros" de cada uma dessas capitais atribuíam sentidos diferentes ao "movimento", cujo conteúdo, a nosso ver, só poderia ser explicado sociologicamente (Idem). Reproduzimos, a seguir, as conclusões a que chegamos na ocasião.

Em um país eminentemente negro como a Jamaica, o *reggar-rastafári* foi, desde o início, um instrumento de luta das populações de periferia de Kingston contra a burguesia negra e mulata associada ao capitalismo internacional e ao sistema de exploração dos mais pobres. Embora o movimento fosse organizado por negros, não havia qualquer sentido de classificá-lo de antirracista; tratava-se, muito mais, da afirmação étnica de um grupo que se considerava herdeiro do reino de Judá. Nesse contexto, e apenas nele, a oposição das elites dominantes se exprimia em termos políticos, por isso sofreu com práticas repressivas, pois o poder vigente temia riscos de revolta social (Idem).

Em compensação, no Brasil, País fundamentalmente multirracial, a incorporação do movimento *reggae* só foi possível porque a indústria cultural separou as manifestações artísticas do referido movimento de sua base político-ideológica (Idem). Jovens negros e mestiços das periferias urbanas brasileiras se apropriam do *reggae* por meio de organizações que nunca tiveram o caráter eminentemente político, tal como ocorreu na Jamaica. Seja em São Paulo, Rio de Janeiro, Salvador, São Luiz, Belo Horizonte, não importa onde os clubes de *reggae* tenham se instalado, estes eram, antes de mais nada, espaços de lazer (Idem). Isso não significa que esses lugares não poderiam vir a se constituir em núcleos de construção de identidade étnica, como de fato ocorreu, desempenhando importante papel na autoestima dos jovens negros. E isso ocorre em espaços de lazer, nos quais os indivíduos se encontram e dão sentido ao próprio tempo livre, retomando uma antiga prática das associações de negros em áreas urbanas. Em seguida falaremos sobre ela.

Lazer e Protesto Social

A historiografia brasileira está repleta de exemplos que mostram o quanto os espaços de lazer propiciaram movimentos de libertação e resistência (FERNANDES, 1986; SOUZA, 1986). Há muito nos opomos à falsa separação que ativistas dos movimentos negros dos anos 70 identificam em suas organizações. Algumas se ocupavam de ação política, e as outras se dedicavam ao lazer. Apenas para mostrar o equívoco dessa separação, basta lembrar que, na base do importante movimento negro dos anos 80, estavam muitas organizações que poderiam ser classificadas como "clubes de lazer" (GONÇALVES, op. cit.).

Política e lazer não são forçosamente atividades separadas. Com isso, não queremos dizer que desses espaços nasceram rebeliões sociais, mas, podemos dizer, e os estudos nos confirmam, que ali se construíram e reconstruíram novas identidades, e que, no caso dos jovens negros, o lazer propiciou importantes momentos de encontro e aumento significativo de autoestima.

Silva descreve, de forma poética, como a juventude negra de São Luiz foi incorporando à nova imagem dos negros todos os artefatos do *reggae* jamaicano, *afro-look, natural look, dreadlocks*, bem como a expressividade, a vibração e o sentimento.

De certa forma, parece-nos que os movimentos de afirmação étnica, típicos das sociedades informacionais, se constituem na seguinte ambivalência: de um lado, buscam construir imagens que contribuam para aumentar a autoestima dos negros; de outro, reivindicam um outro tipo de inclusão na sociedade capitalista de consumo. Projetam-se como atores desse mundo. Expressam claramente seus desejos. E não descartam, em hipótese alguma, a possibilidade de participar do mundo legendário do *reggae*, ou seja, das celebridades.

Embora o movimento *reggae* no Brasil não tenha se constituído em um movimento político, com riscos de rebeliões sociais, houve, durante muito tempo, ações repressivas da polícia contra os clubes e grupos de *reggae* em algumas partes do País. Na ocasião em que estudamos esse fenômeno, pesquisadores denunciaram violências desse tipo em São Luiz do Maranhão e em Salvador.

Rodrigues apresenta, em seu estudo, uma série de artigos de jornal, datados do início da década de 90, nos quais se encontram descrições muito negativas dos clubes de *reggae* em São Luiz. Segundo o autor, a presença desses clubes foi tão marcante nessa bela cidade colonial, que chegaram a mudar a imagem mítica que a ilha de São Luiz do Maranhão teve durante muito tempo em que foi considerada a Atenas brasileira, pois, com o movimento *reggae*, a imprensa passou a identifica-la à Jamaica. Mesmo que a intenção da imprensa tenha sido informar os ilhéus da transformação porque passava aquela capital, isso não impediu que se intensificassem estereótipos racistas em relação aos negros e sua cultura.

Em função desse tipo de julgamento, vários clubes de *reggae* foram fechados pela polícia. Mas isso não diminuiu a força do movimento, segundo Rodrigues, ao contrário, exigiu de suas lideranças uma reflexão de outra natureza que, como veremos, implicava o reconhecimento de seus espaços de lazer, dos seus direitos em mantê-los em funcionamento, e, ainda, o papel que tais espaços poderiam ter no resgate da identidade negra e de autoestima dos jovens negros (Idem).

Rodrigues reproduziu, em seu estudo, parte dessa tomada de consciência de lideranças do movimento, que viam os clubes de *reggae* como importante espaço gerador de sociabilidade. De acordo com suas observações, em São Luiz, esses clubes estavam localizados em regiões suscetíveis à violência. Estavam sujeitos a roubo, à violência sexual, ao homicídio e a outros delitos. Entretanto, isso não significa que esses espaços de lazer sejam espaços de violência.

> Ao contrário, constrangidos por regras de moralidade, os jovens que neles participavam zelavam pelo bom funcionamento desses clubes pois, mais do que ninguém, sabiam que o distúrbio, por mais inofensivo que fosse, poderia servir de pretexto para polícia fechar o único espaço de lazer que muitos deles possuíam (SILVA, 1995).

Na mesma ocasião, foram registradas, em Salvador, prisões de jovens pertencentes a grupos de *reggae*, considerados também como marginais. A punição que lhes era infligida era raspar-lhes a cabeça, ou seja, privá-los de suas cabeleiras rastafári com seus *"dreadlocks"* (idem).

Sintetizando algumas ideias centrais do movimento dos jovens "reggueiros" de São Luiz, destacamos:

1 – O movimento desenha a cidade, redefinindo, no espaço urbano, nichos nos quais podemos encontrar experiências juvenis no que concerne construção constante da própria identidade.

2 – O movimento permitiu aos jovens negros participarem dos processos de modernização da sociedade em que vivem, sem precisar abdicar de sua identidade étnica. Dito de outra maneira,

eles propõem uma forma de inclusão social que não exclui a expressão de seus movimentos culturais e artísticos.

3 – Dentro das exigências do modelo de sociedade informacional, na qual a comunicação assume o papel central na constituição dos sujeitos, não há como negar que o movimento cria uma linguagem para se, comunicar com os grupos dominantes; linguagem esta que se explorada e incentivada pelos agentes que se propõem a elaborar políticas públicas para esse segmento, pode perfeitamente ajudá-los a dar um tom mais político à sua organização.

Como vimos até o momento, o movimento *reggae*, pelo menos em sua versão maranhense, foi um espaço de importante sociabilidade para os jovens negros. Resta-nos entretanto analisar mais dois aspectos: primeiro, saber se ele foi um fenômeno que trouxe uma produção nova, e, por fim, pontuar o que essa experiência juvenil pode contribuir para aprimorar as políticas de inclusão social no Brasil, envolvendo jovens em estado de vulnerabilidade social.

Diante dos fenômenos culturais novos, há uma enorme tendência dos analistas de querer encontrar neles a continuidade de alguma tradição. É difícil ler no novo movimento a ruptura com o passado, seja ele qual for.

Trazer o movimento *reggae* para refletir um pouco sobre como a juventude negra busca lidar com sua situação de vulnerabilidade social foi proposital uma vez que se trata de um movimento transcultural. Ele atravessa fronteiras e se deixa penetrar em um contexto cultural completamente diferente daquele que lhe deu origem.

Com Roger Bastide, aprendemos que os fenômenos culturais que transmigram de um contexto cultural a outro só o fazem porque são construídos de uma forma integralmente nova (BASTIDE, 1989). Querer encontrar marcas de tradição nesses movimentos é, no máximo, uma postura passadista, conservadora, ou seja, uma postura que se recusa a ler o novo com um vocabulário novo.

Como exemplo dessa visão conservadora, o trabalho de David Toop (1991) acerca do movimento *rap* nos Estados Unidos cai como uma luva. Encantado com a mística da tradição, o autor encontra no *rap*, reminiscências dos *griots* africanos, continuadas por escravos das plantações do sul dos Estados Unidos. O *rap* que se desenvolve nas ruas de Nova York, nos anos 80, é, segundo ele, fusão cultural entre a tradição africana e as novas tecnologias.

Esse tipo de postura é marcante nos analistas ocidentais não africanos. A África, no olhar etnocêntrico, é sempre vista como o berço da tradição, ou seja, aquilo que não muda nunca; os descendentes de africanos, fora da África, são fundidores de cultura e nunca produtores de algo novo.

Em todo caso, afastamo-nos profundamente dessa postura. No lugar de falar da tradição africana, falaremos da dinâmica das culturas africanas, uma vez que estas não cessaram de se reconstruir.

Resta saber como foi possível a entrada do *reggae* no Brasil e sua adoção por milhares de negros, mestiços e brancos. O que permitiu sua progressiva aceitação em diferentes meios sociais?

Defendemos a ideia de que esse movimento de transmigração de um objeto cultural de um contexto a outro necessita de uma análise minuciosa do movimento de globalização das economias modernas.

Parece-nos, no mínimo, curioso o fato de os estudiosos dos movimentos culturais de juventude relegarem essa análise a um segundo plano. Toop, por exemplo, não explica como o *rap*, transformado pelas novas tecnologias, chega aos negros dos guetos de Nova York. Da mesma forma que Silva, passando pelo magnetismo do *reggae,* atribui aos produtos culturais (a dança, a música, indumentários etc.) o poder de romper por eles mesmos as fronteiras nacionais para se integrar nos modos de vida dos setores dominados da população (SILVA, op. cit.).

Quando olhamos para esses fenômenos culturais ocorrendo no Brasil e na América do Sul em geral, lembramos o belo texto escrito por Otávio Ianni sobre as "nações das burguesias latino-americanas". Esse autor mostra que a mesma burguesia que lutou para criar fronteiras e estabelecer mercados internos foi a primeira, na globalização, a suprimi-las para favorecer, ao máximo, a troca de mercadorias (IANNI, 1990, p. 33-42).

Retornando ao movimento *reggae,* podemos inferir, apoiados na observação de Ianni, que não seria possível sua transferência para o Brasil fora da lógica do mercado que tem como alvo a satisfação de um desejo, de uma subjetividade.

Como já mostramos em estudo anterior, essa transferência passou por um processo bastante complexo. Querem ver?

O movimento que os jovens negros brasileiros adotaram no Brasil se afasta, e muito, daquele vivenciado pelos jovens negros jamaicanos. Basta lembrar que, em Kingston, o *reggae* é uma manifestação musical ligada a um movimento político-religioso: rastafári. Quem dele compartilha acredita na vinda do deus Jah Ras Tafari, redentor dos povos jamaicanos que "os guiará durante sua viagem de retorno à África" (DAVIS; SIMON, 1983).[3]

Os rastafáris jamaicanos representam a imagem clássica do homem da transcendência que, para atingir tal estado, opera de forma mística uma transformação no corpo e no espírito ao mesmo tempo. O corpo e rejeita o álcool e se nutre seguindo os princípios de uma dieta natural.

Basta ver a massa de jovens negros brasileiros adeptos do movimento *reggae* para perceber que estão longe dos fundamentos religiosos do movimento fundante. O que teria acontecido para que só absorvessem a expressão musical separada radicalmente da base ideológica?

É aqui que entra a necessidade de uma análise das economias globalizadas. Para que o reggae – artefatos, dança, música, celebridades, CDs – tivesse aceitação em outros contextos, foi necessário que o mercado desenraizasse, como nos disse acima José de Souza Martins, o movimento nascido na Jamaica para inseri-lo de uma outra maneira.

Na realidade, temos dificuldade de chamar o que aconteceu no Brasil de movimento reggae. O que temos é um produto radicalmente novo que pode adquirir colorações nacionais, ou até mesmo locais. Não é à toa que, no Brasil, se produziu algo chamado de samba *reggae*. E ainda, em Salvador, as letras das músicas, cantadas em português, fazem referências, às vezes, aos deuses e deusas do panteão afro-brasileiro.

Passemos, assim, para pontuar alguns aspectos que poderiam subsidiar as políticas de inclusão social no Brasil.

Concluindo

Não há dúvida do quanto os movimentos culturais que mobilizaram a juventude negra, no Brasil, nas últimas duas décadas, deram um novo impulso na direção das políticas de inclusão social.

---

[3] DAVIS; SIMON. Reggae: *música e cultura da Jamaica.* Coimbra: Centello, 1983.

O breve exemplo que trouxemos do *reggae* em São Luiz do Maranhão mostra o quanto esse movimento conseguiu desenvolver, entre aqueles jovens, um novo tipo de sociabilidade cuja ação social representa uma apropriação do espaço urbano, ressignificando a própria imagem que a cidade tinha dela mesma.

Face à reação que as elites tiveram em relação à expansão do movimento, ficaram explícitas as formas precárias de inclusão da população negra maranhense no processo de modernização da cidade. Um aspecto que ficou profundamente marcado foi a segregação residencial com anotações racistas. As casas de *reggae* localizadas em áreas nobres foram obrigadas a se retirarem para as periferias da cidade (SILVA, op. cit.).

Fica claro o quanto o movimento expõe os jovens às intempéries do mercado de consumo. A expansão do movimento insiste, cada vez mais, na inserção da população juvenil em um mundo globalizado, ou seja, em um mundo que desenraiza os jovens para reinclui-los de forma diferente. E é esta forma que nos preocupa. Cremos que se não for mediada por outras ações públicas, ela permanecerá integralmente ligada à esfera do mercado.

Quando lemos a inserção pela ótica do movimento cultural dos jovens negros, não tem como não considerar a importância do lazer na construção de novas sociabilidades. Basta lembrar que o *rap*, movimento também de jovens urbanos, se desenvolve no tempo livre, entre o trabalho e a escola (SPÓSITO, Idem).

Se, hoje, grande parte das iniciativas com vistas a incrementar a produção cultural dos jovens negros permanece ainda nas mãos do empreendimento privado, temos de exortar o poder público a criar a diferença, a oferecer algo que permita a esses jovens saírem do lugar do puro consumidor e acreditar em que podem produzir um mundo novo com seus movimentos artísticos, podem construir uma nova estética na qual a promoção da igualdade racial seja critério em torno do qual se construam as bases de convivência neste milênio.

Tomando esses movimentos juvenis como uma forma de luta contra a exclusão, podemos observar que, no fundo, eles expressam contradições. Ao mesmo tempo em que há sujeitos nesses movimentos que, em algum momento, se opõem visceralmente à lógica do mercado, esses mesmos sujeitos, diante da possibilidade de ganharem visibilidade social, articulam essa lógica em suas estratégias de sobrevivência.

Em geral, esses movimentos têm se constituído em zonas limítrofes, em que as chances dos jovens são tão diminutas que os tornam vulneráveis ao mundo do crime, das drogas e de tráfico. A questão é saber: podem esses movimentos culturais funcionar nesses casos, como desestabilizadores da opção única para o crime, criando uma alternativa?

Há quem acredite que sim. A mídia tem registrado milhares de experiências dessa natureza no Brasil que criaram outras oportunidades para jovens em situação de vulnerabilidade social, evitando que muitos deles caíssem na criminalidade. O ponto central dessas iniciativas tem sido o desenvolvimento do protagonismo juvenil através da ação cultural.

A dúvida que ainda temos é se esse tipo de ação faz, de fato, diferença para jovens que pertencem a um segmento de população que experimentou séculos de desigualdade e de discriminação. Como nos lembra Martins, essa geração tem pressa, não tem mais a paciência histórica de seus pais e avós. A nosso ver, as desigualdades que a atingem têm de ser enfrentadas com políticas públicas que imprimam uma nova visão no que se refere à inclusão de grupos com uma longa história de discriminação.

Preocupa-nos muito que, mesmo com a presença hoje, no cenário político, de uma Secretaria Especial de Políticas e Promoção da Igualdade Racial, ainda não se vislumbrem iniciativas que visem transformar a inclusão precária em uma inclusão plena. Mas torcemos e trabalharemos para que isso aconteça!

REFERÊNCIAS

ABRAMOVAY, M. *et alii*. Juventude, violência e vulnerabilidade social na América Latina. Brasília: UNESCO, Cortez, 2002.

ADORNO, S. Discriminação racial e justiça criminal. *Novos Estudos CE-BRAP*, São Paulo, 1995, v. 43, n. 45-63.

BASTIDE, R. *As religiões africanas no Brasil, Contribuição a uma Sociologia das interpenetrações de civilizações*. 3. ed. São Paulo: Pioneira, 1989 (1960).

BELL, D. *The Coming o Post-Indusrial Society*: *A aventure in social forecasting*. New York: Basic Books, 1976.

CARDOSO, H. Limites do campo racial e aspectos da experiência negra no Brasil-reflexão. In: SADER, Emir (Org.) *Movimentos sociais na transição democrática*. São Paulo: Cortez, 1987. p. 82-104.

CARRANO, P. C. R. Juventudes e cidades educadoras. Petrópolis: Vozes, 2003.

CASTELLS, M. *A Sociedade em Rede*. Rio de Janeiro: Paz e Terra, 1999

CAVALLEIRO, E. *Do silêncio do lar ao silêncio escolar*: *Racismo, discriminação e preconceito na educação infantil*. São Paulo: Contexto, 2001.

DAVIS, S.; SIMON, P. *Reggae*: música e cultura da Jamaica. Coimbra: Centelha, 1983.

DAYRELL, J. A música entra cena: O *rap* e o *funk* na socialização da juventude em Belo Horizonte. 2001.Tese de Doutorado, Universidade de São Paulo, São Paulo, 2001.

FERNANDES, F. *A integração do negro na sociedade de classe*. São Paulo: Ática, 1986.

GONÇALVES, L. A. O. *Mouvement Noir au Bresil*. Lille: Presse Universitaire Septentrion, 1997.

GUTIERREZ, G.L. O lazer na atualidade: contribuição para uma reflexão metodológica. *Anais do V Encontro de História do Esporte, Lazer e Educação Física*. Ijui: Ed. Inujui, 1997.

HASEMBALG, C. *Discriminação e desigualdades raciais no Brasil*. Rio de Janeiro: Paz e Terra, 1979.

HENRIQUES, R. *Desigualdades raciais no Brasil*: *Evolução na década de 90*. Brasília: IPEA, 2001.

HERINGER, R. Mapeamento das ações e discursos de combate às desigualdades raciais no Brasil. *Estudos Afro-Asiáticos*, 2000.

IANNI, O. A nação das classes dominantes. In: LARANJEIRA, Sonia (Org.). *Classes e movimentos sociais na América Latina*. São Paulo: HUCITEC, 1990.

MARCELLINO, N. C. *Lazer e Educação*. Campinas: Papiris, 1987.

MAFFESOLI, M. *La transfiguration du Politique*: *la tribalisation du monde*, Paris: Grasset, 1992.

MARTINS, J. de S. *Exclusão social e a dova desigualdade*. São Paulo: Paulus, 1997.

NASCIMENTO, M. E. do. *A estratégia de desigualdade: O movimento negro nos anos 70*. SP: PUC, 1989 (Dissertação de Mestrado).

OFFE, C. Trabalho: categoria-chave da Sociologia? *Revista Brasileira de Ciências Sociais*, n. 10, v. 4, jun. 1989.

OLIVEIRA Jr., C. R. de. *Lazer e meninos de rua: um diálogo com o problema. Anais. XI Congresso Brasileiro de Ciências do Esporte*, set. 1999, p. 1097-1104.

ROLNICK, R. Territórios negros nas cidades brasileiras. *Estudos Afro-Asiáticos*, n. 17, p. 29-41, 1989.

ROLNICK, R. *Territorial exclusion and violence*; The case of São Paulo. Washington: Woodrow Wilson Intermedial Center for Scholars, 1999.

ROSEMBERG, F. Segregação Espacial na Escola Paulista. In: LOVELL, Peggy. (Org.) *Desigualdade no Barsil contemporâneo*. Belo Horizonte: UFMG – Cedeplar, 1991.

SILVA, C. B. R. de. *Da Terra das Primaveras a Ilha do Amor: reggae, lazer e identidade cultural*. São Luiz: EDUMA, 1995.

SOUZA, L de M. *Desclassificados do ouro: a pobreza mineira no século XVIII*. RJ: Graal, 1986.

SPOSITO, M. A sociabilidade juvenil e a rua: novos conflitos e ação coletiva na cidade. *Tempo Social*, n. 1 - 2, 1993.

SPOSITO, M. Juventude e protagonismo social. Observatório da educação e juventude. Disponível em: <www.controlesocial.org.br/notmídia>. Acesso em: mar. 2004.

TELLES, E. *Racismo à brasileira. Uma nova perspectiva sociológica*. Rio de Janeiro: Relume Dumará, 2003.

TOOP, D. *Rap Attack 2*. New York: Serpent's Tail, 1991.

TOURAINE, A. *Critique de la Modernité*. Paris: Fayard, 1992

Protagonismo recente dos movimentos sociais em política, educação e cultura[*]

Rogério Cunha Campos

A cena muda

Quando Eder Sader tratou das expressões de alguns dos movimentos sociais na década de 80 em seu livro *Quando novos personagens entraram em cena,*[1] a intensidade do protagonismo dos sujeitos de que trata ali apenas se esboçava. Sem ter percorrido uma trajetória linear em que se poderia perceber algo como uma espécie de ampliação crescente do protagonismo, como sugeria a sociologia brasileira até pelo menos os anos 80 (objeto de crítica desse autor no mesmo texto), mas enfrentando momentos de crise, de altos e baixos, os movimentos sociais têm mantido um traço de continuidade que não é percebido por todos os que se dedicam aos fenômenos socioculturais que eles expressam. Não foram poucos os que, diante de momentâneo descenço, decretaram o fim dos movimentos sociais, ao lado daqueles

---

[*] Para a realização do projeto de pesquisa que resultou neste artigo, o autor contou com bolsa de pós-doutoramento da CAPES.

[1] SADER, Eder. *Quando novos personagens entraram em cena*. São Paulo: Paz e Terra, 1988.

que falaram do fim da história mesma, apenas para serem desmentidos por sua visibilidade posterior na cena político-cultural.

Os sujeitos coletivos que se constituíram no Brasil, na conjuntura que se configurara a partir da segunda metade da década de 1970, foram interpretados como *novos movimentos sociais*. Na tradição sociológica então predominante, estudavam-se os movimentos que se expressavam na base da sociedade, tendo como categoria central a *classe social* dos protagonistas, que encontravam canais de expressão nos sindicatos e, quando se expressavam no âmbito da política, buscavam os partidos, e seu espaço de representação política privilegiado, o parlamento. Mas, a partir do final da década de 1970, entraram em cena novos personagens, que não são mais exclusivamente os trabalhadores – e nem a via privilegiada de organização são os sindicatos.

Nesse contexto, os moradores dos bairros de periferia dos grandes centros urbanos, as diversas expressões dos movimentos de trabalhadores no campo, as mulheres, os negros, os homossexuais, os indígenas vão compor um amplo espectro de movimentos sociais. Esse movimentos põem demandas específicas, em alguns casos inéditas, em outros casos reconfiguradas pelo momento histórico marcado pela transição política entre o período ditatorial e a democracia e que, num processo relativamente longo e complexo, se constituiu como experiência política no Brasil recente.

Lutas também por educação escolar

Estudos acadêmicos que se debruçaram sobre essa nova realidade captaram sinais desses novos protagonistas, de suas demandas e dos espaços de expressão que constituíram (além da representação política tradicional) sendo, ao mesmo tempo, expressão dos debates entre as tradições sociológicas que opunham classes a movimentos sociais. Nessa literatura, pode ser incluída a minha dissertação de mestrado, que procurava entender as lutas por escola dos moradores da Região Industrial de Belo Horizonte e Contagem, onde se destacavam associações de professores do setor público, pais de alunos, clubes de mães, associações de moradores, entre outros atores sociais, cujas reivindicações se dirigiam ao Estado e diziam respeito a demandas particulares relacionadas à escola pública[2]. Esse estudo faz parte de uma vertente que confere às pressões sociais um importante papel na ampliação das oportunidades de acesso e nas condições de permanência dos grupos subalternos na escola básica. Nesse processo, novos objetos são constituídos por linhas de pesquisa que concedem à sociedade, e não exclusivamente ao Estado, o papel de protagonista na ampliação do alcance das políticas públicas, especialmente na ampliação da rede estatal de ensino fundamental. A ocorrência de estudos dessa espécie pode ser também considerado, no âmbito acadêmico, como a contrapartida do que acontecia na sociedade, onde se constituem novos sujeitos de direitos. A educação escolar torna-se, por essa via, ponto importante da pauta de entidades civis e movimentos sociais, ou seja, um bem de direito, constituinte da esfera pública.

Reivindicações dessa natureza, oriundas de diversos grupos sociais, já vinham ocorrendo, no Brasil, há muitos anos, mas foram poucas vezes, objeto de estudos acadêmicos. Pesquisas mais sistemáticas, realizadas a partir da década de 80, consolidaram as principais características das demandas, dos espaços de visibilidade dos movimentos e de seus protagonistas, que constituíram a discussão sobre novos sujeitos nas lutas por educação escolar. Num período de aproximadamente 40 anos, desde a década de 50, a expansão das vagas no ensino fundamental e médio, a ampliação significativa da rede estatal sob responsabilidade de prefeituras dos grandes centros e dos governos estaduais constituem em importantes reivindicações, de distintos protagonistas em, cada época, sendo que a luta pela criação mesma da primeira escola, a escola dos quatro primeiros anos, em todo esse tempo e em toda parte, é a principal reivindicação. O caráter excludente da experiência de "escola pública" entre nós, se revela, historicamente, nos elevados índices de analfabetismo, nas altas taxas de evasão e repetência, no pequeno número de anos de estudos da população brasileira, entre outros aspectos.

No período que se inaugura ao final da década de 70, com o esgarçamento do controle político do regime militar autoritário e a crescente incidência das manifestações de descontentamento que conduzem à

---

[2] CAMPOS, Rogério C. *A luta dos trabalhadores pela escola.* 2. ed. São Paulo: Loyola, 2002.

chamada *transição democrática*, tornam-se bastante complexas as relações entre os movimentos por escola e a administração estatal. As redefinições que então se processavam já incorporavam elementos da nova conjuntura, num arcabouço legal instituído pelo antigo regime que não possuía elasticidade para a legitimação de novas demandas e novos protagonistas. Não se tratava, portanto, apenas de razões econômicas, materiais, mas de processos socioculturais, envolvidos na constituição dos sujeitos coletivos que davam curso aos movimentos sociais, ou seja, de novas subjetividades no espaço público, tendo em vista o fim do ciclo de expansão que durante certo tempo permitiu a consolidação do regime político. As pesquisas a respeito das lutas sociais por educação mostraram, portanto, que os movimentos sociais constituem, antes de tudo, novos atores e novas subjetividades que, em sua dinâmica terão uma incidência cada vez mais acentuada nos debates político-culturais que se processam desde então. Tais protagonistas das lutas por escola, nos centros urbanos, se relacionavam de modo complexo e contraditório com outros sujeitos socioculturais imbricados em demandas pontualmente semelhantes, entre os quais, os movimentos indígenas.

Os novos movimentos sociais compreendiam dois grandes campos na literatura que, a partir dos anos 80, os construiu como objeto, tendo como referência a natureza de suas demandas, o interlocutor, a visibilidade, a forma de ação dos protagonistas, o caráter massivo, os laços de pertencimento, os espaços de sua incidência, entre outros critérios básicos de tipificação. De modo muito sintético, pode-se dizer que duas grandes vertentes foram nomeadas pelos estudos sobre os movimentos sociais. Uma que agrupou os movimentos pela obtenção de bens materiais (terra, equipamentos sociais destinados ao consumo coletivo e serviços públicos essenciais), e outra que agrupou os movimentos no âmbito da identidade, portadores de complexas demandas que associam, simultaneamente, a igualdade dos direitos e o reconhecimento das diferenças, pondo em destaque a questão da identidade. Na realidade, como alguns dos estudos e pesquisas mostraram, não era tão simples essa distinção.

Ainda no âmbito das lutas por escola, deparei-me com esta implicação no estudo das escolas comunitárias em Salvador. Os movimentos por educação escolar em Salvador, além de remeter as reivindicações por educação escolar ao Estado, tentaram, por seus próprios meios, tentaram a criação de espaços escolares sob sua responsabilidade, as chamadas *escolas comunitárias*, onde se observou uma forte presença da temática da negritude em seus currículos e programas. As escolas comunitárias expressam projetos político-culturais, pedagógicos e de participação distintos das escolas estatais. O conceito que consideramos mais próximo para caracterizar essa realidade, ainda que provisório, foi o de *escola pública não estatal*.

Desse modo, nessa experiência se cruzam as reivindicações materiais e as relacionadas à identidade dos grupos que a um tempo reivindicam a política pública a cargo do Estado e a criação autônoma de espaços escolares, marcados por laços de pertencimento de natureza identitária. Nesse, como em outros espaços, condensam-se as duas vertentes dos movimentos sociais, em que seus atores são especialmente as mulheres negras, trabalhadoras dos bairros pobres de Salvador. Além disso, os movimentos por escolas comunitárias estiveram intimamente relacionados às lutas pela posse da terra urbana na metrópole.[3]

Movimentos indígenas por educação e cultura

No caso dos movimentos indígenas, as relações entre educação, cultura e subjetividade, as relações entre as lutas por obtenção dos meios materiais de existência, particularmente a terra e as identidades singulares dos grupos étnicos habitantes do território brasileiro são de suma complexidade. Os movimentos indígenas recentes associam visceralmente a reivindicação básica da demarcação das terras indígenas – um bem material indispensável à economia de suas comunidades – a suas identidades étnicas. Nesse caso, a reivindicação da terra indígena sob a dimensão de *território* demarca não apenas o bem econômico, mas também sua conversão em cosmovisão e espiritualidade. A terra, para os distintos grupos étnicos indígenas que habitam o Brasil, está saturada da dimensão simbólica, como território de seus antepassados, de seus mitos, dos mais caros valores de suas culturas.

---

[3] CAMPOS, Rogério C. Lutas sociais por educação e experiências de escolas comunitárias em Salvador. In: *III Congreso Iberoamericano de Historia de La Educación Latinoamericana*. Sociedad de Historia de La Educación Latino americana/Universidad Central de Venezuela. Caracas, UCV – FHE/UCV – CEPFHE/UPE, 1996, Simposium n°1, disco 1 de 1.

Os dados empíricos coletados nas pesquisas desenvolvidas entre os grupos indígenas participantes do Programa de Implantação de Escolas Indígenas em Minas Gerais, iniciado em 1995, têm colocado em tela a discussão a respeito das relações entre cultura, educação e subjetividades, cujo aprofundamento é o fim precípuo desse plano de estudos.

Como resultado da ação dos movimentos indígenas, as principais reivindicações desses grupos estiveram vinculadas a três grandes questões: a defesa do território – que, em muitos casos, é, em última instância, a defesa da própria possibilidade de existência desses grupos humanos – enquanto demarcação da terra indígena, ao lado das reivindicações por assistência à saúde e acesso a educação. Como resultado de suas ações, tais reivindicações se traduziram em direitos presentes na Constituição de 1988, o principal deles, no campo da educação (que baliza uma série de outros, em consequência), o direito à educação escolar diferenciada, intercultural e bilíngue, tendo a língua materna, quando ainda existente, como primeira língua, ministrada por professores indígenas nas áreas onde vivem suas comunidades.

Os sujeitos, individuais e coletivos, que viveram e vivem essas experiências, não desvinculam as lutas sociais por direito à terra das questões da cultura, da educação escolar e dos direitos políticos das sociedades indígenas territorializadas no Brasil.

Os depoimentos obtidos das principais lideranças indígenas indicam que, a par da imensa distinção de suas concepções políticas e do pertencimento à singularidade de seus valores e costumes, há uma convergência no sentido de considerar que a educação escolar como uma dimensão de vital importância para seus povos, desde que não negue as tradições e valores de cada grupo. Nesse sentido, o ensino da língua portuguesa (nessas experiências na condição de segunda língua) e do conhecimento moderno, é de vital importância para as relações, em condições de autonomia, desses grupos com a sociedade brasileira. Nesse sentido, o acesso à escola do "branco" é generalizadamente valorizado pelas lideranças indígenas e considerado imprescindível para a formação da consciência a respeito de suas próprias culturas, além de ser concebido como instrumento de defesa de suas comunidades. Nos dizeres de Marcos Terena, uma dessas lideranças expressivas dos movimentos indígenas dos últimos anos, "queremos ser doutores e continuar sendo índios".

Sob esse lema, a escola diferenciada, intercultural e bilingue se desenha como um espaço de intercâmbio entre as culturas dos programas de formação de professores, dos próprios professores indígenas, em geral muito jovens, de seus alunos e de suas comunidades. Um espaço de intercâmbio entre as culturas de origem e a cultura escolar de tradição moderna. É importante perceber que essa experiência é inédita enquanto direito na sociedade brasileira, reconhecida no marco da expressão maior dos direitos, que é a Constituição, e, consequentemente, incorporada à Lei de Diretrizes de Bases da Educação Nacional, de 1996.

Sua importância é tanto maior quando se reconhece a existência de mais de 200 grupos indígenas em contato com a sociedade brasileira, sendo que cerca de 170 deles usam a língua materna cotidianamente.

Originalmente os meus estudos se destinaram a investigar de que modo os movimentos indígenas se constituíram como sujeitos socioculturais e políticos. Esses estudos têm me levado a pensá-los como sujeitos dos novos movimentos sociais, embora sejam protagonistas muito antigos na sociedade brasileira e os conflitos de vários desses grupos com segmentos da comunidade não índia datem de cerca de 500 anos. Contudo, a hipótese que tenho levantado é que seus conflitos e suas identidades são reconfigurados por uma sociedade, como a brasileira, cujas rupturas com o passado, ocorridas ao final dos anos 70, não devem ser subestimadas. Nesse contexto, reivindicam novos direitos e o reconhecimento de suas diferenças étnicas.

A sociedade brasileira, que se orgulha de ser uma sociedade basicamente homogênea do ponto de vista linguístico e cultural, tendo o português como a única língua reconhecida – em torno da qual se constituíram os projetos nacionais, tanto os de corte "progressista" quanto os "conservadores" –, começa a perceber-se, a partir da presença ativa dos indígenas e de outros grupos étnicos, como uma sociedade bem mais complexa, sob esse ponto de vista. O fato é que se falam muitas línguas no território brasileiro, há distintas tradições, nem todas qualificadas e incorporadas pelas balizas da modernidade, mas com intensas e antigas relações com ela. Talvez se possa falar aqui na existência de uma polifonia, algo próximo de uma Babel, no sentido empregado por Jorge Larrosa e Carlos Skliar na introdução de *Habitantes de Babel: políticas e poéticas da diferença*.[4]

A qualidade dessa questão, que me parece central no Brasil hoje, tem sua visibilidade nublada pela dimensão quantitativa em que se inscreve, já que são poucas dessas línguas que contam com mais de dez mil falantes, numa população indígena de cerca de 750 mi pessoas, num território em que vivem cerca de 170 milhões de brasileiros.

Ao pensar os movimentos indígenas como sujeitos socioculturais, que elaboram e reelaboram suas identidades coletivas e individuais nos marcos desses processos, é necessário levar em consideração que tais sujeitos ganham visibilidade e obtêm incidência política e cultural num quadro de grandes transformações mundiais. Não apenas no âmbito da economia mas também da cultura e da política, pode-se falar de uma nova situação que os torna interdependentes das mudanças que vêm ocorrendo em todo o planeta. Nesse sentido, a questão das relações entre as sociedades indígenas e a sociedade brasileira se vê entrelaçada às questões que se relacionam com a discussão a respeito da possibilidade de recomposição do contrato social da modernidade em crise (SANTOS, 1998).

O processo recente de criação das escolas diferenciadas, de caráter intercultural e bilingue, tendo como uma de suas vertentes originárias as lutas travadas pelos movimentos indígenas, dá origem, por sua vez, a uma nova realidade nas comunidades indígenas e a novos sujeitos socioculturais, como são os professores indígenas.

Configuram-se, nas comunidades indígenas, ainda que de modo diferenciado, segundo o contexto social e político de cada uma delas, novas categorias socioculturais, de inéditas práticas coletivas, de distintas sociabilidades. A escola que nunca perde a centralidade de sua dimensão moderna e que chegou a esses grupos humanos, em parte por reivindicaçao deles próprios através de suas lideranças, é uma poderosa instituição, que traz consigo implicações de natureza simbólica, econômica, e certamente interfere nas relações políticas tradicionais. Aí a escola relaciona-se com outras heranças culturais,

---

[4] LARROSA, Jorge; SKLIAR, Carlos (orgs.) Habitantes de Babel: políticas e poéticas da diferença. Belo Horizonte: Autêntica, 2001.

outras pedagogias, decisivas, por sua vez, na constituição de suas identidades. Esse conflito é ao mesmo tempo cultural e político, atravessa a sociedade brasileira e não está claro qual será o seu desfecho. De todo modo, se "uma nova sociedade brasileira é possível" – e em minha opinião o é –, terá que superar a maneira como os brasileiros têm se relacionado historicamente com os indígenas, e é isso que os movimentos indígenas; por educação, de modo mais ou menos explícito a cada momento, têm colocado. Ou seja, está em jogo a hora e a vez desses sujeitos na sociedade brasileira, e isso vai muito além da questão escolar, sem diminuir sua importância.

Educação de adultos e experiências educativas dos movimentos indígenas

As temáticas e os projetos de educação de adultos, em nosso País, fazem parte da história esboçada brevemente nas páginas anteriores. A educação de adultos, fora e dentro dos espaços escolares, constituiu-se entre nós com um caráter político ressaltado por seus intelectuais, especialmente Paulo Freire. Ao longo dos anos 50, nos primeiros anos da década de 60 e durante o longo período ditatorial de 1964 a 1985, em que os projetos e seus responsáveis foram reprimidos com violência, os propósitos com esse caráter foram revestidos da dupla dimensão "educação" e "política".

Os tempos são outros, já há um outro largo período histórico durante o qual os brasileiros constituíram uma singular experiência política (não exatamente a dos sonhos de muitos que lutaram contra as injustiças sociais e a supressão das liberdades). De todo modo, surgiram novos protagonistas que contibuíram para dar feição a essa inédita experiência democrática; a educação de adultos haveria de superar as experiências anteriores.

No caso específico dos atuais movimentos indígenas por educação, creio que muitos desafios foram postos e continuam presentes. Destacaria algumas das especificidades com as quais tomei contato primeiramente através de atividade desenvolvida no Posto Indígena Fazenda Guarani, município de Carmésia, em Minas Gerais, onde vivem os Pataxós, vindos de Vila Velha, Estado da Bahia, ainda nos anos 50, em consequência de conflitos com madeireiros e a polícia.

Em primeiro lugar, a constatação da existência de um elevado número de não letrados em português entre a população adulta, o que é um traço comum aos grupos indígenas no Brasil. Mas, diferentemente dos seus pais, um grupo importante de jovens se tornou estudante nas escolas estatais, uma parte deles vindo a constituir o primeiro grupo de professores de escolas indígenas, originado em suas próprias comunidades. A partir da segunda metade da década de 90, com a criação do Programa de Implantação das Escolas Indígenas, esses jovens se tornaram cursistas do Curso de Formação de Professores Indígenas – numa perspectiva intercultural e bilingue – e, ainda na condição de estudantes, passaram a atuar como professores nas escolas Pataxó.

Trata-se, portanto, de duas gerações que viveram experiências distintas nos movimentos por educação indígena. Esses jovens os que se tornaram os primeiros professores indígenas, continuaram as lutas dos seus parentes das gerações anteriores que não tiveram acesso à formação escolar ou quando, foi o caso, a tiveram numa escola comum, não indígena, em geral situada em área rural sob responsabilidade da Funai ou das prefeituras, onde sofreram discriminação étnico-racial e tiveram acesso à formação escolar indiferenciada, em geral, de baixa qualidade.

Na minha opinião, o principal desafio em relação à educação de, adultos relacionada a esses grupos remete, em primeiro lugar, a uma contribuição decisiva para os projetos da área: a questão da especificidade do sujeito, do educador e do educando com o qual se está tratando, como dizia Paulo Freire. Além disso, no caso dos grupos indígenas, a premissa para o êxito dos programas é a percepção da dupla especificidade do sujeito, que é ao mesmo tempo sujeito adulto (ou jovem) e sujeito representante de outra cultura. Essa percepção coloca, a meu ver, uma outra questão teórica de grande alcance: a dos próprios significados dos termos "adulto" e "jovem" nas distintas culturas em que estão imersos os programas educativos.

Além disso, a questão das relações da educação de adultos, ou de "jovens e adultos", com o mundo indígena tem que dar conta da singularidade da dimensão política em que estão imersas as comunidades indígenas, além do reconhecimento do seu protagonismo.

Nesse sentido, é necessário estarmos atentos ao fato de que os sujeitos indígenas participam de experiências comuns a outros sujeitos da sociedade brasileira, mas as relações singulares que aí estabelecem – e que são distintas em cada grupo étnico – resultam em questões políticas muito específicas que não podem ser descuradas, exatamente porque, como apontei acima, nesse caso, não são apenas de natureza educativa, mas estão em jogo relações culturais e políticas entre povos e sociedades.

REFERÊNCIAS

AIZPURU, Pilar G. Rupturas y continuidades em la Educación Novohispana. In.CIVERA, Alícia; ESCALANTE, Carlos; GALVÁN, Luz Elena (Coord.) *Debates y desafios em la historia de la educación em México.* Zinancantepec: El Colegio Mexiquense, A.C.: Instituto Superior de Ciencias de la Educación del Estado de México, 2002, p. 119-142.

ARROYO, Miguel. *Pedagogias em movimento: o que temos a aprender dos movimentos sociais?* Belo Horizonte: UFMG, 2001 (mimeo).

ARROYO, Miguel. As Relações entre movimentos sociais, a escola e as experiências não formais. In: *ANPEd, Educação não é privilégio*; Anais da 23ª Reunião Anual da ANPEd. Caxambu, 2000 (CD-ROM).

BOBBIO, Norberto. *A era dos direitos.* Rio de Janeiro: Campus, 1992.

CAMPOS, Rogério C. *A luta dos trabalhadores pela escola.* 2. ed. São Paulo: Loyola, 2002.

CAMPOS, Rogério C. *Cenas da educação brasileira: lutas sociais e desgoverno nos anos 80 na Grande Belo Horizonte.* São Paulo: USP, 1992 (Tese de Doutoramento).

CAMPOS, Rogério C. Lutas sociais por educação e experiências de escolas comunitárias em Salvador. In: *III Congreso Iberoamericano de Historia de La Educación Latinoamericana.* Caracas: UCV, 1996. Simposium nº1, disco 1.

CAMPOS, Rogério C. Os movimentos indígenas como sujeitos na história das lutas recentes por educação escolar no Brasil. In: *Memória Del VI Congreso Iberoamericano de La Educación Latinoamericana.* San Luis Potosí: Sociedad Mexiquense de Historia de la Educación: El Colégio de San Luis, 2003. CD-ROM.

CANCLINI, Néstor G. *Culturas híbridas: estratégias para entrar e sair da modernidade.* São Paulo. Ed. da USP, 1997 (Ensaios Latino-americanos, I).

CARNEIRO DA CUNHA, Manuela (Org.). *História dos índios no Brasil.* São Paulo: Cia das Letras, Secretaria Municipal de Cultura/São Paulo, 1992.

CASTELLS, Manuel. O poder da identidade. In: *A era da informação: economia, sociedade e cultura.* São Paulo: Paz e Terra, 1999. v. 2.

GAMBINI, Roberto. *Espelho índio: a formação da alma brasileira.* São Paulo: Axis Mundi, Terceiro Nome, 2000.

GRUPIONI, Luís D. Da aldeia ao parlamento. *Em Aberto*, Brasiliense, ano 14, n. 63, 1994.

GRUPIONI, Luís D. B.; VIDAL, Lux; FISCHMANN, Roseli. *Povos indígenas e tolerância: construindo práticas de respeito e solidariedade.* São Paulo: EDUSP, 2001.

GRUZINSKI, Serge. *A colonização do imaginário: sociedades indígenas e ocidentalização no México Espanhol. Séculos XVI – XVIII.* São Paulo: Companhia das Letras, 2003.

HALL, Stuart. *Da diáspora: identidades e mediações culturais.* Belo Horizonte: Ed. UFMG; Brasília: Representação da UNESCO no Brasil, 2003.

LARROSA, Jorge. Educar em Babel. Notas sobre la pluralidad y la traducción. In: *V Colóquio Questões Curriculares (I Colóquio Luso-Brasileiro): currículo e produção de identidades.* Braga: Universidade do Minho/UFRJ, 2002. (CD-ROM).

LARROSA, Jorge; SKLIAR, Carlos (Orgs.) *Habitantes de Babel: políticas e poéticas da diferença.* Belo Horizonte: Autêntica, 2001.

MATO GROSSO. Secretaria de Estado da Educação. Conselho de Educação Escolar Indígena. *Urucum, jenipapo e giz: a educação escolar indígena em debate.* Cuiabá: Entrelinhas, 1997.

MALTA CAMPOS, Maria M. *Escola e participação popular: a luta por educação popular em dois bairros de São Paulo.* São Paulo: USP, 1982 (Tese de Doutoramento).

MONTE, Nieta L. *Educação intercultural bilíngüe de jovens e adultos.* Curitiba, V CONFINTEA, Encontro preparatório à reunião dos povos do Mercosul, 1998.

MOREIRA, Antonio F. B.; MACEDO, Elizabeth F. Currículos, identidade e diferença. In:_____(Orgs). *Currículos, práticas pedagógicas e identidades.* Porto: Porto, 2002. p.11-34.

OLIVEIRA FILHO, João Pacheco (Org.). *Sociedades indígenas e indigenismo no Brasil.* Rio de Janeiro: UFRJ/Marco Zero, 1987.

PAOLI, Maria Célia; TELLES, Vera. Direitos sociais: conflito e negociação no Brasil contemporâneo. In: ALVAREZ, Sônia E.; DAGNINO, Evelina; ESCOBAR (Orgs.) *Cultura e política nos movimentos sociais latino-americanos. Novas leituras*. Belo Horizonte: UFMG, 2000. p. 103-148.

ROSSIAUD, Jean; SCHERE-WARREN, Ilse. *A democratização inacabável: as memórias do futuro.* Petrópolis: Vozes, 2000.

SADER, Éder. *Quando novos personagens entraram em cena.* Rio de Janeiro: Paz e Terra, 1988.

SANTOS, Boaventura de Sousa. *Reinventar a democracia.* Lisboa: Gradiva, 1998.

SCHERER-WARREN, Ilse. Movimentos em cena... e as teorias por onde andam? *Revista Brasileira de Educação*, n. 9, p.16-29, set./out./nov./dez. 1998.

SOUZA FILHO, Carlos Frederico M. Os direitos invisíveis. In: OLIVEIRA, F.; PAOLI, M. C. (Orgs.) *Os sentidos da democracia*. Petrópolis: Vozes/ Brasília: NEDIC, 1999.

SPOSITO, Marília. *A ilusão fecunda: a luta por educação nos movimentos populares.* São Paulo: Hucitec, 1994.

TELLES, Vera da S. Sociedade civil e a construção de espaços públicos. In: DAGNINO, Evelina (Org.) *Os anos 90: política e sociedade no Brasil*. São Paulo: Brasiliense, 1994. p. 91-102.

TOURAINE, Alain. *Poderemos viver juntos?* Petrópolis: Vozes, 1999.

PARTE III

CULTURA POPULAR

Possibilidades e limites da educação popular

João Valdir Alves de Souza

Introdução

Em 1997, professores da Escola Estadual Professora Edite Gomes, de Turmalina, região Nordeste de Minas Gerais, elaboraram um projeto de pesquisa visando alcançar dois objetivos principais: recuperar parte da história cultural do município e envolver os alunos em atividades que fossem além do dia a dia da sala de aula, tentando melhorar a relação ensino-aprendizagem. O projeto tinha o pretensioso título "Resgate Histórico e Cultural do Município de Turmalina" e se caracterizava por uma amplitude difícil de ser abarcada, mesmo sendo coletivo e contando com financiamento do Programa de Apoio a Inovações Educacionais (PAIE).

Posteriormente, num dos encontros de discussão, ficou decidido que as atividades de pesquisa tentariam recuperar traços da cultura popular, concentrando-se em, no máximo, duas áreas específicas: a oralidade e a medicina popular. Apesar de estarem ligadas, respectivamente, às disciplinas literatura e ciências, verificamos que não seria difícil tomar essas áreas como eixos norteadores de um construtivo diálogo com outras disciplinas como história, geografia, matemática e artes. Do projeto resultaram várias atividades, como entrevistas feitas pelos próprios alunos, palestras de pessoas da comunidade, apresentações teatrais e três pequenas publicações em brochura.

Foi, certamente, uma experiência inovadora, gratificante e muito produtiva para todos os envolvidos, principalmente para os alunos – na sua maioria jovens e adultos inscritos no projeto *Acertando o Passo* – que foram a campo entrevistar pessoas idosas, tentando recuperar e analisar alguns elementos da cultura popular local. Nos momentos de diálogo do grupo e sistematização do material coletado, ficou evidente que, se a "escola da vida" ensinou tanto àquelas pessoas representativas da comunidade, como parteiras, rezadeiras e curandeiros ou, simplesmente, pessoas que são a memória viva dessas práticas, a "escola-instituição" deve ensinar que não se pode separar conhecimento e vida, saber sistematizado e cotidiano das práticas, ciência e senso comum. O que se ensina dentro dos muros escolares não pode ser desconectado do que se vive fora deles, e trazer essas vivências para dentro da escola é dar vida nova à própria escola.

Professores e alunos viveram experiências diversas, algumas das quais estão sendo apresentadas aqui. Muito do que foi feito está registrado em fitas cassete, vídeos e trabalhos que os alunos elaboraram como avaliação da aprendizagem, material esse que, com certeza, enriquecerá o próprio arquivo da escola. O mais importante, no entanto, é o que ficou na memória de todos os que participaram do projeto e que viram nele uma excelente estratégia para melhorar as relações de ensino-aprendizagem. Como orientador geral do projeto, coube a mim elaborar um texto que sintetizasse o conjunto das experiências para divulgá-las em outros espaços.

Nem tudo o que foi recuperado na pesquisa será recomendado como prática. Uma coisa é recuperar histórias de parteiras que se sustentavam apenas na sabença adquirida num mundo completamente distante dos recursos da medicina. Outra é não aceitar os recursos de que dispõe a medicina moderna como uma conquista coletiva e um direito de todos: pais, mães, nascituros e familiares. É necessário recuperar, como traço da cultura popular, o uso de picumã, rapé de fumo de rolo e colheres incandescentes para cauterizar umbigos de recém-nascidos. Coisa diferente é recomendar esses usos hoje.

É interessante verificar que, "quando ainda tinham restos de parto", muitas parteiras faziam um "chá com raiz do pé de café do lado que o sol nasce" ou que chá de lagartixa e barata torrada ainda faz parte das tentativas de cura de muitas moléstias que acometem muita gente atualmente. Mas não parece plausível continuar recomendando essas práticas de medicação. Deve-se dizer, com clareza que os "chazinhos da vovó" são a salvação de muita gente com ou sem recursos da medicina moderna. Mas é preciso dizer, também, que a automedicação pode ser perigosa, que remédios caseiros nem sempre fazem o efeito desejado, podendo produzir efeitos colaterais e que, em determinadas circunstâncias, o melhor a fazer é procurar um hospital e os profissionais que lá trabalham. Como afirma um professor de farmacologia da UFMG:

> Grande parte da popularidade dos fitoterápicos resulta da idéia equivocada de que são produtos de origem natural e, conseqüentemente, não induzem reações adversas importantes, sendo considerados seguros pela população. Muitas vezes é possível encontrar propagandas de produtos fitoterápicos nas quais o ponto de maior ênfase é justamente o aspecto da segurança, e não a eficácia. Entretanto, não é possível aceitar a utilização de qualquer medicamento, seja de origem vegetal ou sintética, sem que estudos devidamente conduzidos tenham demonstrado tanto a sua eficácia quanto a sua segurança.[1]

O texto aqui apresentado resulta de um trabalho coletivo. Os dados foram coletados através de entrevistas realizadas pelos alunos, sob a orientação das professoras de ciências Dulcinéia C. Rocha e Maria Aparecida C. B. Ramos. Não se trata de um trabalho sistemático sobre a cultura popular da região. Trata-se apenas de pontuar alguns dos usos – e, inclusive, de abusos – na medicina popular, indicando algumas das receitas utilizadas cotidianamente pela população contra certas moléstias. É necessário, também, refletir sobre possibilidades e limites da educação popular, mostrando que a riqueza da cultura popular pode conter determinadas práticas que devem ser questionadas e que cabe à escola uma tarefa fundamental nesse processo.

---

[1] COELHO, 2003.

A medicina popular

Mesmo que não façam uso, todas as pessoas já ouviram falar nas receitinhas da vovó, nos raizeiros e benzedores. Quando doíam os ouvidos, os dentes ou a barriga; quando o intestino se revoltava e a cabeça dava giros; quando a pele se enrugava ou a ferida expunha as entranhas da carnes lá vinham os mais experimentados na arte da cura com raízes, cascas e folhas, em pó, pasta ou suco, para realizar a infalível terapia. Quando nada disso resolvia ou quando se tratava de "doença que não se cura com remédio", entravam em ação aqueles que eram reconhecidos pela capacidade de mobilizar poderes mágicos em favor dos aflitos.

Atualmente, entretanto, com todas as transformações promovidas pela modernidade, pela maior possibilidade de deslocamento dos doentes, pelas exigências feitas para que os governos garantam atendimento médico-hospitalar a todos os cidadãos, pela indução realizada pela propaganda dos novos medicamentos, entre muitos outros motivos, foi se tornando cada vez mais frequente e intenso o aumento das filas nos postos de saúde ou nos hospitais. Isso acontece por dois motivos principais: a capacidade de atendimento hospitalar é de, fato, menor que a demanda, e muita gente passou a procurar esses pontos de atendimento ao menor sinal de dor de cabeça.

É verdade que a medicina moderna facilitou as coisas para os pacientes, da mesma forma que somente ela consegue tratar algumas moléstias que dizimavam populações inteiras até recentemente. Um vidro de melpoejo ou melagrião comprado na farmácia não é tão caro, e, além disso, poupa-nos de ter de fazer um canteiro, cuidar das plantas, fazer a mistura na dosagem certa e convencer o paciente de que determinadas beberagens podem fazer o mesmo efeito que aquele remédio docinho que se vende em qualquer farmácia. Mas não é menos verdade que, quanto mais vai se popularizando, a medicina moderna vai desqualificando os saberes acumulados pelo próprio povo ao longo do tempo. E a famosa receitinha da vovó, que era passada de geração a geração, vai perdendo seu charme, sua eficácia e seus usuários.

Mas é curioso notar que, até mesmo a partir de um argumento nostálgico, tem havido uma intensa revalorização de alguns aspectos da medicina popular ou tradicional. O certo é que estão na própria natureza, e nas plantas medicinais em particular, os elementos que, uma vez sintetizados, compõem a farmacopeia que sustenta laboratórios farmacêuticos ao redor do mundo. Muito daquilo que era quase exclusivamente de domínio público vai se tornando, cada vez mais, de domínio privado, sob controle do capital. Isso tem provocado intensos debates sobre o domínio da rica flora brasileira, sobretudo na Amazônia, no Cerrado e na Mata Atlântica, cujos recursos naturais são ainda pouco conhecidos.

A essa riqueza da flora corresponde também uma riqueza nos modos de apropriar-se dela nesse País de dimensões continentais formado pela fusão das culturas indígenas, europeias e africanas. Quando o pajé invoca seus poderes mágicos para curar doenças sobre as quais ele ainda não tem controle, demonstra toda a sua crença nos espíritos da floresta. Mas não resta dúvida de que os índios ainda são os maiores conhecedores de como a cura para a maioria dos seus males está na própria mata que lhes serve de abrigo e nos seres que nela habitam. É da fusão entre esse conhecimento prático sobre as plantas que curam e os mistérios que cercam o desconhecido que vai surgindo todo o repositório que domina a medicina popular. Dos chás de ervas cultivadas no quintal às mais raras plantas da floresta, dos usos indevidos de recursos mais que duvidosos aos mais infalíveis remédios caseiros, das invocações espirituais comandadas pelos pajés às rezas e benzeções de tantos rezadores e curandeiros que resistem aos apelos do mundo moderno, tudo isso faz parte de um tipo particular de conhecimento que está sempre sendo posto à prova.

Um dos sinais de sobrevivência e revalorização dessa medicina popular é a presença maciça de raizeiros mesmo em cidades grandes, como Rio de Janeiro e São Paulo. Uma visita ao Mercado Central de Belo Horizonte nos permite perceber uma grande quantidade de lojas especializadas em produtos da flora. Pesquisadores de instituições de pesquisa e ensino sustentam-se nos mais sofisticados recursos tecnológicos para a validação da fitoterapia, mas não desprezam o conhecimento secularmente adquirido pela população. Já foram realizadas nove edições do Seminário Mineiro de Plantas Medicinais, cada uma delas contando com a participação de pesquisadores de importantes institutos de pesquisa do Estado e do País.[2] Apesar do grande mercado de remédios alimentado pela indústria farmacêutica, isso mostra a força da tradição no mundo moderno-contemporâneo, submetido, cada vez mais, ao domínio da ciência e da técnica.

A medicina popular em Turmalina

Em todo o interior do Brasil, é muito forte a tradição dos remédios caseiros. Essa realidade não é diferente no Vale do Jequitinhonha, cuja maior parte da população ainda vive inteiramente distante dos recursos da medicina moderna. Em Turmalina, só muito recentemente, o hospital começou a garantir atendimento mais amplo à população. Basta verificar que, até o final dos anos 70, existia um único médico no município de 15 mil habitantes. Mesmo assim, transparece, no trabalho realizado pelos alunos, a ideia de que a receitinha da vovó é coisa do passado, um passado distante. Os alunos demonstraram surpresa diante dos relatos, ignorando completamente o fato de serem ainda muito comuns não apenas os remédios tradicionais que curam doenças diversas mas também picumã, fumo de rolo, pena de galinha e colher incandescente, continuam "curando" umbigos de recém-nascidos nas regiões desassistidas. Como afirma uma das entrevistadas: "O umbigo da criança era curado com pena de galinha torrada no rapé com hortelã, colocava o azeite de mamona e o pó em cima".

Mas vê-se, com clareza, que não são apenas os entrevistadores que construíram uma ideia desses hábitos "exóticos" como práticas do passado. Quase todos os entrevistados, também, se referem a eles como práticas antigas. Poucos admitem que ainda continuam sendo usados mecanismos de eficácia duvidosa na cura de moléstias de adultos e crianças. E aqui reside uma questão fundamental: o que deve ser *reconhecido* como prática popular e o que deve ser *recomendado* como alternativa aos remédios quimicamente processados? Reconhecer, valorizar e recuperar traços da cultura popular não significa aceitar acriticamente tudo o que vem do povo. Não nos resta mais dúvida de que o mal de sete dias é o tétano, provocado principalmente por higienização inadequada do bebê ou pelo uso de "medicamentos"

---

[2] Ver BRANDÃO, 2003.

comprometedores. Não há a menor dúvida, também, de que a diminuição dos índices de mortalidade infantil está diretamente ligada à mudança de hábitos, como eliminar de vez os rapés, os picumãs e banhos em água aquecida por telha em brasa.

Os alunos entrevistaram 23 pessoas com idade entre 54 e 93 anos, várias delas experientes nas artes de promover a cura a partir dos elementos à disposição. Alguns dos entrevistados não realizam essas práticas –, ou não admitem publicamente fazer uso de algumas –, mas têm a memória delas e se sentiram bastante à vontade em seus depoimentos. Quase todos se lembraram dos momentos de escassez e produziram uma forte associação entre as condições ambientais e os usos de recursos naturais na cura de suas moléstias. Nem todas essas pessoas serão citadas, mas é com base em seus delas que este texto foi elaborado.

Inicialmente, nota-se que alguns temas se constituem como tabus. Não se fala claramente em fome, miséria e mortalidade infantil. Parecem ser palavras fortes demais para os entrevistados. Fala-se em fraqueza, escassez, dificuldade. Descrevem-se atitudes. Mesmo quando se referem a alimentos alternativos de reconhecido valor nutritivo, como folhas de abóbora, pimenta, batata ou beldroega, isso aparece como expressão das necessidades provocadas pela indignidade da pobreza. Eram os últimos recursos para esfomeados e, por isso, não eram bem-vistos no prato. Uma entrevistada conta que sustentava seis filhos com o leite materno. Mas como não se alimentava direito, o seu leite não era suficiente para sustentá-los. Então colocava um pedaço de rapadura enrolado no pano e dava à criança para chupar. Usualmente, as crianças mamavam até os quatro anos de idade, conta outra entrevistada. O leite de vaca era difícil. Às vezes, encontrava um copo de leite de cabra, também muito raro. Uma terceira entrevistada relata que "as crianças de antigamente se alimentavam primeiro com as bênçãos de Deus e depois uma aguinha de doce com fubá, uma trouxinha de farinha de mandioca com rapadura, sal molhado na água quente, para o intervalo das mamadas".

São muito recorrentes as referências ao fato de que "as crianças não eram exigentes e se satisfaziam com o que tinham para comer" ou que "se alimentavam de comida mesmo". Claro, em situação de escassez, ninguém fica escolhendo suas iguarias. Consciente ou inconscientemente, a mensagem embutida na afirmação de que as crianças se "alimentavam de comida mesmo" é um alerta a todos os pais que se rendem aos encantos dos enlatados para bebês, desses que se vendem aos montes nos supermercados. Mesmo que vários depoimentos estivessem centrados na questão da indigência, é possível observar, de certa forma, ampla diversidade de hábitos alimentares: "as crianças comiam sopinha de mandioca, batata doce, salada de folha de abóbora, folha nova do quiabeiro e o que mais houvesse, pois não tinham condições de fazer muita escolha"; ou: "as crianças comiam caldinho de arroz de pilão com feijão, engrossado, leite de cabra, folha de mandioca, palmito do coqueiro, folha de batata, folha de pimenta, folha e flor de abóbora, berduega, palma, folha de quiabo, oropronobe, folha de taioba, folha de batata e umbigo de banana, gravatá"; ou, ainda: "mingau de fubá adoçado com rapadura, biscoito doce feito de raspa de mandioca, biscoito de goma caseiro, mingau de goma da raiz de macunã, mingau de banana".

Uma análise mais sistemática desse quadro precisa levar em consideração as condições de organização do trabalho na economia doméstica organizada em bases familiares, o que não é o caso desse pequeno texto. Mas é bom lembrar que, na região do Alto Jequitinhonha, essa organização é bem diferente daquela que predomina no Baixo Jequitinhonha, por exemplo. Isso se deve ao tipo de ocupação que prevaleceu em cada uma delas. Enquanto que na região que vai de Diamantina a Minas Novas, predominou a pequena propriedade familiar, na região que vai de Araçuaí a Almenara predominou, a partilha da terra em grandes fazendas de gado.

O tipo de ocupação da terra e a organização econômica predominante definem, também, o conjunto de relações sociais que se estabelecem. Quando, em meados dos anos 80, pesquisadores da área de ciências médicas diagnosticaram, nas crianças do Alto Jequitinhonha, índices de desnutrição menores que os encontrados em crianças de municípios do Baixo Jequitinhonha, os argumentos apontaram para o tipo de aproveitamento dos recursos naturais, diferentes nas duas regiões. Na primeira, as pequenas unidades de produção familiar facilitavam o cultivo de plantas e/ou extração de frutos silvestres de alto valor nutritivo, atividades que a cultura do gado impedia ou, pelo menos, dificultava na outra. Mesmo assim, são recorrentes, na memória dos entrevistados, os momentos de terrível escassez e as dificuldades de se safar dela.

Todos os entrevistados falaram dos "tempos difíceis". E essas dificuldades vieram sempre associadas a problemas climáticos que assolaram a região em determinados momentos. Em toda a região Norte de Minas, há uma terrível memória do ano terminado em 9. Ele vem sempre associado a problemas causados pela seca ou pelas enchentes. Em 1908, muito tempo antes de se relacionar esses problemas ao fenômeno El Niño, foi publicado um interessante livro no qual o autor relata as representações que a memória coletiva havia criado sobre as características de cada ano. Referindo-se a Rio Pardo de Minas, de forma dramática, ele escreveu:

> As estações nem sempre correm regulares. Esse Municipio, como quasi todos os outros de extremo norte do Estado, tem sido flagelado, periodicamente, por estiagens mais ou menos duradouras, das quaes são mais notaveis as secas e fomes, medonhamente celebres, de 1819, 1859, 1890, e 1898-99, irrogando damnos enormes à população, sobretudo aos habitantes da zona das catingas carrasquentas, a mais arida, notando-se que nos anos de crise e no que imediatamente se lhe segue, copiosamente chuvoso, a mortalidade é espantosa em seres humanos e irracionaes que quasi se nivelam na conjunctura miseravelmente tragica do flagello ardente, da penuria negra, aterrorisante, em pleno sertão bravio.[3]

É uma realidade trágica, que marca profundamente a vida de quem a viveu e a memória dos seus descendentes. A repetição de ciclos bastante regulares permitiu a criação de representações sobre um quadro natural que se alterna entre momentos de fartura, quando as chuvas são bem distribuídas, e a situação de penúria, quando a seca certa esturrica a terra. A regularidade nos acontecimentos fomenta a criação de provérbios, muitos deles sem qualquer sentido à luz de um critério mais rigoroso de apreciação. Mas as "palavras dos antigos" são algo levado muito a sério, entre elas as que se referem às catástrofes por época das passagens de ano terminado em 9.

---

[3] NEVES, 1908, p. 404.

Antonino Neves, referindo-se ao século XIX, encontrou uma curiosa regularidade para cada ano no curso de uma década. Para o século XX, entretanto, é perfeitamente possível encontrar regularidade muito semelhante no que se refere ao comportamento do quadro natural. Entre os anos que marcaram esse século com suas catástrofes, podem ser citados 1919, 1928 e 1979, com chuvas torrenciais e enchentes desastrosas. Mais recentemente, 1978 e 1998 foram anos de secas intensas, o que provocou indescritível flagelo nos campos e nas cidades. Mas se há um ano fatídico na memória de toda a população, este é certamente o de 1939. Na memória de todos, estão gravados seus efeitos devastadores. O flagelo da seca espalhou a fome por toda a região e retirantes vagavam de um lugar para outro à procura de trabalho e comida. Muito provavelmente, por ter sido um acontecimento mais recente, a consciência do pesadelo vivido tem contribuído para intensificar a sua lembrança na memória das pessoas que o viveram. Há vários registros, principalmente em livros de Tombo, que informam sobre a precariedade da situação vivida pela população naquele ano sinistro.[4]

Nesse cenário desolador, não é difícil imaginar que, além da fome, as doenças eram um fato constante, corriqueiro. Todos sabem que um organismo fragilizado pela desnutrição é ambiente favorável a moléstias. Isso exigia tratamento, e as pessoas somente podiam enfrentá-las com os parcos recursos disponíveis: produtos naturais e fé em Deus. Desdobravam-se, então, dois tipos clássicos de enfrentamento das enfermidades. Um deles era o aproveitamento de recursos oferecidos pela fauna e pela flora locais. O outro se ligava ao desenvolvimento de poderes mágicos para as curas e benzeções. Neste texto, ocupamos-nos apenas do enfrentamento das enfermidades do primeiro tipo.

Segundo depoimentos diversos, durante muito tempo, os casos mais graves eram tratados, quando possível, por médicos de poucas cidades da região, como Minas Novas e Itamarandiba. Por muito tempo também, isto é, de 1946, até o final dos anos 70, houve um único médico com atividade regular em Turmalina. Na ausência de médico, o farmacêutico fazia suas vezes, como dois deles bastante

---

[4] SOUZA, 2000.

lembrados pelos entrevistados: Agenor Santos, em Minas Novas, e Lauro Machado, em Turmalina. Na ausência de todos eles, entravam a experiência adquirida ao longo da vida, o aprendizado com os mais velhos a e manipulação de poderes mágicos nas artes da cura.

Tantos males, muitos remédios. E torna-se muito difícil discernir os remédios usados para cada doença. A mesma dor de cabeça ou uma febre intensa podem ser apenas os sintomas de doenças diferentes que exigem, portanto, tratamentos diferentes. Mas a sabença popular foi adquirindo status de conhecimento profundo dos males que afetam o corpo e a alma. E nesse contexto, alguns indivíduos foram se destacando e se tornando referências bastante seguras, seja na manipulação das beberagens seja na mediação com o sobrenatural. Alguns deles são lembrados pelos entrevistados: Mãe Gina, Mariquinha do Maim, Joana do Pedro Amâncio, Henriqueta, Horácio Viana, Bento. Um grupo, entretanto, se destacou na pesquisa: o das parteiras.

> As parteiras é que faziam os partos, pois não existia médico", lembra uma entrevistada. "Quando isso acontecia à noite, a gente ia assim mesmo. Quando a mulher começava a sentir, a gente preparava um banho com cachaça, água, alecrim, mentrasto, e rápido a mulher desocupava. E quando ainda tinha resto de parto, fazia um chá com raiz de pé de café do lado que o sol nasce e era o suficiente. E se acontecia algum problema com o recém-nascido, virava a criança de bruço e colocava um prato do lado da sua cabeça e batia com uma colher ou dava um tapa e enfiava o dedo na garganta pra retirar a secreção. Fiz mais de mil partos e só um foi complicado. Eram gêmeos e nasceram pelos pés.

Uma das expressões máximas da generosidade e da solidariedade constituídas nas relações de parentesco e vizinhança, os serviços de parto permitiram criar uma elite respeitada à medida que mais gente conseguia ajudar a vir ao mundo; nada se cobrava por esse serviço, e mínimos eram os resultados negativos, conforme os relatos. Outra entrevistada diz que "todo cálculo tem aumento", mas, em seus 40 anos de parteira, fez seguramente mais de 150 partos. Apenas três crianças morreram. "Nunca cobrei nem o valor de um alfinete. Ganhava muito 'Deus te ajude'. Eu sou rica de 'Deus te ajude'. Sou uma mulher fraca, pobre, sem a leitura, mas rica de 'Deus te ajude'."

Contando com parcos recursos, o trabalho da parteira sempre começava com um "louvado seja nosso Senhor Jesus Cristo, para sempre seja louvado", continuava com umas menzinhas de horta e terminava com banhos diversos para a parturiente e o nascituro. Quando a criança nascia, ela "media três dedos, amarrava, cortava e queimava com uma colher aquecida no fogo até ficar vermelha. Tratava o umbigo com rapé de funcho e menzinha de horta. Depois que o umbigo caía, rapé de pena de galinha." Havia, também, uma "simpatia", diz a entrevistada: "Quando o umbigo já tinha caído, dava o chá do umbigo pra criança beber." E pra mãe? "No dia que ganhava, banho de folha de goiabeira nas partes. A partir do dia seguinte, banho de folha de algodão." Por quê? Ela explica: "Folha de goiabeira pra apertar, folha de algodão pra refrescar".

Mesmo nos dias atuais, o tratamento médico pré-natal ainda não foi universalizado. Até recentemente, ele simplesmente não existia. Daí a importância das parteiras, gente do povo, leigas que assumiam trabalhos nem sempre tranquilos, como muitas relatam. Mas isso não é coisa apenas de país de terceiro mundo, como o Brasil, ou de suas regiões periféricas, como o Vale do Jequitinhonha. Em 1944, foi lançado, nos Estados Unidos, um *Manual para o Ensino de Parteiras*, que tinha o objetivo de melhorar a situação das "puérperas atendidas por parteiras que pouco ou nenhum preparo tiveram para sua profissão, urgindo lançar mão das medidas próprias para facultar a estas últimas o ensino de que hão mister" e "dar um passo importante em demanda da meta que se procura alcançar nas Américas, qual a de facultar assistência médica a todas as mães e crianças do Hemisfério Ocidental".[5] Atualmente, a ONU recomenda os partos em casa, já que muitas maternidades estão perdendo a batalha contra a infecção hospitalar.

Cabia às parteiras, portanto, praticamente todo o trabalho de assistir às mães e às crianças recém-nascidas. Nem sempre essa era uma tarefa fácil. Diz uma das entrevistadas que,

> quando as mulheres incomodavam, dava banho de erva-cidreira, santa-maria e passava azeite quente na barriga. Os partos, muitas vezes, não eram tranqüilos; as parteiras tinham

---

[5] JONES, 1944, p. III.

que pegar uma corda e pendurar no telhado, e a mulher tinha que segurar na corda e ficar balançando, fazendo força, até a criança nascer. Para cortar o umbigo, às vezes era preciso usar caco de garrafa, e para curar o umbigo, passava azeite quente com hortelã, picumã e rapé.

Geralmente as parteiras eram as pessoas mais velhas e experientes. Não há estatísticas seguras, mas se sabe, entretanto, que havia muitos casos fatais, tanto para as mães quanto para as crianças, que morriam em decorrência de atraso no parto, de enforcamento pelo cordão umbilical, posição incorreta no ventre da mãe e, principalmente, do famoso mal de sete dias. Os partos eram feitos em casa, quase sempre desprovidos de quaisquer recursos da medicina, muitas vezes em estado lastimável, na maioria das vezes assistidos apenas pela parteira. Uma delas lembra, também, que, "quando a criança estava atravessada, as parteiras viravam a mulher de cabeça pra baixo, ou quando acontecia outro problema, não tinha remédio. Mas mesmo assim, não morriam muitas crianças. Só quando nasciam fora do tempo, caso que raramente acontecia." Isso parece ser uma visão bastante generosa da realidade. O único médico de Turmalina, até final dos anos 70, gostava de se referir a um caso célebre. No dia da posse do governador Milton Campos, enquanto todos faziam festa, ele montou a cavalo e foi para Botumirim – 80 km de distância – atender a uma mulher com três dias em trabalho de parto.

Quanto às doenças que acometiam a população e para as quais sempre se tinha um remédio à mão, aquelas ligadas ao aparelho respiratório, à pele e às verminoses são as mais lembradas pelos entrevistados. Depois da fervorosa fé em Deus, dizem eles, os remédios caseiros, como garrafadas de raízes do campo, menzinhas de horta e cataplasmas[6] eram a salvação. Produtos de origem animal, também, eram utilizados, como banhas diversas e, até mesmo, esterco e chás do próprio animal. Do vasto repertório popular, os alunos catalogaram das entrevistas os seguintes medicamentos:

---

[6] Cataplasmas: "remédios empregados para curar inflamações da pele, inchaços, contusões, feridas, chagas, ulcerações, dores reumáticas (BALMÉ, 1982, p. 9). "São preparações para uso externo, de consistência mole e com postas de pós ou farinhas diluídos em água, cozimentos, infusões, vinho ou leite" (MORGAN, 1982, p. 21.).

DOENÇAS	MEDICAMENTOS
Anemia	rapadura e folhas ricas em ferro, como couve, espinafre e ora-pro-nóbis
Asma	gengibre com mel
Bronquite	banha com tártaro e azeite nas costas e no peito, semente de girassol, xarope de casca de jatobá, angico branco, folha de sabugueiro, assa-peixe branco e rapadura
Catapora	banho com esterco de gado, sabugueiro
Caxumba	chá de malva, laranja da terra esquentada com sal, lama e argila
Cólica menstrual	arruda, alfavaca, fedegoso, losna, menstrato, quina-de-vara
Coqueluche	sereno da manhã
Desidratação	soro caseiro (água, açúcar e sal)
Dor de dente	espinho de coqueiro, maroto, agulha, chá de alho com azeite e sal
Dor de barriga, diarreia, vômito, gastrenterite	ruibarbo, casca de barbatimão, folha do cajueiro, casca, raiz e folhas de goiabeira
Dor de ouvido	sumo da maçã de algodão, folha de saião, alho assado
Febre pontada (pneumonia)	quina da chapada, fedegoso, óleo verde, nódoa de bananeira com mel, purgante de quatro espécies (seno, maná, ruibarbo e magnésio)
Furúnculo, reumatismo	cataplasmas, anil (planta), pólvora, assa-peixe, barbatimão
Inflamação na garganta	chá de casca de romã
Gripe, difruço ou catarrão	chá de hortelã, poejo, erva-cidreira, marcelinha, raiz de salsa, mentraço, picão, raiz de fedegoso, raiz de cordão de Santo Antônio e xaropes
Pedra nos rins	chá de quebra-pedra
Prisão de ventre	chá de rosa branca, babosa, raiz de malva
Queimaduras	bicarbonato com água, clara de ovo batida, borra de café, capim-de-fogo
Sarampo	chá de lagartixa torrada, chá de jasmim de cachorro, café em grão, arroz vermelho com casca
Sarna	mercúrio misturado com enxofre, deixando a criança no sol de manhã até o meio-dia, banha com espirradeira e enxofre
Tosse	agrião com mel, chá de alho, cebola, carqueja, confrei
Verminoses	queijo com cachaça, erva-de-santa-maria, jelapinha com banana caturra, quina de vara, chá de fedegoso, semente de limão

Além dessas doenças e seus respectivos remédios, os entrevistados citaram também aquelas para as quais não havia possibilidade de cura: ataque (epilepsia), paralisia infantil, mal de umbigo ou mal de sete dias (tétano), gripe malina (provavelmente os entrevistados se referem à triste e famosa gripe espanhola, que vitimou milhões de pessoas em todo o mundo, nos anos 20), cabeça d'água, sarampo, hepatite, lepra (hanseníase) etc. Havia, também, um conjunto de manifestações sintomáticas para as quais somente se encontrava alívio através de curas e benzeções, isto é, "não é doença de curar com remédio". É o caso de vento (ventre) virado, espinhela caída, mau-olhado, cobreiro, impingem, carne quebrada, irisipele, isipa, sol na cabeça, mordida de cobra, picada de escorpião e aranha, entre várias outras.

Deve-se observar que há medicamentos e "medicamentos". Esses saberes populares são recuperados como traços característicos da rica cultura popular e suas formas de autoreprodução. Entretanto, deve-se observar também, que o seu ensino às novas gerações não pode estar imune a uma reflexão mais sistemática sobre determinados usos de recursos da natureza para tratamento da saúde. Se a cultura popular expressa uma riqueza que a escola não pode desprezar, esta tem que se constituir o palco do debate sobre o que deve ser objeto de ensino e o que deve ficar apenas na memória das práticas.

Conclusão

Em seu livro *Medo e ousadia*, Paulo Freire afirma que há uma "dicotomia entre ler as palavras e ler o mundo" que, segundo ele, leva a um distanciamento, a uma separação entre o que se faz na escola e o que se vive no cotidiano das práticas. Esse distanciamento impõe aos estudantes uma "cultura do silêncio", impedindo o fértil e necessário diálogo entre as experiências escolares e as experiências da vida cotidiana do mundo real em que vivemos. Em suas palavras:

> O que é que eu quero dizer com dicotomia entre ler as palavras e ler o mundo? Minha impressão é que a escola está aumentando a distância entre as palavras que lemos e o mundo em que vivemos. Nessa dicotomia, o mundo da leitura é só o mundo do processo de escolarização, um mundo fechado, isolado do mundo onde vivemos experiências

sobre as quais não lemos. Ao ler palavras, a escola se torna um lugar especial que nos ensina a ler apenas as "palavras da escola", e não as "palavras da realidade". O outro mundo, o mundo dos fatos, o mundo da vida, o mundo no qual os eventos estão muito vivos, o mundo das lutas, o mundo da discriminação e da crise econômica (todas essas coisas estão aí), não tem contato algum com os alunos na escola através das palavras que a escola exige que eles leiam. Você pode pensar nessa dicotomia como uma espécie de "cultura do silêncio" imposta aos estudantes. A leitura da escola mantém silêncio a respeito do mundo da experiência, e o mundo da experiência é silenciado sem seus textos críticos próprios.[7]

Os alunos da Escola Estadual Prof. Edite Gomes, no projeto descrito, começaram a romper essa barreira do silêncio e não apenas foram ler as práticas culturais do seu meio como também trouxeram para a escola muitos dos representantes dessas práticas. Benzedeiras, rezadeiras, parteiras, curadores e raizeiros eram e continuam sendo muito admirados e respeitados. Ainda estão para serem feitas pesquisas sistemáticas sobre essas práticas não apenas para que elas sejam melhor conhecidas, mas, principalmente, para que sejam registrados esses traços da cultura popular que existem apenas na tradição oral. Elas são práticas que expressam um modo particular de vida, às quais sempre se recorre como busca de alívio para muitos infortúnios. A fauna e a flora são os aliados das pessoas nessa busca, mesmo porque é o que está à mão da maioria. Se não encontram, mobilizam os poderes mágicos que lhes garantem alívio tanto para os problemas da vida quanto para as aflições do pós-morte.

Essa cultura popular tem sido reproduzida de geração a geração por meio da aprendizagem cotidiana permitida pelas práticas. Entende-se por cultura popular todo o repertório de conhecimentos de domínio público que caracteriza um modo particular de vida. E por educação popular, a forma através da qual esse repertório é reproduzido para as novas gerações. Deve-se destacar que sua força está exatamente em não separar conhecimento e vida, teoria e prática, pensar e fazer. Sua riqueza se manifesta numa formidável diversidade

---

[7] FREIRE, 1986, p. 164.

de formas de expressão, sendo que foram destacadas, neste texto, apenas algumas daquelas relativas à medicina popular.

Mas é preciso olhar com cuidado essas práticas. Valorizar a cultura do povo não significa ver suas práticas por um prisma romântico e acrítico. Está na hora de valorizar as práticas de cura pelas plantas e melhorar a nossa relação com a natureza. Não podemos perder de vista a necessidade de fazer da escola um espaço privilegiado de leitura do mundo, como quer Paulo Freire. Mas não há a menor dúvida de que é preciso depurar essas práticas de alguns vícios que devem ficar apenas na memória daqueles que jamais tiveram outros recursos senão experimentar sempre. E que essa experimentação cotidiana, assim como os conhecimentos que ela permite e sua reprodução, seja nos meios populares, seja nos acadêmico-científicos, está prenhe de possibilidades, mas também apresenta inúmeros limites.

REFERÊNCIAS

BALMÉ, François. *Plantas medicinais.* Colaboração e adaptação de Sílvia Branco Sarzana. São Paulo: Hemus, 1982.

BRANDÃO, Maria das Graças L. (Org.) *Plantas medicinais & fitoterapia (em Minas Gerais).* Belo Horizonte: Faculdade de Farmácia da UFMG, 2003.

COELHO, Márcio Matos. Validação de plantas medicinais e fitoterápicos. In: BRANDÃO, Maria das Graças L. (Org.) *Plantas medicinais & fitoterapia (em Minas Gerais).* Belo Horizonte: Faculdade de Farmácia da UFMG, 2003.

COMUNE, Irmã Andréa. *Recursos da natureza para a saúde: cartilha da saúde.* Araçuaí: Diocese de Araçuaí; Juiz de Fora: Esdeva Empresa Gráfica Ltda, 1984.

DI STASI, Luiz Cláudio *et al. Plantas medicinais na Amazônia.* São Paulo: Ed. da UNESP, 1989.

FREIRE, Paulo. *Medo e ousadia: o cotidiano do professor.* Rio de Janeiro: Paz e Terra, 1986.

JONES, Anita M. *Manual para o ensino de parteiras.* Washington: Imprensa do Governo dos Estados Unidos, 1944. (Traduzido para o português pela Publicação n⁰ 260 do Departamento da Criança da Secretaria de Estado do Trabalho dos Estados Unidos.)

MORGAN, René. *Enciclopédia das ervas e plantas medicinais: doenças, aplicações, descrição, propriedades.* Colaboração e adaptação de Sílvia Branco Sarzana. São Paulo: Hemus, 1982.

NEVES, Antonino da Silva. Chorographia do municipio do Rio Pardo. *Revista do Arquivo Público Mineiro,* Belo Horizonte, 1908.

SOUZA, João Valdir Alves de. *Igreja, educação e práticas culturais: a mediação religiosa no processo de produção/reprodução sociocultural na região do médio Jequitinhonha mineiro.* 2000. 360 p. Tese de Doutorado. Pontifícia Universidade Católica, São Paulo, 2000.

PARTE IV

ESCOLA

A didática na EJA:

contribuições da epistemologia de Gaston Bachelard

Ana Maria Simões Coelho
Carmem Lúcia Eiterer

Introdução

Ao iniciarmos a leitura do livro *A formação do espírito científico*, de Gaston Bachelard, não demorou para que nossa experiência na área da Educação de Jovens e Adultos (EJA) – amealhada através da orientação e acompanhamento da prática pedagógica de monitores--professores como coordenadoras do Projeto de Ensino Fundamental de Jovens e Adultos – Segundo Segmento (Proef-2) da UFMG – nos instigasse a pensar as possíveis relações entre as preocupações do filósofo professor a respeito da construção do conhecimento científico e as situações reais de ensino-aprendizagem enfrentadas na sala de aula pelos educadores de jovens e adultos.

Entretanto, a possibilidade de tal ligação não surgiu como algo identificável de maneira nítida, sem maiores questionamentos e dúvidas. Afinal, como conciliar a ideia, tão cara ao campo da EJA, de que a experiência de vida adquirida pelos adultos constitui um dos aspectos mais ricos a ser aproveitado nas aulas, com a concepção, introduzida por Bachelard, de que "toda experiência que se pretende concreta e real, natural e imediata" constitui, na verdade, um *obstáculo* à aquisição do pensamento científico?

Ao mesmo tempo em que, reconhece que "diante do real, aquilo que cremos saber com clareza ofusca o que deveríamos saber", o filósofo constata que "é impossível anular, de um só golpe, todos os conhecimentos habituais", mas nos adverte que, "diante do mistério do real, a alma não pode, por decreto, tornar-se ingênua". Como conciliar, então, nossas convicções pedagógicas no campo da EJA a respeito da importância de levar em conta os conhecimentos construídos a partir da experiência vivida que configura a cultura do educando, particularmente em se tratando de alunos jovens e adultos, que já acumularam importantes vivências, com a noção bachelardiana de que, na verdade, tais conhecimentos se compõem muito mais, senão inteiramente, do ponto de vista daquilo que interessa a um espírito verdadeiramente científico, de *erros* que é preciso *retificar*? Segundo Bachelard,

> (...) toda cultura científica deve começar (...) por uma catarse intelectual e afetiva. Resta, então, a tarefa mais difícil: colocar a cultura científica em estado de mobilização permanente, substituir o saber fechado e estático por um conhecimento aberto e dinâmico, dialetizar todas as variáveis experimentais, oferecer enfim à razão razões para evoluir. (BACHELARD, 1996, p. 24)

Apresentação da problemática

A partir da Constituição de 1988 e da LDB de 1996, a *escolarização* de jovens e adultos configura-se como campo de ensino e pesquisa. Contemplada na legislação como direito, essa escolarização passa a apontar a necessidade de investigação e construção de alternativas para as demandas do ensino relacionadas à especificidade desse público, tais como a formação de educadores de jovens e adultos, a organização de um currículo apropriado, a produção de material didático adequado e a elaboração de estratégias de ensino diferenciadas.

Pode parecer estranho que consideremos recente a problemática que estamos tratando, tendo em vista que as contribuições de Paulo Freire datam de, pelo menos, quatro décadas. De fato, o pensamento de Freire consolidou uma concepção de educação de jovens e adultos que recupera e valoriza os saberes dos educandos enquanto sujeitos sociais produtores de cultura. Além disso, ele elabora um método, materiais e estratégias para a *alfabetização* de jovens e adultos no âmbito da educação popular. Frisamos que essa valorização da cultura e noções prévias do aluno é uma herança reconhecida e já incorporada nas práticas escolares e no discurso da EJA. Entretanto, temos que observar que as contribuições de Freire voltam-se para a educação enquanto formação humana. A escolarização é apenas uma parte desse projeto. E a nova questão que se coloca é a continuidade da escolarização para esse público nos níveis fundamental e médio.

A partir da experiência no Projeto de Ensino Fundamental de Jovens e Adultos – Segundo Segmento, podemos perceber os desafios que se impõem à prática escolar e que se revelam através das dificuldades colocadas pela adaptação ou mesmo pela permanência de currículo, materiais e estratégias do ensino regular na EJA, desconsiderando as especificidades desses educandos enquanto sujeitos que construíram saberes ao longo dos anos de suas vidas como trabalhadores, pais etc.

Uma dimensão dos saberes prévios dos alunos que devemos considerar são suas representações de escola, aula, professor e aprendizagem. De fato, a relação do aluno com o conhecimento escolar na EJA constitui um aspecto importante da problemática que pretendemos analisar. No texto *Um sonho que não serve ao sonhador* (CARLOS; BARRETO, 1995), os autores revelam que os alunos de EJA trazem noções sedimentadas sobre a cultura escolar. Trata-se de noções acerca do que é uma aula e de como ela se processa, do que são conteúdos escolares e avaliação, entre outros.

Ocorre que, tendo em vista as contribuições mais ou menos recentes no âmbito da pedagogia, alguns professores já adotam estratégias de ensino que requerem maior participação do aluno através do *diálogo*, possibilitando, inclusive, que ele diga o que não reconhece que sabe. Entre as novas estratégias estão as atividades em grupo, discussões, debates, pesquisas, interação, conversas etc., as quais, muitas vezes, geram estranhamento no aluno, pois ele espera que a escola garanta seu acesso ao que ele entende que sejam conteúdos através da transmissão de informações. Ou seja, o aluno entende como legítima a aplicação do modelo que Freire chama de *educação bancária*. O aluno acredita que nada sabe e que deve aprender com o professor.

> Espera obter informações de um mundo distante do seu, marcado por nomenclaturas que ele considera próprias de quem sabe das coisas. (...), acham que o professor ensina só quando fala de coisas sobre as quais eles não tenham a menor idéia. (CARLOS; BARRETO, 1995, p. 31-32)

Configura-se, desse modo, um verdadeiro embate em que o professor tem a árdua tarefa de, ao mesmo tempo, consolidar a valorização da cultura do aluno, de seus saberes vividos, da troca de experiências e escuta do colega e evitar que o distanciamento entre as concepções do aluno e a escola real que ele encontra o afaste novamente dela.

O desafio com o qual o educador em EJA tem que lidar assume a seguinte configuração: de um lado, as concepções interacionistas de ensino-aprendizagem que ele traz e, de outro, as concepções tradicionais que o aluno traz. Além do que, é preciso considerar ainda as dificuldades em torno da construção de novos conhecimentos: de um lado, as aquisições do conhecimento científico que o educador traz e, de outro, o conhecimento construído a partir das vivências que o educando traz.

É nessa direção que consideramos possível agregar a contribuição de Gaston Bachelard. É importante notar que Bachelard escreveu num momento em que ainda imperava uma pedagogia hoje conhecida como "tradicional", significando, este termo, tudo que as correntes contemporâneas abominam: autoritarismo do professor, passividade do aluno, exaustividade e memorização do conteúdo, entre outros.

Hoje, assumindo como pressuposto que os conhecimentos que cada aluno traz devem ser valorizados, a atitude do professor também teria mudado, no sentido de que ele estaria aberto a instaurar uma relação mais democrática com o aluno, ainda que sem abdicar de seu papel de condutor do processo – com autoridade, mas sem autoritarismo –, reconhecendo a importância do aluno como sujeito de sua própria aprendizagem e enfatizando aspectos mais metodológicos no tratamento do conteúdo, que teria seu papel secundarizado. Nesse momento, estamos frente a uma situação mais sutil. O autoritarismo mais explícito na relação professor-aluno parece ter sido dirimido ou, pelo menos, relativizado, e o professor passa a ter em conta os saberes prévios dos alunos. Entretanto, na ânsia de acolher tais opiniões, o professor acaba, muitas vezes, permanecendo na tentativa de aproximação do universo cultural do aluno, sem possibilitar a soma de outros conhecimentos.

Assim, paradoxalmente, se temos hoje melhores condições de implementar uma pedagogia mais efetiva – no sentido em que Bachelard considera necessária – para a formação do espírito científico, esse foco no aluno vem acompanhado de uma tendência a supervalorizar os conhecimentos que ele já traz, de modo que, na verdade, poucos professores conseguem, a partir desse conhecimento, avançar no sentido de propor diálogos com outras práticas culturais. O que tem ocorrido é que o senso comum, as prenoções sobre certos conteúdos que o aluno já traz têm sido o ponto de partida e o ponto de chegada. Muitas vezes, nem sequer se problematiza esse conhecimento prévio, pois, ao corroborá-lo por respeito à cultura e vivência do aluno, esse saber não é submetido a maiores questionamentos. Ficamos assim muito aquém de provocar qualquer coisa que se aproxime da *catarse* que Bachelard considera necessária para que o aluno atinja outros patamares e outras possibilidades discursivas.

Após esta sucinta apresentação do problema que queremos abordar, passaremos a uma breve síntese das ideias bachelardianas apresentadas em *A formação do espírito científico*. Iremos nos deter sobre algumas noções centrais, como a de resistência e obstáculo epistemológico, para, em seguida, com o apoio das reflexões no campo da mudança conceitual no ensino de ciências, tentar indicar uma saída possível ao impasse.

A epistemologia bachelardiana

Bachelard, na obra sobre a qual nos detivemos (1996), constrói uma epistemologia histórica mostrando o quanto a ciência aplicada dos séculos XVII e XVIII distancia-se da ciência dos séculos XIX e XX. O autor traz inúmeros exemplos ilustrando o que denomina *natureza pré-científica, discursiva, substancialista e realista* da ciência anterior à contemporânea.

Os exemplos do desenvolvimento da ciência no século XVIII lembram muito pouco o caráter de objetividade defendido na modernidade e em nada se assemelham aos modelos teóricos que caracterizarão o fazer científico na atualidade. Para Bachelard, tais modelos, fundados no binômio sujeito/objeto, precisavam ser ultrapassados. Ele argumenta que é na relação do sujeito com o objeto que ambos irão se constituir e assegura que esses "pólos" foram erroneamente considerados como preexistentes nas correntes anteriores. Em seu texto *Uma inserção no universo bachelardiano*, Rita Paiva nos auxilia a compreender Bachelard quando afirma:

> Visto que a atividade científica é permeada por um caráter racional que se revela na construção de seu objeto, esse não se configura como um dado da natureza, mas como fenômeno que deve ser elaborado. (...) Dito de outra forma, a existência do objeto está atrelada à existência do sujeito do conhecimento e, visto que o primeiro é uma construção, sua natureza corresponde à condição de um resultado, de uma criação, de um artefato intelectual. (PAIVA, 1997, p. 27)

Em resposta ao quadro de mudanças epistemológicas que o começo do século XX lhe apresentava, nosso autor elabora uma *nova filosofia da ciência*, por ele denominada *"Filosofia do não"*. O que importa para Bachelard é demonstrar a complementaridade pensamento e experiência, que operam a *dialética*[1] da construção do conhecimento. Logo, a ciência enquanto atividade coletiva é também construto social e não produto da ação individual, nem de um espírito absoluto. Segundo o comentador Canguilhem,

> aquilo que Bachelard chama de dialética é o movimento indutivo que reorganiza o saber ampliando suas bases, onde a negação dos conceitos e dos axiomas não é senão um aspecto de sua generalização. A essa retificação dos conceitos Bachelard chama de envolvimento ou de inclusão bem como ultrapassamento. (...) (PAIVA, 1997, p. 22)

No texto *A formação do espírito científico*, datado de 1938, o filósofo distingue algumas novas contribuições para a constituição

---

[1] O termo dialética é utilizado por Bachelard.

do saber. Com o auxílio da psicanálise, constrói a ideia central de sua obra: a noção de *obstáculo epistemológico* em ciência. Essa noção contraria a leitura positiva, acumulativa e progressiva da ciência e traz consequências metodológicas para a sala de aula. Bachelard discorda do caráter progressivo que, por exemplo, o positivismo comteano atribuía à ciência. Seu pensamento constrói uma concepção oposta, sugerindo a descontinuidade em substituição à ideia de progresso linear em ciência.

Atualmente, a partir da leitura de Kuhn (1991), a noção de descontinuidade na construção da ciência já não nos parece estranha. Entretanto, na sala de aula, muitas vezes, ainda pretendemos fazer derivar o conhecimento científico, progressivamente, do saber do aluno, sem choques ou rupturas, impedindo o reconhecimento de que saberes podem vir a atuar como possíveis obstáculos epistemológicos.

Na busca da superação de uma mentalidade que chama de pré-científica, preconceituosa e supersticiosa, Bachelard identifica e examina, em *A formação do espírito científico,* os diferentes tipos de obstáculos epistemológicos, de acordo com sua natureza e seus preconceitos característicos. Esses obstáculos são:

1º. Prender-se à observação primeira, fixada em imagens; caracteriza-se pelo pitoresco, pela concretude.

2º. Prender-se a generalidades; ocorre quando o pensamento passa muito rapidamente do empírico para uma sistematização, sem compreender verdadeiramente as etapas do processo de abstração.

3º. Prender-se à crença na unidade da natureza, considerando que nela reina a harmonia.

4º. Prender-se à crença na utilidade prática de todos os fenômenos naturais.

5º. Prender-se a termos e metáforas que substituem os fenômenos a serem explicados mas que, de fato, nada acrescentam de conhecimento verdadeiro.

6º. Prender-se a um pensamento animista nas ciências, atribuindo qualidades semelhantes a seres heteróclitos.

Diz ainda Bachelard, em *A filosofia do não,* que, para o cientista, o conhecimento sai da ignorância como a luz sai das trevas. Afirma que o cientista não vê que as trevas espirituais têm uma estrutura e que, nessas condições, toda experiência objetiva e correta deve implicar sempre *a correção de um erro subjetivo*. Já em *A formação do espírito científico*, Bachelard demonstra como os modelos científicos são substituídos no decorrer dos séculos, ao mesmo tempo em que deixa claro como a comunidade científica, nesse processo, persistiu longamente em conhecimentos pré-científicos, inflacionados por imagens e qualidades. Assevera, desse modo, que não houve linearidade e progressão, mas uma inadequada persistência em modelos ultrapassados. Assim, ainda que tivessem atendido plenamente às exigências epistemológicas do passado, tais modelos poderiam não ser suficientes para as novas realidades científicas do século XX. *O saber verdadeiramente científico* ocorre, conforme o autor, quando se opera a *substituição de imagens e analogias por conceitos*. A substituição do que Bachelard considera uma falsa experimentação por conhecimento verdadeiro, isto é, científico, não seria um processo tranquilo ou fácil e não poderia dar-se sem resistência. A ciência verdadeira encontra obstáculos no espírito, sendo um deles o fato de ser considerada como sinônimo de verdade.

> É impossível, de um só lance, fazer tábua rasa dos conhecimentos usuais. Face ao real, o que se acredita saber ofusca claramente o que se deveria saber. Quando se apresenta à cultura científica o espírito nunca é jovem. É mesmo muito velho, porque tem a idade dos seus preconceitos (Bachelard, 1996, p. 14)

É na psicanálise que o autor vai buscar esteio para a investigação sobre essa reação do espírito frente à novidade no campo científico, apoiando-se na noção psicanalítica de resistência. Para ele, certezas adquiridas instalam-se como dogmas e funcionam como um *obstáculo epistemológico*, impedindo que se alcance a verdade pela superação do erro.

Como podemos entender a transposição do conceito psicanalítico de resistência para a obra de Bachelard? Consideremos que quando o aluno é apresentado à ciência, ele traz consigo uma série de opiniões, já consolidada sobre si mesmo e sobre o mundo, que constituem a sua forma de ser e operar nesse mundo. Para esse autor, o aprendizado requer do sujeito a capacidade de substituir suas noções sobre o mundo por conceitos científicos. O filósofo aponta, assim, para a árdua tarefa que se apresenta não só ao cientista mas também ao educador:

> Os professores de ciência imaginam que o espírito começa como uma aula, que é sempre possível reconstruir uma cultura falha pela repetição da lição, que se pode fazer entender uma demonstração repetindo-a ponto por ponto. Não levam em conta que o adolescente entra na aula de física com conhecimentos empíricos já constituídos: não se trata, portanto, de adquirir uma cultura experimental, mas sim de mudar de cultura experimental, de derrubar obstáculos já sedimentados pela vida cotidiana. (BACHELARD, 1996, p. 23)

Toda cultura científica deveria então começar por uma *catarse* intelectual e afetiva, a fim de colocar os conhecimentos dos alunos em estado de mobilização permanente para a mudança. Isso significa fornecer à razão razões para evoluir. Ou seja, trata-se de um trabalho de argumentação e convencimento, no sentido de levar o aluno a aceitar, mediante reflexão, a nova concepção. Essa seria uma importante contribuição do autor para o campo educacional, uma vez que o professor passaria a ter em mente que é grande o esforço necessário para substituir uma concepção estática por uma dinâmica.

O autor chama a atenção para o fato de que o ensino de resultados em ciência não chega a ser ensino de ciências. É necessário apresentar ao aluno argumentos para que ele mude de paradigma, para que adote a concepção que lhe é apresentada. Bachelard sugere que se dê a cada aluno a oportunidade de apresentar seus argumentos e questionar os colegas. Segundo Bachelard, o aluno, a quem se ensina, também deve ensinar, pois o ensino que se recebe difere daquele que se ministra: "Quem recebe instrução e não a transmite terá um espírito formado sem dinamismo e autocrítica" (BACHELARD, 1996, p. 300). Assim, o filósofo professor defende que se estenda ao aluno a prática do ensino ativo, isto é, aquele em que o aluno deve argumentar.

O autor pontua que o ensino que apresenta conhecimentos efêmeros e desordenados, marcados pelo signo da autoridade, cristaliza o dogmatismo e impede o impulso para a descoberta.

Em síntese, podemos retomar um dos aspectos que consideramos mais centrais no que tange à contribuição da obra de Bachelard para a discussão que queremos fazer, que é a sua conclusão de que o sujeito se constrói – e, nesse sentido, como afirmam Barbosa e Bulcão, o sujeito se forma – pela desconstrução de seus erros, de suas crenças e ilusões, ou seja, pela desconstrução do próprio sujeito (BARBOSA; BULCÃO, 2004). Para as autoras a educação em Bachelard é, antes, um projeto de formação. E formação, para Bachelard, é, conforme as mesmas autoras, uma noção mais importante e que dista da tradicional noção de educação, pois esta foi, por muito tempo, sinônimo de repetição, de memorização, de verdades assumidas como absolutas e, portanto, imutáveis. "Para Bachelard, conhecer é se aventurar no reino do novo e do abrupto, é estabelecer novas verdades através da negação do saber anterior e da retificação de conceitos e idéias que anteriormente nos pareciam sólidas" (BARBOSA; BULCÃO, 2004, p. 51).

Conforme Barbosa e Bulcão, para Bachelard educamo-nos por um processo ativo, árduo e consciente de afastar de nós os erros.

> (...) o conhecimento não parte de uma certeza primeira (...) mas, ao contrário, tem seu ponto de partida numa polêmica, ou seja, começa sempre por um diálogo, pela troca de argumentos e pela negação e retificação do saber anterior, para em seguida alcançar novas verdades (BARBOSA; BULCÃO, 2004, p. 53).

No processo de formação do sujeito, a retificação constante de si mesmo só é possível através de um trabalho penoso de renúncia, de afastamento das impressões primeiras, pois não há conhecimento passivo.

Tudo isso considerado, do ponto de vista do ensino – da relação professor-aluno-conhecimento –, impõe-se uma questão: como fazer? Encontramos pesquisas na área de ensino de ciências, no âmbito da mudança conceitual, que parecem apoiar-se na filosofia de Gaston Bachelard, especialmente em sua epistemologia. A pesquisadora portuguesa Maria Eduarda Vaz M. dos Santos é autora de uma delas. Em seu trabalho *Mudança conceitual na sala de aula: um desafio pedagógico epistemologicamente fundamentado,* a autora discute a temática da aprendizagem no âmbito do ensino de ciências, mas traz contribuições para todo o trabalho de ensino e aprendizagem e especialmente, acreditamos, para a reflexão no campo da EJA.

Outro aspecto fundamental, destacado por Santos (1988), é a abordagem da noção de erro. Como assinalado pela autora, o filósofo distingue dois tipos de erro: aquele que é fruto de mera distração do espírito, isto é, afirmações sem qualquer esforço de pensamento, e o erro útil, normal, positivo.

> Para nosso autor, o erro não é apenas a conseqüência inevitável de um limite humano, mas a própria forma de constituição e de progresso do saber científico. Assim, não considera o erro um acidente de percurso. Pelo contrário, reconhece sua necessidade (SANTOS, 1998, p. 132).

No pensamento positivista anterior, o lugar epistemológico do erro era o de acidente de percurso, que desapareceria por si só na medida em que o sujeito aprendesse. Os erros em Bachelard, de acordo com Santos (1998),

> têm, pelo contrário, um papel construtivo no ato de conhecer (...). Assim, os erros podem ser corrigidos mas não podem ser evitados, o que implica a destruição do mito do progresso do conhecimento por justaposição linear. A ciência já não é vista como algo que se desenrola regularmente, sem impurezas, sem lacunas e sem descontinuidades (SANTOS, 1998, p. 130).

A respeito do campo de ensino, o autor declara: "Sempre me admirei com o fato dos professores de ciências, mais ainda do que os outros, se isso é possível, não compreenderem que não se compreenda. Poucos são os que aprofundaram a psicologia do erro" (BACHELARD, 1996, p. 18). Logo, o filósofo não se limita apenas a reconhecer a importância do erro, mas vai situá-lo num nível estrutural no processo de construção do saber:

> Esta tese bachelardiana implica a recusa da idéia simplista de haver apenas um conhecimento legítimo de que é necessário apropriar-nos e eventualmente desenvolver, sendo tudo o resto falta de conhecimento, de precisão, de interesse; uma espécie de saber informe e sem estrutura. Para ele a ignorância não é falta de conteúdo, mas "um tecido de erros positivos". (SANTOS, 1998, p. 133)

Vamos, então, nos deter sobre o significado dessa observação de Santos. Esse *tecido* de que Bachelard fala constitui, na verdade, os saberes, os valores e as opiniões que o sujeito detém e traz consigo quando vem para a escola, isto é, a cultura do próprio sujeito.

Autores como Hall (2004), Moreira (2002, 2003), Fleuri (2003), entre outros pertencentes ao campo dos Estudos Culturais, têm advogado a favor do respeito à diversidade cultural na escola. De fato, as teorias desenvolvidas nesse âmbito enfatizam o direito à diferença, o que significa dizer o direito ao respeito como indivíduo, no sentido identitário, como homem, mulher, negro, jovem, idoso, índio, como excluído, sem-terra, desempregado. Entenda-se defender o direito como ser humano, portador de cultura, de determinados saberes e modos de vida. Como pessoa que pertence a um determinado coletivo social e, desse modo, detentora de uma forma de ser e pensar o mundo que é socialmente constituída e partilhada através da linguagem.

Assim, esse campo de estudos traz à tona o tema do reconhecimento, pela escola, e discute a defesa, na escola e na sociedade como um todo, da diversidade cultural daqueles indivíduos pertencentes às camadas populares, anteriormente não reconhecidas como detentoras de saberes legítimos. Aponta à escola o quanto ela tem condenado ao abandono e ao fracasso os sujeitos pertencentes a essas camadas populares, por não levar em conta essa diversidade de valores, noções, experiências e formação que eles trazem.

Entendemos então que o problema se coloca em dois níveis. Em primeiro lugar, é preciso nos darmos conta do quanto o modelo que aí está guarda ainda aspectos excludentes. E, em segundo, descobrir caminhos para alcançar uma escola para todos e que seja capaz de acolher a multiplicidade. Como lidar com as diferentes visões de mundo, por exemplo, criacionistas, animistas etc., que os sujeitos trazem e, ao mesmo tempo, inseri-los no universo discursivo das ciências sem que isso signifique desqualificar seus saberes?

Conclusões possíveis

Tratando das estratégias metodológicas para a mudança conceitual no ensino de ciências, Santos (1998) faz ver que o professor pode lançar mão de dois modelos distintos: o modelo de captura conceitual, que se apoia nos conhecimentos trazidos pelo aluno para fazê-lo avançar linearmente, por progressão, a partir deles, e o modelo de troca conceitual, que implica a refutação das concepções prévias e, a partir de uma recusa total, alcançar sua substituição por outras mais atualizadas, do ponto de vista do discurso científico.

Chamando a atenção para a natureza do discurso científico, Eduardo Fleury Mortimer (1994) destaca que, no ensino de ciências, deveria proceder como no ensino de uma outra língua, ou seja, como no ensino de um discurso que tem estruturas internas próprias. Isso significa, portanto, que não se trata apenas de substituir a linguagem cotidiana, ou abandonar o senso comum, como se pretendeu no passado, mas, sim, de trazer à luz as várias formas de interpretação como culturas distintas, que têm seu espaço, validade e lugar. Para ele, cada discurso tem função própria, e, em vez de substituir um pelo outro, é desejável que o aluno possa conhecer e usar adequadamente uma pluralidade de discursos distintos. Nesse sentido, preconiza que não deve haver substituição, mas concomitância.

Assim, temos a contribuição de Bachelard (1996) alertando para os significados que o *erro* deveria ter em sala de aula e o papel que o conhecimento prévio do aluno desempenha como *obstáculo* conceitual. Ou seja, esse autor chama a atenção do professor para o fato de que o conhecimento não pode ser simplesmente transmitido ao aluno, pois, para que realmente ocorra aprendizagem e mudança de concepções, o aluno precisa ser convencido racionalmente – pelo exercício consciente da reflexão – da necessidade de agregar novas concepções às suas. Em Santos (1998), encontramos os modelos de mudança conceitual por troca e por captura, ambos propondo formas de substituir o conhecimento prévio do aluno e sugeridos no sentido de auxiliar o professor na construção de experiências de aprendizagem que proporcionem a expansão do repertório conceitual do aluno e a mudança conceitual.

A contribuição de Mortimer (1994), por outro lado, parece-nos uma via conciliatória. Para esse autor, a *substituição* de concepções do senso comum dos alunos por concepções científicas não é obrigatória, pois se trata de concepções diferentes que desempenham, segundo ele, funções específicas na vida do aluno, de modo que deveriam conviver paralelamente. Contudo, assim como Bachelard, Mortimer atenta para a importante função, na construção do conhecimento, do discurso da sala de aula. De fato, para ele, não é através do contato com os fenômenos em si mesmos, mas muito mais do contato com o discurso da sala de aula, que os alunos constroem o conhecimento escolar:

> (...) nosso pressuposto era de que, uma vez colocado o fenômeno, ele iria gerar idéias nos alunos, que construiriam, a partir daí, um corpo de novos conceitos. Notamos que os fenômenos contribuíram realmente para o aparecimento de idéias novas, mas a construção de idéias científicas não foi fruto dessa relação do aluno com o fenômeno, mas da sua relação com o discurso da sala de aula. (MORTIMER, 1994, p. 59)

Acreditamos, a partir das considerações anteriores, que mais importante do que procurar superar obstáculos e erros é entender, assim como Bachelard, que o outro não se constitui em tábula rasa. Por outro lado, para além desse autor, devemos ainda ter em mente que a cultura é um conjunto de modos de significação em que as identidades se forjam, intermediadas pela linguagem. Assim, o que o outro é revela-se, através do diálogo, como um conjunto de significados que dão sentido às ações humanas. Por isso, acreditamos que é a partir dessa compreensão que a escola e o professor dão sentido à sua ação educativa.

Desse modo, queremos caminhar para a conclusão destas reflexões reforçando o valor do exercício da argumentação e das negociações realizadas na sala de aula. Ou seja, como afirmou Bachelard, o valor da possibilidade de um aprendizado ativo (BACHELARD, 1996, p. 300), pois, como chamam a atenção Carlos e Barreto,

> o conhecimento se produz no estabelecimento de relações entre as informações obtidas. E como as relações não podem ser transmitidas (pois neste caso seriam apenas novas informações), precisam ser produzidas por quem quer conhecer através da reflexão, um trabalho pessoal e intransferível. (CARLOS; BARRETO, 1995, p. 34)

Exercitar o diálogo na sala de aula significa, assim, trabalhar na construção da aprendizagem de uma maneira de expressar-se típica da escola. Essa construção requer que o professor esteja atento às práticas discursivas na sala de aula, ou seja, não só ao *que* o aluno lê e escreve mas também a *se* ele fala, *como* e *quando* fala, o que diz e se escuta os seus colegas. A oralidade escolar tem uma estruturação interna própria que inclui o uso de ferramentas lógicas, mas não apenas elas, pois o encontro com o pensamento do outro precisa basear-se primeiramente no desejo de compreender.

Na construção do conhecimento científico, no caso da EJA, tendo em vista que as representações dos alunos tendem a ser mais arraigadas, parece-nos que o diálogo assume uma importância ainda mais considerável.

Como bem observaram Carlos e Barreto (1995), o objetivo do professor não é chocar o aluno, mas desencadear um processo de descobertas. Desse modo, aceitar que as concepções de todos e as científicas possam conviver na vida cotidiana das pessoas é importante e reforça a visão de que o conhecimento prévio e as vivências dos alunos jovens e adultos devem ser respeitados e de que só se aprende algo novo a partir de algo já conhecido, embora seja necessário repensá-lo, no sentido de tornar-se consciente do seu significado.

Propomos, por esta via, o redimensionamento do conceito *obstáculo epistemológico*, destacando que, ainda que de direito a cultura do outro não se constitua em tal, ela de fato pode atuar como obstáculo à compreensão mútua. O que queremos dizer é que no plano antropológico todo conhecimento se equivale, mas no plano pedagógico o que pensamos pode atuar como impedimento para que entendamos o que o outro pensa.

Dessa forma, a atuação do professor precisa centrar-se na percepção da relação do aluno com os discursos que lhe são apresentados na escola, de tal modo que ambos possam dar-se conta dos múltiplos significados que atuam no processo de ensino-aprendizagem como partes integrantes desse processo, indicativas dos diferentes saberes que constituem a pluralidade que é a cultura humana.

REFERÊNCIAS

BACHELARD, Gaston. *A filosofia do não: filosofia do novo espírito científico*. São Paulo: Abril Cultural, 1984 (Pensadores).

BACHELARD, Gaston. *A formação do espírito científico: contribuição para uma psicanálise do conhecimento*. Rio de Janeiro: Contraponto, 1996.

BARBOSA, Elyana; BULCÃO, Marly. *Bachelard: pedagogia da razão, pedagogia da imaginação*. Petrópolis: Vozes, 2004.

BULCÃO, Marly. *O racionalismo da ciência contemporânea. Uma análise da epistemologia de Gaston Bachelard*. Londrina: EdUEL, 1999.

CARLOS, José; BARRETO, Vera. Um sonho que não serve ao sonhador. *Revista da Rede de Apoio à Ação Alfabetizadora do Brasil*, São Paulo, v. 1, n. 2, p. 31-37, ano 2, maio 1995.

FLEURI, R. M. (Org.) *Educação intercultural: mediações necessárias*. Rio de Janeiro: DP&A, 2003.

FONSECA, M. C. F. R. *et al.* A elaboração da proposta curricular como processo de formação docente. *Revista da Rede de Apoio à Ação Alfabetizadora do Brasil*, São Paulo, n. 11, abr. 2001.

HALL, S. Quem precisa de identidade? In: SILVA T. T. (Org.) *Identidade e diferença: a perspectiva dos estudos culturais*. Petrópolis: Vozes, 2000.

KUHN, Thomas. *A estrutura das revoluções científicas*. São Paulo: Perspectiva, 1991.

MOREIRA, A. F. B. A escola podia avançar no sentdio de melhorar a dor de tanta gente. In: COSTA, M. V. A escola tem futuro? Rio de Janeiro: DP&A, 2003 (Entrevista).

MORTIMER, Carlos Eduardo Fleury. Conjeturas e debate: Onde se constrói o conhecimento científico? In: ALMEIDA, Maria Inês. (Org.) *Periferias: exercícios na fronteira do ensino*. Belo Horizonte: UFMG/CAPE – PBH, 1994.

PAIVA, Rita. *Uma inserção no universo bachelardiano: o alargamento da imaginação e a obsolescência do objetivismo na ciência contemporânea e na sociologia*. Dissertação de mestrado - FFLCH, Universidade de São Paulo, 1997.

PERRENOUD, Philippe. *Dez novas competências para ensinar: convite à viagem*. Porto Alegre: Artmed, 2000.

SANTOS, Maria Eduarda Vaz Moniz dos. *Mudança conceitual na sala de aula: um desafio epistemológico fundamentado*. Lisboa: Livros Horizonte, 1998.

O processo de escolarização dos Xacriabá:

história local e os rumos da proposta de educação escolar diferenciada

Ana Maria Rabelo Gomes[1]

Neste artigo, pretendo colocar em confronto duas diferentes possibilidades de análise do processo de escolarização dos Xacriabá: uma que toma como referência os trabalhos de etnografia do cotidiano escolar, em particular na antropologia da educação americana, e, dentro dessa, explorar as análises sobre as descontinuidades culturais e sobre a constituição de práticas pedagógicas culturalmente orientadas.

A outra possibilidade toma a história da educação como referência, em particular os estudos sobre os processos de escolarização, nos quais se indaga sobre a natureza da atual crise da escola, apontando para um eventual esgotamento de um modelo hegemônico, ou seja, o modo escolar de socialização.

Procura-se demonstrar como, a partir de duas diferentes óticas de análise, emergem diferentes direções do processo de escolarização

---

[1] Este artigo é uma versão revisada da comunicação apresentada na V Reunião de Antropologia do Mercosul, GT Antropologia e Educação, Florianópolis, dez. 2003. anagomes@fae.ufmg.br

dos Xacriabá. Ao mesmo tempo, o confronto das duas abordagens traz à tona, de forma mais evidente, a insuficiência de ambas em tentar dar conta do complexo processo que se instaura com a instituição das escolas indígenas – enquanto escolas públicas diferenciadas –, processo que envolve todas as dimensões da vida das comunidades: a dimensão educativa propriamente dita, a cultural, a social, a econômica e a política.[2]

A luta pela escola e a expansão da escolarização

Em um percurso comum a muitos grupos indígenas no Brasil, a luta pela terra entre os Xacriabá durou vários anos, com a demarcação inicial realizada em 1979 e com a homologação do território somente em 1987. Como em muitos casos, trata-se de uma história marcada por episódios de violência, pressão social e até mesmo assassinatos de lideranças locais. Em 1987, o assassinato do líder Rosalino Gomes, pai de um dos atuais diretores das escolas, ganhou as páginas dos jornais de circulação nacional e foi um dos fatores que levaram à conclusão definitiva do processo de reconhecimento do território indígena dos Xacriabá.[3] Esse percurso histórico, duramente vivido e construído coletivamente, tornou-se um patrimônio de referências comuns que fazem parte da identidade do povo Xacriabá (SANTOS, 1997). Apesar da existência das escolas na região, nos relatos sobre a luta pela terra, a educação escolar não aparece como tema relevante ou relacionado com as dinâmicas de posse do território (LEITE, 2002).

---

[2] As análises aqui apresentadas resultam das investigações que vêm sendo realizadas pelo grupo de pesquisa "Sujeitos Socioculturais na Educação Indígena em Minas Gerais", dentro da linha "Cultura, cultura escolar e apropriação da escrita", coordenadas pela autora junto com os professores. Carlos Henrique Sousa Gerken (UFSJ) e Myriam Martins Alvares (PUC-MG); bolsistas de iniciação científica (CNPq): Maria G. Castro (UFMG), Wilder B. Oliveira (UFSJ), Carlos E. Pereira (UFSJ); bolsita de graduação: Karina M. Menezes (UFMG); bolsistade mestrado (CNPq): Verônica Mendes (UFMG). A pesquisa contou com financiamento da Fapemig.

[3] O território Xacriabá se situa no Norte de Minas Gerais, no município de São João das Missões, com uma extensão de pouco mais de 50 mil hectares e uma população de cerca de 6 mil pessoas. Os Xacriabá usam um registro dialetal do português, sobre o qual ainda não existem estudos linguísticos.

Podemos afirmar, no entanto, que a luta pela escola, uma luta que até os anos 90 não alcançou visibilidade pública, tem início mesmo antes da demarcação inicial do território. A documentação recolhida, embora ainda insuficiente para produzir uma análise mais detalhada do processo histórico de entrada da escola na região onde hoje se situam as aldeias Xacriabá, nos permitiu verificar, nos anos 70, a existência de escolas em, pelo menos, 13 localidades que atualmente fazem parte da área indígena (GOMES, 2003). Em 1995, o diagnóstico realizado pela SEE/MG constatou a existência de 12 escolas que atendiam pouco mais de 500 alunos, com 17 professores que atuavam na área indígena, dos quais somente quatro eram Xacriabá. A partir do início das atividades do Programa de Implantação das Escolas Indígenas de Minas Gerais (PIEI-MG), naquele mesmo ano, contabiliza-se, em 2003, a existência de escolas em 29 aldeias, mais de 2 mil alunos, 104 professores indígenas Xacriabá atuando nas escolas estaduais indígenas, com atendimento de primeira a oitava séries em diversas localidades da área.

A expressão "luta pela escola" foi usada de forma intencional para compor um quadro descritivo da intensidade e da velocidade do processo de escolarização que está ocorrendo e do qual o registro numérico é apenas a expressão mais imediata e de fácil visualização. A persistência e a determinação com que esse povo tem buscado garantir a oferta escolar contrastam com o caráter tranquilo e aparentemente lento, característico dos Xacriabá. Sem dúvida, esse quadro só se torna possível dentro de um panorama nacional, no qual garantias legais para as populações indígenas vêm sendo progressivamente conquistadas, em modo particular depois da promulgação da Constituição de 1988. A própria criação do PIEI-MG deve ser inserida nesse contexto mais amplo, sublinhando o caráter institucional que caracterizou o processo de escolarização e de formação de professores indígenas no caso de Minas Gerais.[4]

---

[4] O PIEI-MG foi criado pelo Estado em 1995, em parceria entre a SEE/MG, a Funai, o IEF (Instituto Estadual de Florestas), a UFMG e os povos indígenas. Sua Coordenação Geral tem uma composição paritária entre índios e não índios, que prevê a participação dos parceiros institucionais, lideranças dos povos indígenas envolvidos e representantes dos professores.

Para compreender, no entanto, as variáveis envolvidas e as forças internas à comunidade[5] que imprimiam tal aceleração a esse processo, foi necessário reconstruir o percurso histórico de entrada da escola nas comunidades. Em outras palavras, foi necessário reconstruir a história local da escolarização e buscar apreender os movimentos, tensões e as orientações que esse processo histórico sugeria.

Por outro lado, um olhar "de perto", um conhecimento mais próximo do cotidiano das classes escolares Xacriabá revelava a existência de aspectos aparentemente contrastantes: turmas disciplinadas e a presença bastante recorrente de rituais de cópia de exercícios revelavam uma escola que funcionava segundo um modelo escolar padrão, com procedimentos por parte de alunos e professores que referendavam esse modelo; ao mesmo tempo, turmas silenciosas, onde não se ouvia nem a voz do professor, assim como a presença informal e não controlada de pessoas da comunidade no ambiente escolar demonstravam a originalidade das escolas Xacriabá.

Para buscar compreender esses aspectos aparentemente contraditórios, iremos nos deter em cada uma das duas abordagens referidas anteriormente e verificar que contribuições podem trazer para uma leitura do processo de escolarização dos Xacriabá.

A cultura Xacriabá e o cotidiano da escola: diferenças e descontinuidades culturais

A partir dos anos 70, fazem-se mais presentes as críticas de antropólogos e linguistas ao modelo da privação cultural. A crítica de inspiração antropológica à própria ideia de déficit cultural leva ao desenvolvimento de elaborações teóricas que tematizam as *diferenças culturais*. Dentro do campo de estudos sobre o rendimento escolar dos grupos minoritários instaura-se um debate em torno da própria noção de diferença cultural e das suas implicações para o sucesso/insucesso

---

[5] A expressão "forças da comunidade" é tomada de Ogbu (1999): "As forças da comunidade consistem nos quadros de referência, nos modelos culturais da escolarização e nas estratégias educativas com as quais as crianças foram aculturadas nas suas comunidades, como consequência do modo com que os grupos minoritários reagem ao tratamento injusto que recebem, ao sentido que dão à própria história e às suas expectativas quanto ao futuro", (1999, p. 16; trad. minha).

das minorias (JACOB; JORDAN, 1987). Para efeito de síntese, podemos levar em consideração o campo das descontinuidades culturais em educação, identificando quatro orientações teóricas: a abordagem baseada nas continuidades/descontinuidades culturais, a abordagem das descontinuidades secundárias, a teoria da reprodução cultural e a abordagem cultural/cognitiva (EMIHOVICH, 1996).

Esse campo de pesquisa, considerado de forma ampla, e que é somente em parte conhecido e explorado no Brasil, pode ser um interessante quadro de referência para se dialogar com o debate atual em torno da proposta de escola indígena diferenciada e dos inúmeros desdobramentos que a sua implementação tem criado junto a diferentes grupos indígenas e, o que nos interessa aqui, para o tipo de contexto escolar que está se instituindo nas aldeias Xacriabá.[6]

Podemos explorar a noção mesma de descontinuidade cultural, ou seja, a ideia de que as crianças pertencentes a grupos "culturalmente distintos" trazem para a escola diferentes estilos de interação, estilos linguísticos e cognitivos que não se apresentam em consonância com o modo como, na escola, estão previstas as interações e as formas de comunicação. Os trabalhos pioneiros de Heath (1983) e Philips (1983) são exemplos do tipo de descrição e análise que se tornam possíveis de se realizar sobre, por exemplo, as diferentes formas de se estruturar as narrativas e entrar no jogo de perguntas e respostas; ou, ainda, as diferentes formas de se organizar a participação nas atividades em sala de aula segundo regras de conduta que as crianças trazem da experiência na própria comunidade e que podem – justamente – entrar em contraste com as regras previstas no modelo escolar padrão. Em outras palavras, a partir dos resultados das pesquisas nesse campo, torna-se possível dar expressão, em termos de descrição e análise, a uma infinidade de modos de se realizar as atividades escolares.

Uma das referências nesse campo, a pesquisa de Susan Philips (1983), *Invisible culture,* abordou as diferentes estruturas de participação nas interações sociais, cujos modelos diferiam entre o modelo que regulava as interações entre professores e alunos na escola e o

---

[6] Para uma recente revisão que toca as teorizações pouco exploradas no Brasil, ver POVEDA (2001).

modelo que regulava as interações na reserva indígena de Warm Springs. Philips observou, na vida cotidiana da aldeia indígena, a ausência de estruturas de participação nas quais alguém controlava diretamente as ações de um grupo de pessoas em interação. Tal controle, ao contrário, é muito presente no contexto escolar e quase sempre centralizado na figura do professor. Nesse sentido, a participação nas interações obedecia a regras diferentes nesses dois contextos, o que provocava desentendimentos entre alunos e professores e uma interpretação, por parte desses últimos, em termos de dificuldade ou resistência à participação dos alunos nas atividades escolares.

Erickson e Mohatt (1982) retomam essa orientação em uma detalhada análise microetnográfica da atuação de duas professoras de sucesso – uma índia e outra não índia – em classes de crianças indígenas e demonstraram que o fator decisivo para o desenvolvimento positivo das atividades não era o pertencimento étnico, mas a congruência entre o modo de condução das atividades pela professora e o modo de trabalhar e interagir dos alunos. Segundo os autores, embora com diferenças na forma de organizar e conduzir as atividades, ambas as professoras possuíam um "estilo misto" quanto à maneira de interagir com os alunos, estilos desenvolvidos de forma a buscar congruência entre as exigências do contexto escolar e as características das interações nos contextos de vida cotidiana dos alunos.

Além de discutir os estilos de interação, Erickson e Mohatt buscam relacionar as características das interações face a face com aspectos mais abrangentes da cultura tradicional. Assim, chamam a atenção, como Philips, para a estruturação das interações na vida cotidiana das aldeias, onde formas de controle das ações, por parte de uma pessoa sobre um grupo, são ausentes. Essa diferença, no entanto, além de trazer implicações para o modo de interagir em sala de aula – como se dizia antes, buscando uma maior congruência entre o estilo do professor e o estilo dos alunos –, pode ser relacionada com as concepções mais amplas sobre a natureza das relações de autoridade. De modo geral, os grupos indígenas estudados, aos quais pertenciam as comunidades em questão, apresentavam uma grande descentralização ao nível da sua organização política. Afirmam os autores que,

> ao nível da vida cotidiana, a ausência virtual de uma autoridade política central (exceto em situações temporárias) era

assim refletida nas interações face-a-face" (...) "O modelo de estrutura social no qual ninguém está em posição de comandar os outros, tinha como corolário interacional o impedimento de níveis ou tipos de pressão social, que aos olhos dos não-índios podem parecer muito triviais" (ERICK-SON, MOHATT, 1982, p. 166). Ou seja, o que para uns seriam pressões sociais aceitáveis, e até triviais na convivência cotidiana, para outros podiam se tornar motivo de impedimento e de suspensão das interações.[7]

Os autores chamam a atenção para o fato de que, na vida cotidiana das aldeias, a presença de objetos do mundo moderno, tais como carros, vestidos, televisão etc; levaria os não índios a terem dificuldade de reconhecer essas modalidades de comportamento que mantinham, ainda muito presentes, aspectos da cultura tradicional. Mesmo porque

a cultura era pensada como arte tradicional, artesanato, comida, língua, contos, do ponto-de-vista das autoridades das escolas, dos planejadores do currículo e dos próprios professores índios e não índios (Idem, p. 167).

A título de ilustração, poderíamos citar ainda outros estudos que demonstram como muitos aspectos que são comumente interpretados como existência de comunicação entre os sujeitos e centrais na forma de interagir – como o encontro do olhar e as trocas verbais – podem apresentar configurações muito diferentes, como no caso das mães e crianças Mazahua estudadas por Paradise (1994), que, embora estejam em interação, não se olham e trocam pouquíssimas palavras, sem que isso signifique uma fragilidade, instabilidade ou mesmo ausência da situação interativa. Essa diferente configuração do contexto de interações foi definida pela pesquisadora como "separado-porém-junto" (*separated-but-together*), chamando a atenção para o fato de que era possível aferir a coordenação das ações entre mães e crianças, mesmo

---

[7] Características semelhantes foram verificadas no comportamento de jovens e adolescentes ciganos em pesquisa realizada com comunidades de ciganos italianos (GOMES, 1999). A literatura especializada atesta o caráter "acéfalo" da organização social dos diferentes grupos ciganos, que, para além da autoridade do pai no seu núcleo familiar, apresentam lideranças circunstanciais, sempre relacionadas com um contexto social específico.

que os sinais verbais e não verbais de que a interação acontecia não fossem imediatamente perceptíveis para um observador habituado a um outro padrão de comportamento.

Estudos nessa linha enfatizam as possibilidades que existem de se buscar uma organização das interações sociais na escola que seja sensível aos padrões culturais das comunidades de origem dos alunos; e, nesse sentido, se fala de uma "pedagogia culturalmente orientada", objetivando assim implementar as condições de sucesso acadêmico dos alunos pertencentes aos grupos minoritários, por um lado, e por, outro, modificando, pelo menos em parte, o contexto escolar para torná-lo mais adequado às especificidades culturais de cada comunidade.

As análises das interações em sala de aula levaram a desdobramentos em termos teóricos e metodológicos e se tornaram objeto de estudo de muitas abordagens da pesquisa em educação. Parece-nos, porém, oportuno chamar a atenção para as orientações propostas por Erickson e Mohatt, quando buscam articular a dimensão cotidiana das interações face a face com as características da organização social do grupo, sugerindo a possibilidade de se focalizar também esse nível de abordagem da cultura na escola. Em outras palavras, ao buscar identificar essa articulação, estaremos tentando verificar como os níveis mais amplos de uma tradição cultural, ou mesmo como orientações mais gerais de uma proposta curricular – como aquela da escola indígena diferenciada – se entrelaçam com aspectos que regulam as formas de interagir e conviver em contextos da vida cotidiana.

Trazendo tais pressupostos para o contexto escolar Xacriabá, devemos partir, em primeiro lugar, da constatação da diversidade de modelos pedagógicos que nele identificamos, diversidade que foi descrita, por Alvarez (2002), como resultante de duas matrizes que o informam. Uma matriz que é a própria experiência anterior à escola indígena diferenciada, quando funcionavam as escolas municipais e escolas geridas pela Funai. Apesar da precariedade e da irregularidade com que as atividades eram desenvolvidas, essa experiência, aliada à experiência de muitos membros da comunidade em escolas nas cidades, fora da região, foi suficiente para difundir um modelo padrão de escola: atividades estruturadas em torno da repetição de exercícios escritos, conteúdos previamente estabelecidos nos programas, a sucessão de séries, entre outras características.

Cabe ressaltar a peculiaridade do processo histórico de entrada da instituição escolar entre os Xacriabá, que passou por um longo período de entrada lenta e progressiva, seguido de uma intensificação muito recente, o que gerou interessantes convivências entre práticas pedagógicas muito diversificadas (GOMES, 2003): professores(as) que nos lembram as mestras das escolas isoladas – presentes em Minas Gerais até o início do século XX – que se dirigem aos alunos individualmente e conduzem a classe em um sucessão de atendimentos a cada aluno, em classes que impressionam pelo profundo silêncio no qual se desenvolvem as atividades, trabalham ao lado de colegas que, ao contrário, exibem uma forma de conduzir as atividades dentro dos padrões do ensino simultâneo, ou seja, "ensinando a muitos como se fossem um", com um estilo verbal característico no qual o discurso (e a voz) do professor acompanha a realização de todas as atividades e domina completamente a cena da sala de aula. Da mesma forma, classes organizadas por série ou classes multisseriadas coexistem, às vezes em uma mesma escola, ou se alternam em função das necessidades de atender à demanda escolar, ainda em crescimento. Portanto, uma matriz – a experiência anterior – que já trazia em si uma grande diferenciação de modelos.

De outro lado, temos a outra matriz na proposta veiculada no curso de formação de professores indígenas, que se apresentava como um modelo inovador na forma de organizar tempo e espaço escolares, assim como na forma de considerar a relação dos conhecimentos escolares com os conhecimentos provenientes da experiência dos alunos. O desafio que se colocou, em um primeiro momento – superada a ideia de que a implantação da escola diferenciada havia instaurado/criado o contexto escolar –, era o de procurar conhecer e analisar a diversidade das situações que se criavam, assim como procurar compreender a natureza das escolhas pedagógicas atuadas pelos professores(as) Xacriabá, escolhas que frequentemente surpreendiam os formadores.[8]

---

[8] São vários e interessantes os exemplos: a escolha da cartilha silábica padronizada, que os professores indígenas conheceram como alunos, em lugar da cartilha construída no curso de formação, que trazia conteúdos do contexto de vida dos Xacriabá; a divisão das classes, seguindo a lógica das redes sociais da comunidade em lugar de serem determinadas por exigências pedagógicas; a forma como em alguns casos manejam a reprovação, entre outros (ver ALVAREZ, 2002, GERKEN, 2003; PEREIRA, 2003).

Como um exemplo ilustrativo, podemos citar uma atividade realizada por um professor com um grupo de alunos, todos de primeira série, muitos dos quais ainda analfabetos, em que ele propõe aos alunos uma situação de interação livre com um conjunto de livros de literatura infantil, para exploração e trocas entre os alunos.[9] A cena transcorre como se, aparentemente, nenhum dos presentes, professor e alunos, soubesse o que deveria ser feito. Ao recuperar as informações sobre a classe, viemos a saber que o fato de ela ser toda composta por crianças da primeira série é casual e resulta de tensões entre o professor e pais de alunos, que retiraram da turma as crianças maiores. Ou seja, o regime de seriação é contigencial, e não dado por escolha pedagógica. A forma como o professor se comporta – e mesmo a forma como as cadeiras estão dispostas na sala de aula – nos indica a interação um a um, que caracteriza o ensino individual. Na cena, de fato, ele busca momentos de interação com um ou outro aluno, sem guiar a turma coletivamente quanto à atividade. Enfim, a atividade que o professor tenta implementar lhe foi sugerida no curso de formação, a partir da ideia da aprendizagem em interação com o objeto de conhecimento – a escrita – modalidade de atividade que é utilizada em muitas escolas da capital. Em um contexto em que a escrita é praticamente ausente, sendo a escola a sua grande veiculadora, a atividade tinha como objetivo ampliar o contato das crianças com o material escrito. Em uma mesma situação, estão presentes, pelo menos, três diferentes referências quanto ao modelo de cultura escolar.

As investigações que vêm sendo realizadas nas escolas indígenas nos indicam que as elaborações teóricas das descontinuidades culturais podem, em muito, ajudar a dar expressão a configurações particulares e aprofundar as análises sobre as diferentes facetas do contexto escolar Xacriabá. De grande importância é a descrição da participação das crianças na vida cotidiana das aldeias, participação que não prevê a organização de momentos e nem atividades específicas voltadas para a aprendizagem, característica presente em muitas comunidades indígenas (Cohn, 2002). Dentro desse quadro de referência,

---

[9] Trata-se de uma cena videoregistrada no ano de 2002, fruto das atividades de investigação da equipe da UFSJ: W. Oliveira, C. Pereira , sob orientação C. H. Gerken (OLIVEIRA; GERKEN, 2003).

adquirem um significado muito particular as palavras de uma senhora Xacriabá, ao ser questionada sobre como aprendeu certas técnicas de pintura nas casas: "Aprendi vadiando" (PEREIRA, 2003) foi a surpreendente resposta.

A abordagem das descontinuidades culturais nos permite, assim, explorar uma das dimensões da cultura escolar, aquela da coconstrução cotidiana (ROCKWELL, 1999). Nesse plano de análise, apesar das condições materiais ainda deficitárias e mesmo não existindo muitos consensos sobre diferentes questões relacionadas à proposta pedagógica, as possibilidades que a instituição da escola diferenciada abriu – efetivamente se trata de uma escola pública cujas prerrogativas legais a tornam, em teoria, mais autônoma em suas decisões – vêm sendo aproveitadas e têm gerado diferentes contextos escolares. A crescente (embora ainda reduzida) literatura traz interessantes exemplos de propostas inovadoras, próximas da realidade local das comunidades indígenas, construídas em interação com os próprios índios, assim como traz também a necessidade de produzir análises mais atentas e mais capazes de colher as especificidades de cada experiência (SILVA, 2001; TASSINARI, 2001). Mesmo porque se trata de um processo que levou mais de 25 anos para chegar ao momento atual em que a escolarização avança, ainda que com dificuldades e controvérsias, em direção a uma pluralidade de propostas, buscando atender o direito à diferença.[10]

As elaborações teóricas em torno da ideia de descontinuidade cultural, a meu ver, trazem uma contribuição potencial para se explorar os diferentes contextos escolares, aprofundar análises, nomear realidades instituídas e explicitar práticas instituintes. No entanto, é o rápido e intensivo avanço da escolarização entre os Xacriabá, *"por eles mesmos solicitado"*, para além das expectativas de agentes externos, que nos chama a atenção e suscita a necessidade de ampliar a análise para além da construção cotidiana da escola diferenciada. Resta a afirmação de que essa é uma vertente de investigação que começa a se estruturar e que tem muito ainda a contribuir não só para a compreensão

---

[10] D'Angelis advoga "contra a ditadura da escola indígena"; Melià (2002), como um exemplo significativo em que se reconsidera a posição inicial de resistência à introdução da escola.

e aprofundamento das análises mas também para a identificação de alternativas na implementação das próprias práticas pedagógicas nas escolas indígenas diferenciadas.

O avanço da escola entre os Xacriabá: como analisar o processo de escolarização?

Para se conseguir ir além na análise do fenômeno da crescente escolarização das populações indígenas, é necessário buscar outras abordagens. Como ir além de uma análise da escolarização que signifique não somente aferir seus avanços e identificar seus obstáculos (somente com a intenção, mais ou menos explícita, de removê-los)? Depois da investigação histórica necessária para entender o percurso de instituição da escola entre os Xacriabá – percurso que, como referido, nos levou a muito antes da criação das escolas indígenas diferenciadas –, como proceder com uma análise que busque elucidar as implicações mais amplas da entrada da escola nas comunidades indígenas? Qual enquadramento teórico nos ajuda a colocar a pergunta, mais adequada, me parece, sobre "o que está ocorrendo aqui" (Woods), em lugar de se perguntar se a escola "está funcionando como previsto"?

Ao buscar um diverso enquadramento para essas perguntas, apresentou-se uma possível alternativa de análise: assim como foi decisivo – para entender o impacto dos projetos de desenvolvimento nos países considerados "carentes desse desenvolvimento" – o conhecimento das implicações do modelo de desenvolvimento na sua matriz (e daí surge o conceito de desenvolvimento sustentável, ao se tomar consciência das limitações do modelo e das sérias implicações de sua extensão), vou procurar então uma abordagem teórica que, ao identificar os problemas do modelo na sua matriz – nesse caso o modelo de escolarização –, possa então trazer luz sobre as questões que surgem quando esse modelo está em ação em um outro contexto: nesse caso, o das comunidades indígenas.[11]

É nesse sentido que proponho um diálogo exploratório com a "teoria da forma escolar", ou com o campo de estudos da história da edu-

---

[11] Ou, como sugeriu Leo Piasere a propósito da escolarização dos ciganos: é possível se pensar em um modelo de escolarização sustentável?

cação que procura analisar os processos de escolarização, assim como de instituição e de difusão de um determinado *modelo de socialização escolar* (que não significa, como veremos, referir-se somente à socialização que se dá dentro da instituição escolar) que se tornou hegemônico.

A referência, nesse caso, não são os problemas quanto ao rendimento escolar de crianças de grupos minoritários, mas a busca de uma melhor compreensão do processo de escolarização que envolve a sociedade no seu conjunto, as marcas e as implicações desse processo. Nesse sentido, não se procura superar as dificuldades geradas pelas descontinuidades culturais em direção a um melhor desempenho, mas se busca a compreensão das implicações mais amplas do êxito de tal processo, seja ele positivo ou negativo.

Como, então, essa abordagem teórica nos ajudaria a passar a outro plano de análise? Os autores buscam trabalhar com o conceito de "forma escolar" a partir do qual formulam hipóteses:

> a crise atual da escola (...) pode ser interpretada como o fim de um modelo (por exemplo, o modelo republicano) ou como o fim de uma predominância – ou seja, a forma escolar – segundo o modo de socialização peculiar às nossas sociedades européias, até o fim da forma escolar em si mesma enquanto configuração sócio-histórica surgida no séc. XVI nessas sociedades? (VINCENT; LAHIRE; THIN, 2001, p. 8).

"Falar de forma escolar é pesquisar o que faz a unidade de uma configuração histórica particular, surgida em determinadas formações sociais, em certa época e ao mesmo tempo em que [ocorrem] outras transformações" (p. 9). Em lugar de enumerar características múltiplas, pensá-la como unidade – a forma escolar – e analisar sua emergência e o modo de socialização que ela instaura e das resistências encontradas por tal modo (p. 12).

Segundo os autores, o que aparece em certa época (século XVI-XVII) é uma forma inédita de relação social – a relação pedagógica entre mestre e aluno – que significou um corte em relação aos modelos anteriores.[12] Trata-se de uma relação inédita porque:

---

[12] Os autores fazem uma crítica à historiografia que estabelece uma continuidade entre as escolas medievais e mesmo o modelo da paideia grega, enquanto "uma análise

> Uma relação que se autonomiza em relação às demais relações sociais (...) [e que] desapossa os [demais] grupos sociais de suas competências e prerrogativas. (...) Dito de outra maneira, aprender não era distinto de fazer. É esta retirada de poder que vai suscitar resistências à escolarização (p.13).

Por fim, instaura um tempo e um lugar específico: a escola. O contexto da emergência dessa particular configuração sociohistórica são as cidades europeias do fim do século XVII.

O que caracterizaria então essa relação pedagógica? Afirmam os autores que seria a submissão do mestre e do aluno a regras impessoais, em lugar de se estabelecer como uma relação de pessoa a pessoa. O que faz a unidade da forma escolar seria, assim, a relação com regras impessoais (Idem, p. 10), em que se passa "da comunidade de mestres e alunos ao governo severo dos alunos pelos mestres" (ARIÈS, *apud* VINCENT; LAHIRE; THIN, 2001, p. 15). Ou ainda, em modo sintético, as características ou os traços distintivos da forma escolar seriam:

> a constituição de um universo separado para a infância; a importância das regras na aprendizagem; a organização racional do tempo; a multiplicação e a repetição dos exercícios, cuja única função consiste em aprender e aprender conforme as regras ou, dito de outro modo, tendo por fim seu próprio fim (Idem, p. 37-38).

Os autores assumem que, no modo como é proposta a definição da forma escolar, se torna possível compreender também suas variantes "como as negações mais ou menos radicais (na revolução francesa de 1789; ou nos movimentos dos séculos XVIII e XX)" (p. 16), que, embora sejam negações, não superam o modelo.

Enfim, os autores propõem que seja evidenciada a importância da análise sociohistórica para a compreensão do "presente", em lugar de reduzi-la à historiografia:

---

sócio-histórica das formas consiste em produzir cortes e continuidades inesperados" (p. 2), fazendo justiça assim à novidade que significou o *desenvolvimento das escolas urbanas* pelos Irmãos das Escolas Cristãs, ao final do século XVII (itálico meu). Os autores colocam em relação uma série de instituições escolares, laicas e religiosas, do século XVI até o final do século XIX, situando, durante esse período, a invenção da forma escolar.

A análise sociogenética da forma escolar como forma de relações sociais permite tornar estranha a nós mesmos esta realidade social, hoje onipresente, desnaturalizando certas noções constituídas freqüentemente como categorias genéricas: educação, pedagogia, etc. (p. 17).

Em outras palavras, uma "forma escolar de relações sociais", constituída e constituinte ela mesma de uma nova ordem social, que só pode ser apreendida em uma *configuração social de conjunto*, como um modo de socialização específico, cuja incidência vai muito além da sua presença dentro da instituição escolar.[13]

Em suas considerações sobre os desdobramentos desse construto para a perspectiva de análise que se busca alcançar, os autores apontam para a direção que procurei antes identificar, ainda que de forma marginal, nos estudo sobre o cotidiano escolar:

é indispensável pensar a articulação (e as ligações de homologia) entre formas de exercício do poder e formas assumidas pelas relações de 'aprendizagem'. O que mostram as análises é que, ao mesmo tempo em que se constroem saberes e relações com a linguagem e com o mundo, certas modalidades de relação com o outro se aprendem em formas de relações sociais específicas que correspondem a modalidades do poder (p. 35).

Por fim, afirmam a predominância desse modo escolar de socialização, visível, antes de mais nada, pelo rápido desenvolvimento da própria escolarização, ou do processo de escolarização do social.

Creio que essa breve panorâmica seja suficiente para propor o enquadramento que essa abordagem pode trazer, isto é, para o exercício de procurar pensar tal enquadramento em relação à hipótese da escola indígena diferenciada. Antes de mais nada, parece-me que

---

[13] Por exceder as intenções do presente artigo, que se limita a suscitar um possível deslocamento da análise, não abordarei a caracterização mais detalhada que os autores apresentam da forma escolar, por eles definida como "forma social escritural-escolar" em oposição às formas sociais orais", uma vez que "historicamente a pedagogização, a escolarização das formas sociais de aprendizagem é indissociável de uma escrituralização-codificação dos saberes e das práticas"(Idem, p. 29). A hipótese de análise chama em causa alguns do aspectos antes referidos quanto a características da aprendizagem nas comunidades indígenas.

podemos afirmar que a escola indígena seria uma das variantes da forma escolar – e partilha portanto de suas premissas e da característica fundamental de autonomização da relação pedagógica em relação às demais relações sociais – e da instituição de um espaço e prática sociais separados e adequados à infância.

Nessa ótica, torna-se uma questão instigante de investigação procurar verificar em que medida a figura do professor indígena, com todas as variações que ela tem assumido nas diferentes comunidades e em relação às diferentes tradições culturais, estaria também participando/constituindo uma relação pedagógica autonomizada, separada das demais relações sociais, uma relação que se submete a regras impessoais que se aplicam ao mestre e ao aluno. Ou, ainda, se o professor está se tornando "um agente intercambiável que entra em relações institucionais objetivadas" (Idem, p. 30).

Ora, muitos casos (seja entre a variedade de situações que encontramos dentro do grupo de professores Xacriabá, seja em relação a outros grupos, como os Maxakali) nos levariam a constatar o oposto: são justamente as relações sociais externas à escola que determinam o modo de funcionamento ao seu interno. O que determina a relação do professor com seus alunos e com a comunidade não é a sua posição institucional mas o jogo de relações sociais existentes na comunidade, que termina por configurar o campo das relações sociais na escola. Em um jogo de forças em que estão presentes as duas direções: de uma progressiva configuração das relações nos termos da forma escolar, e ao mesmo tempo, a manutenção de aspectos da configuração anterior de tal forma que, o que ocorre dentro da escola, está subordinado às relações sociais que se estabelecem na comunidade.

O "atravessamento" da escola pelas relações sociais a ela estranhas pode ser constatado entre os Xacriabá. No entanto, com o rápido crescimento da escolarização, tende-se a instaurar a autonomia do campo pedagógico e o jogo de resistências que dela resulta ("a escola não acaba nunca?", Cf. GERKEN, 2003) e que caracterizou o processo de escolarização nas sociedades europeias. Por um lado, quando se procura responder às pressões geradas pelos problemas de eficiência (o fenômeno da reprovação é presente também ali), ou responder a exigências ligadas à pública administração e gestão das escolas. As respostas possíveis a esses problemas que o aparato institucional consegue acolher e/ou suscitar (por serem aquelas conhecidas, ou por falta de instrumentos de análise que indiquem outras implicações e possibilidades) tendem, uma vez mais, a se situar na lógica da forma escolar, a reafirmar a sua configuração. Por outro, é a presença mesma da lógica implícita à forma escolar (do seu sentido, como o próprio conceito gestáltico de "forma" procura evocar) em seio às comunidades indígenas, mesmo em muitas daquelas não escolarizadas, que levaria, associada a outros fatores como acesso a recursos econômicos, à reprodução de demandas por mais escolas, em um crescente incremento da escolarização, impulsionado, muitas vezes, pelas próprias comunidades indígenas.

Retomando a questão colocada anteriormente, nas sociedades europeias, a forma escolar teria chegado a uma tal difusão que teria se tornado prevalente na sociedade, podendo inclusive, por isso mesmo, prescindir da própria escola para sua reprodução. Ela teria assim se substituído quase que completamente às outras formas sociais. Seria também esse o percurso da escolarização das comunidades indígenas?

A título de conclusão: algumas considerações

Antes de mais nada, é preciso lembrar que se trata de um processo de pesquisa que acompanha um movimento contemporâneo de intensas e rápidas mudanças em diferentes planos, da introdução de novas tecnologias na vida cotidiana das aldeias indígenas à sua inserção no contexto de trocas econômicas e simbólicas de alcance regional, nacional, internacional. Temos hoje grupos que se propõem a assumir as prefeituras locais e que mantêm relações estreitas com organizações estrangeiras.

No que diz respeito à compreensão da escola e do processo de escolarização nesse cenário mais amplo, podemos retomar a proposta de Rockwell (1999) quanto aos diferentes planos de análise da cultura escolar. Entre a coconstrução cotidiana e um plano histórico de maior alcance, poderíamos dizer que, enquanto no primeiro plano temos uma reelaboração das características das escolas (na sua concreta realização, vai-se instituindo uma multiplicidade de variações), mantém-se, no outro, a direção e/ou a configuração mais ampla do modo de socialização escolar que se está constituindo, mesmo que os movimentos ao nível do cotidiano sejam em direção contrária a essa configuração mais ampla.

O confronto entre essas abordagens teóricas suscita, ainda, uma diferente reflexão quanto ao contato entre tradições culturais diferentes. Se não sabemos como balizar e interpretar o "diálogo intercultural"[14] que a proposta de escola diferenciada implica, não é somente porque não conhecemos as "outras culturas" com as quais entramos em intensa interação ao criar as escolas indígenas, mas é porque não dispomos de instrumentos suficientes de análise sobre a "nossa própria cultura". Somos nós, enquanto portadores de uma tradição cultural, que nos comportamos como interlocutores incapazes de lidar com as demarcações do nosso próprio modo de pensar. Ideia cara – e bem antiga – nas reflexões da antropologia.

Parafraseando H. Becker, assim como a sala de aula de uma escola primária seria o lugar de maior dificuldade para uma observação etnográfica, parece que temos que admitir nossa dificuldade de estranhamento quanto ao modo de socialização no qual nós mesmos fomos socializados (duplamente, como alunos e como profissionais da educação).

Enfim, cabe reforçar o diálogo entre antropologia e história, entre análise etnográfica e gênese sociohistórica. Se o processo histórico não é linear e está sujeito a múltiplas possibilidades quanto ao seu desenvolvimento, em função da capacidade de agir dos diferentes sujeitos sociais, é preciso ter categorias de análise que nos permitam penetrar o movimento que se cria com a instituição das escolas indígenas para além do debate que coloca em termos fechados a aceitação ou não da sua instituição e validade.

Resta, no entanto, a inquietação de estar diante de um processo inexorável de profundas mudanças, aguardando, sem possibilidades de intervenção, o momento futuro, quando tal processo, já completamente instaurado, se tornará objeto de análise histórica.

---

[14] Essa expressão é usada aqui sem nenhuma acepção valorativa ou prescritiva, mas somente com a intenção de se referir às trocas que ocorrem no contato entre diferentes tradições culturais.

REFERÊNCIAS

ALVAREZ, L. H. *Escuela, movimentos sociales y ciudadanía*. Tesis Doctoral, Faculdade de Filosofia e Ciencias de la Educación, Universidade de Valencia, 2002.

COHN, C. A criança, o aprendizado e a socialização na antropologia. In: SILVA, A. L.; NUNES, A., MACEDO, A.V. L. (Org.) *Crianças Indígenas. Ensaios Antropológicos*. Global: São Paulo, 2002.

EMIHOVICH, C. Continuità e discontinuità culturale in educazione. In: GOBBO, F. (Org.). *Antropologia dell'educazione: scuola, cultura, educazione nella società multiculturale*. Milano: Unicopli, 1996.

ERICKSON, F.; MOHATT, G. Cultural Organization of participation Structures in two Classroom of Indian Students. In: SPINDLER G.; SPINDLER, L. (Eds.). *Doing the ethnography of Schooling: educational anthropology in action*. New York: Holt, Rinehart and Winston, 1982.

GERKEN, C.H.; OLIVEIRA, W.B.; PEREIRA, C.E. Escolarização e apropriação da escrita entre os Xacriabá. In: *Anais do II Seminário Internacional: Linguagem, Cognição e Cultura*. Faculdade de Educação/UFMG: Belo Horizonte, jul. 2003.

GOMES, A. M. R. *Vegna che ta fago scriver: etnografia della scolarizzazione in una comunità di Sinti*. Roma: CISU, 1999.

GOMES, A. M. R. A configuração das classes nas escolas indígenas xacriabá: uma análise preliminar da cultura escolar. In: *II Seminário Internacional: Linguagem, Cognição e Cultura*. Faculdade de Educação/UFMG: Belo Horizonte, jul. 2003.

HEATH, S. B. *Ways with words. Language, Life and work in Communities and Classrooms*. New York: Cambridge University Press, 1983.

JACOB, E.; JORDAN, C. Explaining the School Performance of Minority Students, Theme Issue. *Anthropology & Education Quarterly*, v. 18, n. 4, 1987.

OGBU, J. Una teoria ecológico-culturale sul rendimento scolastico delle minoranze. *Etnosistemi*, Roma: CISU, n. 6, p. 11-20, 1999.

PARADISE, R. Interactional Style and non-verbal meaning: mazahua children learning how to be separate-but-together. *Anthropology & Education Quarterly*, v. 25, n. 1, p. 156-171, 1984.

PEREIRA, V. M. *Cultura escolar ou escolarização da cultura? Um olhar sobre as práticas culturais dos índios Xacriabá*. Dissertação de Mestrado. Faculdade de Educação, UFMG: Belo Horizonte, 2003.

PHILIPS, S. *The invisible culture. Communication in classroom and community on the warm springs Indian reservation.* Prospect Heights (Illinois): Waveland Press. Inc., 1983. (1ª ed. 1983)

POVEDA, D. La educacion de las minorias etnicas desde el marco de las continuidades – discontinuidades família-escuela. *Gazeta de Antropología,* n.17, p. 17-31, 2001.

ROCKWELL, E. Recovering History in the Study of Schooling: from the *Longue Durée* to Everyday Co-Construction. *Human Development,* n. 42, p. 113-128, 1999.

Secretaria de Estado da Educação de Minas Gerais. *Implantação das Escolas Indígenas/MG. Diagnóstico da Situação Educacional nas Áreas Indígenas/ MG.* Superintendência de Desenvolvimento do Ensino/ Diretoria de Desenvolvimento Curricular, SEE/MG (Elaboração: Myriam Martins Álvares), 1995.

SANTOS, A. F. M. *Do terreno dos caboclos do Sr. São João à terra indígena Xakriabá: as circunstâncias da formação de um povo. Um estudo sobre a construção social de fronteiras.* Dissertação de Mestrado, Departamento de Antropologia, Universidade de Brasília: Brasília, 1997.

SILVA, A. L. A educação indígena entre diálogos interculturais e multidisciplinares: introdução. In: SILVA, A. L.; FERREIRA, M. K. L. (Org.) *Antropologia, História e Educação. A questão indígena e a escola.* São Paulo: Global, 2001.

TASSINARI, A. Escola indígena: novos horizontes teóricos, novas fronteiras de educação. In: SILVA, A. L.; FERREIRA, M. K. L. (Org.). *Antropologia, História e Educação. A questão indígena e a escola.* São Paulo: Global, 2001.

VICENT, G.; LAHIRE, B.; THIN, D. Sobre a história e a teoria da forma escolar. *Educação em Revista,* Belo Horizonte, jun. 2001.

Escola, cultura juvenil e alfabetização:

lições de uma experiência

Lúcia Helena Alvarez Leite

Este texto analisa uma experiência vivida com adolescentes entre 12 e 15 anos, alunos do terceiro ciclo da Rede Municipal de Belo Horizonte, com uma trajetória de fracasso escolar e exclusão social. Apesar de ser um texto de minha autoria, é fruto de uma reflexão coletiva construída pelo grupo de professoras que vivenciaram este projeto e cujas vozes aparecem na escolha da narrativa em primeira pessoa do plural e nos depoimentos aqui relatados.

O projeto surge a partir de um debate sobre o problema enfrentado no terceiro ciclo com relação à alfabetização, com muitos alunos desse ciclo que ainda não tinham a base alfabética construída. Para isso, foram selecionados professores e organizadas turmas em espaços escolares e extraescolares. A maioria das turmas iniciaram suas atividades no final de agosto de 2003, mas, até o início de novembro, ainda estávamos formando grupos, devido à dificuldade de se encontrar professores disponíveis e espaço para o projeto. Chegamos ao final do ano com 24 turmas distribuídas por todas as regionais. Em 2004, o projeto retoma suas atividades, agora organizado por Núcleos, funcionando em espaços extraescolares, e composto por aproximadamente 30 alunos, dois professores e um agente cultural, selecionados entre jovens da periferia inseridos em movimentos culturais de seus bairros.

Apesar do pouco tempo do projeto e das dificuldades enfrentadas ao longo do percurso, entendemos que já há um acúmulo de experiência, que deve ser aqui analisada. Assim, este texto tem o objetivo de fazer uma análise inicial do projeto, buscando trazer algumas propostas de trabalho para serem desenvolvidas com alunos do terceiro ciclo, jovens como os que fizeram parte do projeto.

Analisando o processo vivido

O DESAFIO INICIAL: O ENCONTRO COM OS ALUNOS

Ao iniciarmos o projeto, sabíamos de nossos desafios e limites. Os limites estavam localizados na certeza de que qualquer projeto emergencial não pode substituir o trabalho cotidiano da sala de aula. Os desafios apareciam quando pensávamos nos alunos que iriam participar do projeto e em sua trajetória de fracasso escolar. É o que revela o relato desta professora:

> Tínhamos uma idéia de como seriam os alunos (mas, às vezes, a realidade é mais dura e complicada) e de suas necessidades, porém, como atingir afetivamente e cognitivamente adolescentes tão estigmatizados? Como criar relação de amizade, confiança, respeito, acolhimento e, ao mesmo tempo, estabelecer limites?[1]

Se tínhamos consciência de nossos desafios e limites, também tínhamos claro que o projeto deveria ter uma marca muito definida: os alunos teriam que se sentir sujeitos do seu processo de formação, o espaço do projeto deveria ter a "cara" de cada grupo. Também sabíamos que precisaríamos inovar na forma de trabalhar com alfabetização

---

[1] Os textos em destaque foram retirados dos relatórios das professoras do projeto e refletem problemas vividos pela maioria das turmas.

e letramento, pois tínhamos consciência de que muito já havia sido feito tentando alfabetizá-los, com pouco êxito.

Depois de algum tempo de trabalho, foi possível construir algumas referências comuns sobre quem eram esses alunos, suas dificuldades, seus interesses, seus medos e suas ilusões. Também foi possível verificar como cada um estava em relação às questões da alfabetização e letramento.

No que diz respeito à alfabetização, pudemos constatar que, contrariando nossas expectativas e os objetivos do projeto – que eram trabalhar com alunos não alfabetizados –, a grande maioria dos alunos já tinha a base alfabética construída, apresentando, isto sim, um grande nível de dificuldade em relação à produção e à leitura de textos e aos aspectos ortográficos da escrita, como nos conta esta professora:

> Pensei que encontraria alunos não alfabetizados e o que encontro, na grande maioria, são alunos alfabéticos, base alfabética construída, no entanto com seríssimos problemas ortográficos e de leitura. Ou seja, alunos que não são leitores e escritores competentes.

Outra constatação, esta já esperada, foi a dificuldade de relacionamento e convivência que existia nos grupos, reflexo de um sentimento de discriminação e exclusão:

> Falta de respeito com o ambiente (sala de aula e escola). Desrespeito com o colega – tapas, empurrões, agressões verbais, críticas. Necessidade de que suas opiniões prevalecessem sem diálogo, sem escuta do outro. Cultura do fazer, fazer sem pausa para a reflexão. Inquietação corporal e gritos. Necessidade de se impor. Iniciei com 13 alunos, e, mesmo quando o número de alunos reduziu, os comportamentos citados continuaram.

Feito o diagnóstico, continuamos o trabalho, sabendo que o processo exigiria uma constante reflexão da prática, já que não era possível, de antemão, ir com um planejamento fechado. Assim, as professoras desenvolveram suas aulas "com a cabeça cheia de ideias; no coração, vontade e amor, e na pasta, algumas possíveis atividades", como escreveu uma das professoras do projeto.

O DESENVOLVIMENTO DO TRABALHO:
O TRABALHO VAI ALÉM DA ALFABETIZAÇÃO DE ALUNOS COM DIFICULDADES

Nos encontros de formação, procuramos discutir um eixo para o projeto, construindo, coletivamente, alguns princípios que deveriam orientar o trabalho. Entre esses princípios, podemos destacar:

- O aluno deve ser sujeito do processo, o que significa envolvê-lo, desde o início, na definição dos rumos do trabalho, na construção de regras de funcionamento da turma, no processo de registro e avaliação da experiência vivida.

- A leitura e a escrita devem ser vistas como práticas culturais, o que significa criar situações reais de uso de escrita e leitura em sala de aula, buscando ampliar as experiências de letramento dos alunos.

- A aprendizagem deve ser significativa para que realmente ocorra, o que nos exige uma postura de escuta em relação aos alunos para encontrar pontos de conexão entre os processos de ensinar e aprender.

- Todo processo de formação é diverso, o que nos exige um esforço de transformar a diversidade em uma vantagem pedagógica.

- As atividades devem ser variadas e conectadas com o universo cultural dos alunos, o que significa pensar projetos que envolvam temas e atividades próprias da juventude, principalmente no campo das artes.

- A aprendizagem depende da qualidade das interações, o que significa a necessidade de se construir um espaço rico de troca e cooperação entre os alunos.

Logo no início, as professoras foram descobrindo o seu papel dentro do processo que, como nos revela este depoimento, vai além do ensinar a ler e a escrever:

> Acreditei, portanto, que o primeiro passo para minha atuação seria a necessidade de compreender este adolescente em suas especificidades, interesses e formação. Ouvir muito mais do que falar, incentivar muito mais do que apontar erros,

acreditar muito mais do que desistir nas inúmeras vezes em que os alunos desistiam deles mesmos.

Também foram descobrindo alguns caminhos a serem seguidos, tendo como referência os projetos de arte e os jogos:

> Percebi que apenas a diversidade de atividades não bastava para garantir o envolvimento dos alunos. Foi necessário muito mais que isso. Foi necessário entrar no mundo deles, descobrir seus interesses, "um ponto de conexão"... Mergulhei literalmente no mundo dos meninos: grafite, *rap*, futebol, filmes, músicas. Nesse mergulho, percebi como é urgente e necessário o resgate da autoestima para eles. Valorizar a si mesmos como pessoas queridas e importantes, valorizar suas idéias e seus interesses, valorizar a amizade, a afetividade, sentirem-se parte imprescindível de um grupo, capazes de construir algo importante.

Buscando formas de conexão entre os objetivos do projeto e a realidade dos alunos, as professoras logo foram percebendo que este não poderia ser pensado como mais uma forma de se dar "reforço escolar" para alunos com dificuldades. O que prontamente se descobriu foi que esse projeto era um momento de formação, que, como sabemos, envolve muito mais do que dominar um determinado código, como constatou esta professora:

> Acredito que esse projeto vai além das questões cognitivas, não se destina só a alfabetizar ou a trabalhar questões ortográficas; vai mais longe, abrange socialização, afetividade, interação, resgate de identidade e principalmente autoestima.

Projetos de estudo, jogos, excursões:
O dia a dia de cada grupo

Tendo como referência os princípios construídos coletivamente, cada turma foi trilhando um caminho próprio, definindo temáticas de interesse, regras de convivência, formas de organizar a rotina semanal, sempre com a participação ativa dos alunos, como nos contam estas professoras:

> A caminhada da "turma do *rap*" (nome eleito pelos alunos) foi sempre marcada por inúmeras rodas de conversa, onde, aos poucos, cada um foi se tornando responsável pelas suas atitudes e na construção de um espaço diferente, um espaço deles.
>
> Inicialmente, usei várias dinâmicas que conheci nas reuniões das quartas e também algumas atividades. Com o passar dos dias, conhecendo melhor os alunos e percebendo seus interesses e dificuldades, passei a usar atividades que, com certeza, lhes interessariam mais e que eles fariam com maior envolvimento...
>
> O lugar dos alunos não pode ser o do fazer. Faz a proposta e os alunos executam, isto não é projeto. Participam da negociação. O lugar do aluno não pode ser de executor. O desafio é esse, é conseguir colocar a conversa para onde o grupo está indo.

Assim, cada grupo foi tecendo um fio com o qual atividades foram costuradas, orientando as escolhas e organizando o trabalho coletivo. Os jogos, dos mais variados tipos (trilhas, bingos, forca, adedanha...), se mostraram bastante adequados aos interesses dos alunos, que, pouco a pouco, foram aprendendo a importância das regras, da concentração, da atenção, qualidades essencias para todos que querem ganhar um jogo. As oficinas (de pintura, grafite, teatro, dobraduras...) foram, para muitas turmas, o eixo estruturante do trabalho. Além das oficinas, muitos grupos desenvolveram projetos, como a confecção de um livro de literatura, a organização de um álbum de figurinhas, o estudo sobre aviões, sobre rádios comunitárias...), que possibilitaram a vivência de um trabalho mais a longo prazo, com a definição de objetivos, a organização das etapas do projeto, a distribuição do estudo na rotina semanal, dando subsídios para que os alunos se tornassem mais organizados e responsáveis.

As atividades não se reduziram à sala de aula, pois tínhamos clareza de que a aprendizagem não pode ser trancada em quatro paredes, principalmente quando o grupo de aprendizes é composto por adolescentes inquietos, acostumados à liberdade das ruas de seu bairro e que, agora, estavam submetidos a uma dupla jornada escolar. Mesmo sem recursos e condições para circular com esses alunos pelos espaços públicos da cidade, as professoras foram buscando as mais variadas estratégias para sair com eles do espaço de sala de aula:

> As excursões que fizemos foram valiosas, elas fizeram com que nos aproximássemos mais. Não dá para apagar da memória o brilho que senti no olhar de cada um ao retornar do Palácio das Artes e o acenar de mãos quando fui embora.

Estando cada grupo em um espaço distinto, foi preciso pensar estratégias para que houvesse um processo de interação para além do próprio grupo, pois sabíamos da importância de que esses alunos soubessem da existência dos outros grupos e do trabalho vivenciado por eles. Ao constatar as inúmeras dificuldades de se criar mais momentos de encontro, passamos a utilizar a correspondência entre eles como forma de interação. Assim, virou rotina, em muitas turmas, a escrita de cartas para outros grupos, bem como as respostas às cartas escritas. Além de canal de comunicação, essa estratégia abriu caminho para uma rica reflexão sobre produção e revisão de textos.

Todo esse trabalho foi revelando, pouco a pouco, a impossibilidade de se ter um planejamento fechado, pois é na interação com o grupo de alunos que o caminho vai sendo delineado; o que não significa a adoção de uma postura espontaneísta, já que todas as professoras tinham claros os seus objetivos com as atividades propostas. A forma de concretizá-los é que dependeu da trajetória de cada grupo.

Os problemas enfrentados

Não foram poucos os problemas enfrentados pelas professoras e alunos do projeto. Pensado de forma emergencial, acabou sendo, também, na sua concretização, bastante emergencial, sem as condições necessárias para se alcançar os objetivos propostos, o que só foi possível devido ao esforço pessoal de cada professora do projeto que, contra toda adversidade, foi criando condições para que o mesmo continuasse.

A questão do espaço foi objeto de muita reflexão em nossas reuniões de formação. Percebemos que as turmas que funcionaram dentro das escolas, na grande maioria, tiveram problemas com o espaço, não só em relação às condições precárias de muitas salas, mas também em relação à circulação desses alunos dentro desse espaço. Com o projeto sendo desenvolvido, muitas vezes, no mesmo turno que o de crianças do primeiro ciclo, esses alunos ficaram bastante marcados dentro do turno, principalmente se considerarmos que quase todos trazem, como característica, a inquietação, a indisciplina, a dificuldade de estar fechado em uma sala por quatro horas consecutivas. Também acabaram sendo vistos como os "alunos atrasados", "os que não sabiam nada" pelo restante da escola, adjetivos que iam na contramão de toda nossa proposta de trabalho, que tinha, como eixo fundante, o resgate da autoestima desses alunos. Em alguns casos, esses problemas foram resolvidos através do diálogo; em outros, a convivência foi conflituosa durante todo o processo.

Com esse projeto, foi possível perceber os conflitos que propostas como as que desenvolvemos criam no cotidiano da escola. Nesse sentido, fica clara a importância de um diálogo e uma parceria efetiva entre o projeto e as escolas que o recebem, no sentido de elas também se comprometerem a ajudar na construção de situações favoráveis para que alunos, com trajetórias de indisciplina e desrespeito às normas, possam ter a oportunidade de exercitar sua autonomia e responsabilidade, tarefa difícil, como aponta esta professora:

> ...percebi que a escola não está preparada para um trabalho diferente, que promova a autonomia e a dignidade dos alunos com este perfil: com dificuldades de aprendizagem e de respeitar regras de convivência.

Se, para alguns grupos, o espaço escolar foi bastante problemático, para outros, ele significou apoio, com algumas escolas disponibilizando o laboratório de informática, a quadra, a sala de vídeo, dando a possibilidade desses alunos viverem o espaço da escola de outra forma, com mais responsabilidade e interação.

As turmas que funcionaram em espaços extraescolares tiveram dificuldades em relação à infraestrutura, como a falta de merenda e de material, mas, no geral, contaram com o apoio das instituições que as receberam.

Outro problema muito difícil, enfrentado por nós, foi o de conseguir e garantir a frequência dos alunos do projeto. Cansados de estudar e não alcançar os resultados esperados, desacreditados das possibilidades dadas pelo espaço escolar, necessitados de trabalhar ou desejosos de brincar e passear, muitos dos alunos presentes nas listas recebidas pelas professoras não apareceram no projeto, e outros muitos não mantiveram uma frequência regular. Sem a presença dos alunos, era impossível atingi-los, e esse foi um dilema constante das professoras, que buscavam formas variadas de trazê-los de volta, como revela este depoimento:

> Ainda hoje, temos subido morro, descido ladeiras juntos, quando vamos chamar aqueles que estão desanimados e desaparecidos, exercício que intensificamos quando vamos fazer um passeio diferente, o que consideramos ser um bom motivo para reacender o ânimo para que voltem para o grupo. Mesmo assim, a infreqüência é a marca desse grupo, o que acaba abalando a convivência deles e provocando rupturas no aprendizado que começa a acontecer.

"Dar o melhor de si" foi postura adotada pelas professoras do projeto que não se intimidaram com o tamanho do desafio e a quantidade de problemas vividos e conseguiram o que muitos não acreditavam: desencadear, com a experiência vivida, um rico processo de formação, tanto para os alunos como para elas próprias.

Os resultados alcançados

Com poucos meses de trabalho, podemos dizer que os resultados alcançados nos animam a continuar a refletir sobre formas de atingir esse perfil de alunos, pois as mudanças observadas tocam em aspectos fundamentais de qualquer processo de formação.

A primeira grande mudança observada se refere à autoestima desses alunos. Acostumados com o papel de "fracassados", construído ao longo de sua trajetória escolar, eles criaram formas de resistência, sendo as mais comuns a acomodação e o descrédito em relação à sua capacidade de aprender. "Não dou conta, não sei, não quero, não me interessa","não, não, não" sempre eram as palavras recebidas pelas professoras em respostas às suas propostas de trabalho. Pouco a pouco, esses alunos começaram a se arriscar mais, a tentar, a revelar seus conhecimentos, a expor suas dúvidas, como nos mostra este depoimento:

Percebi nos alunos uma confiança a mais na capacidade deles de ler e escrever, um esforço por parte deles para terminarem sempre a atividade que iniciam; participam da construção da proposta de trabalho com iniciativa. A formação do nosso grupo está sendo um processo lento mas com avanços significativos.

Essa confiança e participação revelam um aumento na autoestima, um reconhecer-se como sujeito, uma capacidade de expressar-se diante de um grupo, de expor suas fraquezas, de acreditar que o outro pode querer ajudá-lo, atitudes que se refletiram de forma bastante positiva na construção e socialização do grupo, como nos conta esta professora:

Hoje somos um grupo diferente daquele que iniciou em agosto; conseguimos organizar melhor nossa manhã de trabalho, garantir o cumprimento dos combinados, avaliar juntos nossas atividades, crescemos na relação uns com os outros.

A construção de um grupo de troca e interação, como sabemos, é a base para qualquer processo de aprendizagem. Sem interação não há crescimento, não há possibilidade de ampliação do conhecimento. A aprendizagem é um processo social, e qualquer proposta pedagógica só será viável se o professor conseguir criar canais de interação com seus alunos, tarefa bastante difícil, se considerarmos as diferenças culturais entre esses sujeitos e as relações de poder que perpassam a instituição escolar.

Se hoje podemos avaliar que houve um grande avanço na interação entre as professoras e seus alunos, também é preciso reconhecer que isso exigiu muito esforço e só foi possível porque essas professoras assumiram esse desafio, "acreditando sempre nos alunos e em suas possibilidades, inclusive quando eles mesmos quase tinham desistido deles mesmos", como afirma uma professora.

A mudança na postura e na forma de conviver com o grupo não foi somente dos alunos. Todas as professoras também se modificaram, tanto pessoalmente como profissionalmente, pois, como disse uma professora do projeto, "ninguém sai ileso de um encontro com outra pessoa". Encontro com o outro que, como nos mostra este depoimento, exige uma profunda e difícil reflexão sobre sua prática e sua postura pedagógica, processo sempre carregado de muitos conflitos:

> Iniciei o projeto com a consciência de que deveria escutá-los, questioná-los, potencializar o que eles têm. No entanto, via-me naquele contexto com um modo de ser e um modo de ser professora cheio de conceitos e valores que entravam em choque com o que vivenciava. Uma necessidade de controlar o processo e os alunos, como se de mim dependessem todas as variáveis de relações e aprendizagens que ocorrem em sala de aula. Senti afetada, sugaram-me. Num determinado momento, devido às nossas conversas nas quartas, percepções de acontecimentos da sala de aula e reflexões individuais, percebi que deveria afrouxar um pouco o controle e a centralidade no que eu estava propondo. Passei a falar com eles o que eu estava percebendo. Passei a tentar escutar mais. (…) Afrouxei um pouco o controle mas isso não foi sinônimo de desordem. Falava o que incomodava e por que e pedia que me explicassem os seus porquês. Acredito que isso foi criando cumplicidade. Ora dizendo não e argumentando o motivo, ora pedindo que eles pensassem, ora ficando nervosa, triste, decepcionada e falando do sentimento e do que me fez sentir daquela forma.

Talvez a grande aprendizagem que todas nós, que participamos desse projeto, construímos, cada uma de sua maneira pessoal, é a de que educar exige o encontro de sujeitos, com suas limitações, seus defeitos, mas com a disponibilidade para o encontro com o outro. Temos buscado inúmeras formas e propostas para conseguirmos atingir, com nosso trabalho, esses alunos. Descobrimos, no projeto, que não há um único caminho, não há uma única fórmula, a não ser a de entender que esse caminho é o encontro entre dois sujeitos e não entre dois papéis – o de aluno e o de professor. "Afrouxar o controle, escutar mais que falar, expor sentimentos e inquietações" são atitudes de quem está se abrindo a uma relação, está criando diálogo e interação, o que, como bem relata essa professora, nunca é isento de fracasso, de descompasso, de "raiva" e de desânimo. Entender que esses desequilíbrios formam parte do processo e não retroceder por causa deles foi algo que aprendemos quando olhamos para trás e vemos os avanços construídos em todas as turmas. Realmente, tanto os alunos como nós, professoras, não saímos ilesos desse encontro; saímos com mais conhecimento, de nós mesmos e do outro, modificando nossa forma de ser e estar no mundo.

Os resultados desse encontro não ficaram circunscritos apenas no âmbito das relações sociais, transparecendo na própria relação que esses alunos passaram a estabelecer com a leitura e a escrita, refletindo numa maior competência acadêmica. Os avanços na construção de uma identidade de sujeito e de grupo possibilitaram uma maior competência na leitura e na escrita, competência que, por sua vez, foi dando suporte para uma maior confiança em si mesmo e no grupo, revelando a intrínseca relação entre aprendizagem e socialização.

A experiência nos revelou a impossibilidade de continuar com uma lógica excludente em que o trabalho com os conteúdos inviabiliza a participação dos alunos e vice-versa. Somente quando esses dois processos se encontraram em uma prática, foi possível assistirmos a cenas como as aqui descritas:

Cena 1

– Agora não dá, cara.

– Por quê?

– Vou ali com a professora passar um negócio a limpo.

Começo com esse diálogo entre meu aluno e outro aluno da escola, pois o mesmo reflete algumas mudanças que ocorreram em toda a turma. Vou situar melhor alguns elementos desse diálogo:

• O "negócio" que o aluno iria passar a limpo é uma carta que ele havia escrito para um aluno do projeto, de outra regional, rascunho escrito por ele e revisado no dia anterior.

• O diálogo aconteceu no pátio da escola. Estávamos chegando de um piquenique no Parque Ecológico. Cabe ressaltar que três alunos já tinham ido embora sem voltar à escola. "Eu também vou embora; por que eles podem ir e eu não?" seria uma frase típica do início do projeto e não o diálogo citado.

• Faltavam apenas dez minutos para o término da aula, fim de aula, sinônimo de querer ir embora, principalmente para esse aluno que, desde o início do projeto, tentava de todas as formas "matar" aulas, inventando motivos para sair de sala e ficando impaciente.

Muita coisa aconteceu ao longo desse processo que fez com que J. e outros alunos se tornassem menos resistentes à escrita e à leitura, demonstrando uma certa consciência das responsabilidades e também cumplicidade. Percebo que isso foi e é uma construção diária; nem todos os dias há harmonia.

Cena 2

Não há como deixar de relatar o dia em que receberam as cartas dos colegas das outras regionais. (...) Num outro momento, pedi que cada um pegasse uma carta diferente para responder. Nesse dia, percebi que a escrita tinha uma função para eles, que todo meu trabalho teve raízes.

M. respondeu para a turma que está realizando um trabalho com o tema futebol, pois adora jogar e havia acabado de passar num teste de goleiro; contou isso na carta. W. escreveu para a turma do aviãozinho, pois foi o primeiro a dizer que faria um igual; não conseguiu igual, mas o dele voou muito. J. respondeu ao aluno A., da outra turma, que foi solidário e juntou várias figurinhas. R. escreveu para os meninos que escreveram especificamente para ela. F., que ainda não sabe escrever e se cansa muito com as atividades propostas, quis desenhar símbolos de times de futebol. We. quis responder para as outras três garotas da outra turma. Cada qual no seu canto, com seu ritmo e com material que escolheram, começaram a responder. E... Silêncio... Quarenta minutos de absoluto silêncio. Estavam escrevendo sem reclamar, sem perguntar o que colocar e sem pedir que eu fizesse para eles.

Também são significativas as observações feitas por professoras e coordenadoras das escolas de origem dos alunos, revelando que o trabalho desenvolvido começou a dar resultados visíveis, também fora do espaço do projeto, como nos revela este relatório de uma das escolas:

> Ao analisarmos os alunos que estão participando deste projeto, podemos afirmar que algumas modificações já são notáveis, principalmente no que se refere à postura, autoestima, confiança, segurança e responsabilidade. Os quatro alunos preocupam-se com a freqüência, horário e com os vales que a escola fornece, ou seja, demonstram interesse em participar deste projeto e até um certo orgulho quando comentam as

atividades que lá desenvolvem, como, por exemplo, o passeio pela lagoa, o uso do computador, o banho de piscina.

Todo o processo vivido nos permite construir uma reflexão que transcende a experiência do projeto, alcançando a prática vivida nas escolas como um todo.

As lições da experiência

O tempo do projeto não nos permite retirar conclusões mais definitivas sobre o tipo de intervenção nele desenvolvido, mas a experiência vivida nos dá pistas para uma reflexão mais aprofundada sobre a relação entre escola, cultura juvenil e processo de alfabetização e letramento.

Emília Ferreiro (2002, p. 12), fazendo uma reflexão sobre a democratização da leitura e da escrita, afirma que "todos os problemas da alfabetização começaram quando se decidiu que escrever não era uma profissão, mas uma obrigação, e que ler não era marca de sabedoria mas de cidadania".

Nesse sentido, enquanto o ato de ler e de escrever não passou a ser instrumento de cidadania, a ideia de fracasso não existia. Mas o que essa reflexão contribui para nossa discussão?

Talvez a primeira reflexão seja a de se pensar nas relações entre letramento e cultura, pois, do contrário, estaremos pensando na escrita apenas como uma técnica. Se consideramos a escrita e a leitura como práticas culturais, isso deve aparecer em nosso trabalho cotidiano em sala de aula. Como viver essas práticas culturais dentro da escola? Como, de fato, criar canais de conexão entre a cultura dos alunos e a cultura letrada? Como fazer do letramento instrumento de inserção na cultura?

No projeto, esse foi um grande desafio. A leitura e a escrita, para esses alunos, sempre foram instrumentos de exclusão e discriminação. Pelo fato de não lerem com a mesma competência de seus pares de idade, esses alunos se sentiram desvalorizados, desacreditados, desautorizados diante do grupo. É lógico, então, perceber as dificuldades de eles se envolverem com o processo de letramento, de se mostrarem diante de um grupo, lendo ou produzindo um texto. A primeira barreira a ser quebrada, nos vários grupos, foi a de se criar

Escola, cultura juvenil e alfabetização – Lúcia Helena Alvarez Leite

um ambiente onde ler e escrever deixassem de ser tarefas escolares para se transformarem em instrumentos de expressão e comunicação. E o caminho encontrado foi a comunicação entre os vários grupos, viabilizado pelas inúmeras cartas trocadas durante o projeto, sempre com um objetivo real: ensinar um jogo, agradecer o material recebido, convidar para um campeonato.

As cartas, produzidas coletiva ou individualmente, foram instrumentos valiosos de comunicação e uma porta de entrada para o ensino e a aprendizagem da língua escrita. Há sempre uma queixa, por parte dos professores, de que tudo foi tentado e esses alunos não se interessaram por nada. E isso tem se mostrado uma realidade em muitos casos. A experiência do projeto nos revelou que, mais do que variar os tipos de atividades, é preciso criar uma conexão real entre escrita, leitura e práticas culturais. Envolvidos nesse processo de comunicação real, os alunos do projeto começaram a pensar sobre a língua, sobre o uso das letras, sobre a organização do texto, abrindo, assim, um canal para a intervenção das professoras no domínio do código.

Aqui, cabe uma sugestão para as escolas: criar, recriar, valorizar, priorizar canais reais de comunicação escrita entre os alunos, seja através de um jornal mural, de troca de correspondência, de divulgação dos projetos vividos. O desinteresse dos alunos está diretamente vinculado à falta de sentido que encontram nas atividades escolares propostas. Ou apostamos que desenvolver práticas culturais que envolvam a leitura e a escrita é o caminho viável para tornar esses alunos leitores e produtores competentes de texto, ou acabamos não rompendo com a velha tradição escolar de entender a alfabetização como técnica, como nos revela Emíla Ferreiro (2002, p. 13):

> A democratização da leitura e da escrita veio acompanhada de uma incapacidade radical de torná-la efetiva: criamos uma escola pública obrigatória precisamente para dar acesso aos inegáveis bens do saber contidos nas bibliotecas, para formar o cidadão consciente de seus direitos e de suas obrigações, mas a escola ainda não se afastou totalmente da antiga tradição: continua tentando ensinar uma técnica.

Esta foi uma primeira constatação do grupo: não era possível pensar na leitura e na escrita como técnicas, mas, sim, como práticas

219

culturais. O pensar sobre o código seria consequência desse processo e não apenas causa. Somente quando essa necessidade e esse sentido foram construídos, foi possível uma intervenção mais centrada nos aspectos formais da escrita, como nos conta esta professora:

> Tenho feito atividades de leitura e escrita que não estão dentro da temática das figurinhas das balas de *Ice Kiss*, mas que estão sendo bem-aceitas, pois atendem às dificuldades que eles já têm consciência que têm: muitas trocas e omissões de letras na escrita, dificuldade na leitura, entre outras.

Se a leitura e a escrita são práticas culturais, é preciso, então, refletir sobre a cultura experiencial desses alunos para que nossa intervenção seja adequada. Nesse sentido, é importante pensar nas competências necessárias para ser professor de adolescentes e jovens e na formação desses professores. Com certeza, sem entender o sentido do grafite, do *rap*, sem conseguir entender o sentido da linguagem desses jovens, temos pouca chance de intervir em seu processo de formação. Mais que negar essa cultura, é preciso conhecê-la, sintonizar com ela, se entendemos que nosso papel é o de educador de um grupo de jovens e não professor de uma determinada matéria.

Este foi outro grande desafio do projeto: entrar no mundo cultural desses jovens, compreender seus gostos, suas ilusões, seu universo de crenças, sua linguagem. Foi um processo difícil, pois muitas das professoras não tinham experiência com adolescentes. O caminho encontrado foi um contato com o mundo da cultura juvenil de periferia, conversando com participantes de projetos culturais da cidade, participando de oficinas de grafite, ouvindo e estudando sobre grupos de *hip-hop*, de *rap*, buscando levar para dentro do projeto oficinas diversas: capoeira, percussão, pintura, grafite... Aos poucos, fomos conseguindo transformar o espaço do projeto em espaço de vivências culturais, rico de significados para os alunos e as professoras.

Talvez este seja um desafio demasiado grande para nossas escolas: transformar-se em espaços culturais, espaços vivos de cultura e de aprendizagem. Mas acreditamos que esse deve ser o norte, o rumo para realizarmos as mudanças e inovações necessárias no espaço escolar. O descompasso entre a cultura escolar e a cultura de origem de nossos alunos tem trazido graves conflitos para muitas escolas. Nós, a partir da experiência vivida no projeto e de muitas outras experiências existentes, acreditamos que o caminho para a superação desses problemas está na conexão significativa entre estes dois universos: o da escola e o dos alunos.

Buscando essa conexão, a experiência do projeto revelou que a organização de oficinas foi um caminho que se mostrou bastante produtivo. Participando de oficinas, esses alunos não só passaram a dominar as habilidades específicas desenvolvidas ali mas também expressaram seus sonhos e sua forma de ser. Mas não aprenderam só isso. Também aprenderam muito sobre disciplina, respeito, organização, autonomia, aprendizagens fundamentais para qualquer estudante. Nas oficinas, também viveram situações reais de uso da leitura e da escrita. Ao trabalhar com a montagem de uma rádio comunitária, por exemplo, esses alunos tiveram que se deparar com uma série de questões da linguagem oral e escrita, de forma significativa para eles. Na oficina de grafite, aprenderam formas diversas de se escrever o alfabeto. Na de música, copiaram e decoraram as letras das canções.

Sabemos que muitos de nós, professores, não temos habilidade nem competência artística para coordenar a maioria das oficinas que interessam a esses adolescentes. Procurando superar essa dificuldade, passamos a buscar parceria com projetos culturais que já existem na cidade, levando os participantes desses projetos – quase todos jovens de periferia – para fazerem parte do grupo de professores das turmas, como agentes culturais. O resultado foi bastante positivo. Conhecendo a realidade da periferia, falando a linguagem desses adolescentes, a presença dos agentes culturais deu um novo rumo ao trabalho. Espelhando-se nesses jovens, os alunos foram, pouco a pouco, percebendo que também podiam ser como eles, aumentando assim sua autoestima e sua dedicação ao trabalho.

Apesar dessas oficinas propiciarem condições fundamentais para o processo de aprendizagem de qualquer conteúdo escolar, parece que ainda não acreditamos que elas são momentos de ensino e de aprendizagem escolar. Quando existem nas escolas, são sempre em horários extraturno ou como momentos pontuais, quase nunca como parte da rotina, pois, ainda, há um entendimento de que, se colocarmos as oficinas na rotina semanal, não teremos tempo de "ensinar os conteúdos". O projeto ousou romper com essa dicotomia, entendendo que os conteúdos são instrumentos culturais que só fazem sentido se cumprem sua função: a de possibilitar uma maior compreensão e inserção da e na realidade social. Portanto, têm que estar vinculados a situações reais de formação.

Nesse sentido, a experiência nos revelou os limites e os desafios de se pensar no processo de formação dentro da instituição escolar. Necessitando de normas e regras para que os diversos grupos possam conviver dentro de um mesmo espaço, muitas vezes, a escola cria uma organização que, contraditoriamente, acaba por dificultar o processo de construção de limites e responsabilidades pelos alunos, diretamente relacionados com a construção da autonomia dos sujeitos. Se tudo está estabelecido, se tudo está controlado, o espaço para a negociação de significados fica bastante limitado, cabendo a esses sujeitos apenas o papel de obedecer ou de transgredir essas normas. O contraponto do autoritarismo é a falta de responsabilidade dos que não se sentem sujeitos do processo, e a prática de muitas escolas tem confirmado isso.

A experiência mostrou que o exercício de construção coletiva das normas de funcionamento do grupo, de definição de responsabilidades não é fácil, exigindo uma avaliação contínua e muitos debates para superar os conflitos que toda norma coletiva acaba criando no interior de cada grupo. O processo foi lento, mas os resultados revelaram um amadurecimento no sentido de cada aluno assumir, como próprias, as normas construídas coletivamente. Em muitos momentos de conflito, os próprios alunos fizeram uso dos combinados estabelecidos para defenderem sua posição dentro do grupo. Podendo fazer parte integrante do processo, esses alunos, sempre os mais transgressores em sua escola de origem, passaram a assumir responsabilidades até então impensáveis para eles: preparar e distribuir o lanche do grupo, circular sozinho pela escola em busca de algum material, andar pelo bairro de forma autônoma. Muitos deles tiveram uma mudança também dentro de seu grupo de origem; outros assumiram uma "dupla personalidade": bagunceiros e transgressores em sua escola, responsáveis e autônomos no projeto, revelando que o ambiente influencia, em muito, a forma como nos inserimos dentro dele.

Talvez o desafio a ser enfrentado seja pensar em como colocar em funcionamento, de forma organizada e produtiva, uma instituição como a escola, sem que isso tenha que significar, necessariamente, a morte do sujeito, o abandono do diálogo, do espaço da negociação. Algumas escolas têm a prática de assembleias semanais com seus alunos, verdadeiros fóruns de debate e de negociação. Muitos professores e professoras têm a prática de, regularmente, abrirem uma roda de conversa com seu grupo para acertar os rumos do trabalho. Ações como essas têm apontado um caminho a seguir na busca da superação desse desafio. Outras escolas, infelizmente, têm ido na direção contrária, endurecendo as leis, cerceando o diálogo, acreditando que a colocação de grades e cercas elétricas vai trazer segurança e evitar a violência daqueles que, já excluídos socialmente, se sentem também excluídos dentro da escola e reagem, de forma violenta, a essa situação.

Sabemos que essa é uma discussão polêmica e complexa, mas entendemos que ela tem que ser feita se queremos contribuir para a formação de alunos com o perfil dos que participaram do projeto. O sucesso nem sempre é alcançado. Apesar de todos os esforços e de um resultado bastante animador, não conseguimos atingir todos os alunos. Alguns ainda se mostraram agressivos tanto no projeto como em sua escola de origem. Outros não se integraram ao grupo, insistindo no isolamento como forma de resistência. Mas entendemos que isso só nos revela que o processo é longo e exige constância e persistência, como exige todo e qualquer processo de formação.

Todas essas lições nos fizeram pensar sobre as implicações dessa experiência na constituição de políticas públicas para esse perfil de aluno, no sentido de construir conexões entre educação escolar, cultura juvenil e participação cidadã, possibilitando que esses jovens sejam sujeitos de seu processo de formação e transformando a escola em espaço de cultura viva para jovens com uma trajetória de exclusão social, como os que participaram do projeto.

REFERÊNCIAS

ESCOLA PLURAL. *Proposta político-pedagógica da Rede Municipal de Educação.* Belo Horizonte: Secretaria Municipal de Educação de Belo Horizonte, 1996.

FERREIRO, E. *Passado e presente dos verbos ler e escrever.* São Paulo: Cortez, 2002.

Educação Matemática de Jovens e Adultos:

discurso, significação e constituição de sujeitos nas situações de ensino-aprendizagem escolares

Maria da Conceição Ferreira Reis Fonseca

A inserção acadêmica no campo da Educação de Jovens e Adultos

No início dos anos 90, as atividades de formação docente que desenvolvia como professora da Faculdade de Educação da Universidade Federal de Minas Gerais foram, cada vez mais, proporcionando oportunidades para que eu me inserisse em projetos, discussões e estudos no campo da Educação de Jovens e Adultos (EJA).

A uma certa altura, tomei a decisão de tornar essa inserção uma opção de construção de trajetória acadêmica, não só pela enorme demanda por uma reflexão sistemática e pela proposição responsável de alternativas para questões da EJA que se nos apresentavam nas experiências que acompanhávamos, estudávamos ou propúnhamos (em particular, no que se referia ao trabalho escolar e, especificamente à educação matemática), mas também – e, talvez principalmente – por uma identificação pessoal com as preocupações que movem ações e atores da EJA, marcadas pela perspectiva de transformação das relações de exclusão e da promoção de melhores condições – individuais, socioculturais, políticas – de constituição dos sujeitos.

Passei, então, a direcionar intencionalmente boa parte de minhas atividades acadêmicas para o atendimento a demandas e para a proposição de projetos na área da Educação Básica Escolar de Jovens e Adultos, encaminhando e supervisionando alunos nos estágios curriculares em iniciativas de EJA e no ensino regular noturno; desenvolvendo e orientando projetos de pesquisa que tomam a Educação Matemática de Jovens e Adultos como objeto ou campo; participando de programas de implantação da EJA e de formação de educadores, desenvolvidos por órgãos públicos e comunitários; e compondo a coordenação do Núcleo de Educação de Jovens e Adultos da Faculdade de Educação (Neja), que é responsável pelo "Programa de Educação Básica de Jovens e Adultos da UFMG" (Pebeja).

No âmbito desse programa, acompanho o processo de escolarização de seus alunos (jovens e adultos que cursam o Ensino Fundamental ou Médio), a formação de seus professores (estudantes dos cursos de Licenciatura da UFMG) e a contínua construção de sua proposta e dinâmica político-pedagógicas – oportunidades que considero fundamentais para minha inserção pessoal e acadêmica no campo da EJA.

Com efeito, a participação nos Projetos de Extensão, de Ensino e de Pesquisa que compõem esse programa proporcionou-me a realização de atividades pedagógicas (elaboração, orientação, implementação, avaliação, coordenação) no ritmo e na dinâmica ditados pelo *noite a noite* do processo de escolarização de nossos alunos da EJA (cerca de 450) e de formação de seus educadores (mais de 50 bolsistas de extensão que, por dois anos, atuam, sob supervisão, como professores nos diversos projetos desse programa, além dos quase 300 estagiários/ano, que neles observam, investigam ou desenvolvem trabalhos em momentos específicos). Além disso, a preocupação em sistematizar, divulgar e discutir a reflexão demandada e alimentada por essa participação levou-me à contínua elaboração, à apresentação em diferentes fóruns, e à publicação em diversos veículos, de artigos, relatórios, propostas e análises, pautados nessa experiência, ou legitimados por ela. Mas, principalmente, trabalhar nesse programa proporcionou-me conviver com os sujeitos da EJA – educandos e educadores – confrontando-me com, direcionando minha sensibilidade para, e desafiando-me a compreender, e a compartilhar de, novas possibilidades de leitura do mundo, de posicionamento e de ação nele.

A questão da significação
na Educação Matemática de Jovens e Adultos

Indagações específicas sobre a questão da significação na aprendizagem adulta da matemática básica, e sobre o sentido que os alunos da EJA atribuem a aprendê-la, emergiram de minha atuação como coordenadora da área de matemática nos Projetos de Ensino Fundamental de Jovens e Adultos – 1º. e 2º. Segmentos (Proef-1 e Proef-2), vinculados ao Pebeja, e desencadearam a formulação do projeto de pesquisa que viria a subsidiar a elaboração de minha tese de doutoramento, defendida em 2001, na Faculdade de Educação da Universidade Estadual de Campinas sob o título: "Discurso, memória e inclusão: reminiscências da Matemática Escolar de alunos adultos da Escola Fundamental" (FONSECA, 2001).

Nessa pesquisa, retomei a discussão da questão da significação, inserida nos contextos de ensino-aprendizagem da matemática, que vinha permeando as investigações por mim desenvolvidas desde os tempos do mestrado[1]. Mas, tomada no contexto da EJA, a questão da significação passava a ser considerada a partir dos sujeitos envolvidos – alunos adultos, que vivenciaram a exclusão escolar – numa abordagem que me levaria a referenciá-la num marco histórico-cultural.

Foi por adotar essa perspectiva histórico-cultural na reflexão sobre a significação da matemática que se aprende – e do ato de aprendê-la (e ensiná-la) – que meu trabalho acabou por enveredar-se pela análise dos aspectos discursivos das interações entre os sujeitos da EJA, em particular, daquelas que se configuram como situações de ensino-aprendizagem da matemática; mais do que isso, passei a conceber tais situações como um fenômeno essencialmente discursivo, e a assumir essa concepção não apenas nos exercícios analíticos

---

[1] Mestrado em Educação Matemática, realizado no Programa de Pós-graduação em Educação Matemática da Universidade Estadual paulista – UNESP/Rio Claro, sob a orientação do prof.dr. Mário Tourasse Teixeira. Dissertação defendida em 1991, intitulada: "O evocativo na Matemática: uma possibilidade educativa".

que o trabalho investigativo demanda e propicia, mas também na orientação de educadores, na proposição e avaliação de alternativas, na discussão e no enfrentamento dos desafios e na apreciação e na potencialização das possibilidades que a Educação Matemática de Jovens e Adultos nos oferece.

Com efeito, a perspectiva histórico-cultural, ao subverter o etnocentrismo – tão marcado nas relações com o saber escolar – obriga-nos[2] a compreender as situações de ensino-aprendizagem vivenciadas, observadas, propostas, orientadas ou analisadas nas experiências de Educação Matemática de Jovens e Adultos como arena de negociação de sentidos. A negociação, entretanto, realiza--se de modo privilegiado por meio das interações discursivas; sobre tais interações, lançaremos nosso olhar investigativo, na disposição de identificar possibilidades e limitações do jogo interlocutivo na constituição de alunos e professores como sujeitos de aprendizagem e cultura. Essa compreensão discursiva das situações de aprendizagem, por sua vez, parece-nos favorecer e exigir que se considere a significação em sua dimensão *histórica*, determinada pelas condições sociais de sua existência, pois acreditamos que é compartilhando da dimensão histórica da significação, vislumbrando a historicidade em sua materialidade, que se constituem os sujeitos.

Assim, para inclusão da *história* na construção do sentido do aprender e do ensinar matemática e da matemática que é ensinada e aprendida, será preciso considerar seu aspecto *interacional* (do ensino-aprendizagem e da matemática) e também seu aspecto *interdiscursivo*.

A *interação* se conforma no jogo interlocutivo que articula os enunciados proferidos pelos sujeitos que a ele se dispõem numa situação discursiva específica. Ela instaura a situação de ensino-aprendizagem, urdida na trama das enunciações, realizadas em enunciados que se alternam ou se sobrepõem, competem ou se reforçam, mas que ao serem realizados – e por sê-lo –, convocam os interlocutores a assumirem posições, a se postarem como sujeitos.

O *interdiscurso*, por sua vez, é a relação de um discurso com outros discursos. Essa relação não se dá a partir de discursos

---

[2] Assumo, a partir daqui, a primeira pessoa do plural, para incluir educadores e pesquisadores com quem trabalho e que compartilham das ideias que passo a discutir.

empiricamente particularizados, mas são as próprias relações entre discursos que dão a particularidade que constitui cada discurso. Para Orlandi (1992), "o interdiscurso é o conjunto do dizível, histórica e lingüisticamente definido. (...) Ele se apresenta como séries de formulações distintas e dispersas que formam em seu conjunto o domínio da memória" (p. 89-90).

A compreensão da *interdiscursividade* constitutiva das situações de ensino-aprendizagem da matemática é, pois, fundamental para que possamos considerar a dimensão histórica da significação. Com efeito, quando nos dispomos a analisar, propor, realizar, avaliar situações de ensino-aprendizagem da matemática na EJA, numa perspectiva discursiva, somos obrigados a perceber que os enunciados que nelas são proferidos, em seu conteúdo, sua forma e sua oportunidade, mobilizam relações entre textos diferentes, ou seja, são permeados pela intertextualidade. E é justamente aí que se dá o lugar de sua historicidade específica: a enunciação que se realiza na (e que realiza a) situação de ensino-aprendizagem da matemática se relaciona com "a enunciação de outros textos efetivamente realizados, alterando-os, repetindo-os omitindo-os, interpretando-os" (GUIMARÃES,1995, p. 68). Dessa maneira, entendemos que "pela interdiscursividade e sua necessária intertextualidade, o sentido não é formal, mas tem uma materialidade, tem historicidade." (Ibidem, p.68).

A malha das condições de produção de sentido para o edifício matemático e para sua construção, seja pelos matemáticos, seja pelos professores, seja pelos estudantes, inclusive, e de modo especial, pelos alunos da EJA, será então composta pelas relações entre discursos *de* e *sobre* Matemática que conformam as posturas que se assumem em relação a esse conhecimento, a seu ensino e a sua aprendizagem. Nesses discursos explicitam-se modos de se relacionar conhecimento, ambiente, sujeitos e lugar histórico que se materializam nas escolhas e omissões, nas formas de expressão e de supressão, na identificação, atendimento, preocupação ou arquivamento das necessidades e na mobilização e no alargamento das possibilidades que serão objeto e justificativa da interação que constitui o processo de ensino e aprendizagem da matemática, particularmente se esse processo se dá no contexto escolar.

A significação, portanto, se envolve processos cognitivos individuais, é, todavia, forjada na trama – tecida por uma consciência histórica – das negociações de sentido entre aprendizes, professores e materiais didáticos ali disponíveis, confrontados com outros tantos personagens e enredos que habitam ou visitam a sala de aula (ou outros contextos de aprendizagem), impregnados de textos diversos, cujo principal portador é a *memória* que ali se faz coletiva.

Significação, memória e ideologia

O caráter interdiscursivo das interações que se realizam nas situações de ensino-aprendizagem da matemática na EJA não apenas surge como decisivo para que se assuma a dimensão histórica da significação (e, portanto, do aprendizado) como também nos remete à sua impregnação pelos processos e conteúdos da memória, tomada como fenômeno social, de constituição coletiva.

Em nossas reflexões, entretanto, aprendemos a considerar, como Billig (1990), que, "se a memória é determinada coletivamente, então também o será ideologicamente, uma vez que os processos coletivos que permitem que se dê a memorização são parte de padrões ideológicos mais amplos" (p.77).

Esbarramos assim num dos conceitos mais "escorregadios e debatidos das ciências sociais" (BILLIG, 1990, p.77) – que é o conceito de *ideologia* – empregado de formas muito distintas pelas diferentes escolas do pensamento.

Se nos arriscamos a tomar aqui o delicado conceito de ideologia, é porque nos foi parecendo decisivo, para a compreensão das situações de ensino-aprendizagem da matemática escolar no contexto da EJA considerar os modos pelos quais "as forças ideológicas afetam e constituem os processos psicológicos da memória" (BILLIG, 1990, p. 77), para além, contudo, de uma interpretação simplista que estabeleça uma relação causal, em que a ideologia controle a psicologia individual.

Para Billig (1990),

> a ideologia será uma forma de memória social, na medida em que constitua o que se recorda coletivamente, e também o que se esquece, ou que aspectos da história da sociedade

> seguem sendo comemorados ou quais são relegados aos arquivos do esquecimento. (p.77)

É nesse sentido que nos interessa identificar *padrões de crença e práticas* (THOMPSON, 1986), permeando aquilo de que se recorda – e se diz do que se recorda –, padrões esses marcados pelas relações de poder que se definem nas (e definem as) interações de ensino-aprendizagem da matemática.

O sujeito ideológico surge aqui, como em Billig (1990), como um sujeito retórico, ou seja, "as pessoas utilizam a ideologia para pensar e discutir sobre o mundo social, e, por sua vez, a ideologia determina tanto a natureza de tais argumentos quanto a forma retórica que adquirem" (p. 78).

É com essa perspectiva que, na análise das situações de sala de aula, julgamos esclarecedor (e fértil) procurar identificar elementos retóricos constituídos ideologicamente, incrustados no processo e no produto das enunciações de educadores e educandos.

Em particular, vemos a marca retórica da ideologia – que teria constituído tanto o elenco dos conteúdos tematizados quanto o das omissões ali flagradas – refletir-se nos discursos *sobre* Matemática, realizados frequentemente pelos sujeitos da EJA, e que marcam as posições e as relações que ali se estabelecem.

Nesses discursos, alunos e professores ecoam outros discursos sobre uma tal "dificuldade" da Matemática, e também sobre o seu "poder de desenvolver (ou de avaliar) o raciocínio humano"; sobre sua "(in)utilidade"; sobre o seu caráter "preditor", "organizador" e "controlador"; e, até mesmo, sobre o seu potencial "criador" (cf. FONSECA, 2001, p. 202-219).

A memória coletiva que informa esses discursos e se conforma neles infiltra-se nos enunciados proferidos por alunos e por professores e os permeia com todo um conjunto de *lugares comuns*, que são tomados como "conhecimento normal e significativo, (...) representado, e, portanto, evocado, a partir de algum tipo de memória mantida coletivamente" (BILLIG, 1990, p.86), dos quais os sujeitos lançam mão sem se darem conta de que seu discurso "não será mais do que um eco" (HALBWACHS, 1990) de outros discursos, em cuja argumentação "a memória prevalece sobre a dedução, o passado sobre o presente" (Moscovici, 1983, p. 24).

A dimensão coletiva da memória semântica e dos modos de matematicar

Entretanto, as enunciações que tematizam a Matemática em situações de ensino-aprendizagem merecem ser consideradas com cuidado. Se é preciso que estejamos atentos para que possamos identificar, acolher, analisar, questionar, e incorporar às condições de negociação de sentidos as marcas ideológicas que permeiam os discursos *sobre* Matemática, há que se preparar também educadores e pesquisadores para a percepção, a compreensão, e a efetiva integração, de maneira respeitosa e produtiva, dos discursos *da* Matemática construídos nas interações de sala de aula com as contribuições de aprendizes e professores.

Os discursos *sobre* Matemática trazem para a negociação de sentidos, um locutor que se afasta do objeto, ao tomá-lo como algo *dado*, e que sobre ele emite um julgamento, ecoando opiniões e influências, cuja explicitação nos parece ser uma responsabilidade formadora e um fértil recurso do processo educativo.

Os discursos *da* Matemática, por outro lado, são aqueles em que se fala dos procedimentos e conceitos *em atividade*: alunos e professores narram ou discutem procedimentos, elaboram e exploram conceitos, como um recurso para estruturar, explicitar, justificar ou questionar seu fazer matemático. Nos discursos da Matemática, a memória atua como processo *de pensamento*, diferentemente do que ocorre na produção dos discursos *sobre* Matemática, quando a memória se porta como processo *de conhecimento*.

A distinção entre *conhecimento* e *pensamento*, estamos buscando em Chauí (1980), por considerá-la útil para discutir as marcas ideológicas nos discursos que se constituem nas, e que constituem as, situações de sala de aula. Segundo a distinção proposta por Chauí,

> o conhecimento é a apropriação intelectual de um certo campo de objetos materiais ou ideais como *dados*, isto é, como fatos ou como idéias. O pensamento não se apropria

> de nada – é um trabalho de reflexão que se esforça por elevar uma experiência (não importa qual seja) à sua inteligibilidade, acolhendo a experiência como indeterminada, como não saber (e não como ignorância) que pede para ser determinado e pensado, isto é, compreendido. Para que o trabalho do pensamento se realize é preciso que a experiência *fale de si* para poder *voltar-se sobre si* e compreender-se. O conhecimento tende a cristalizar-se no discurso sobre; o pensamento se esforça para evitar essa tentação apaziguadora, pois quem já sabe, já viu e já disse não precisa pensar, ver e dizer e, portanto, também nada precisa fazer. A experiência é o que está, aqui e agora, pedindo para ser visto, falado, pensado e feito. (p. 27, grifos da autora)

Essa distinção nos interessa aqui, uma vez que "uma das operações fundamentais da ideologia consiste em passar do discurso *de* ao discurso *sobre*" (CHAUÍ, 1980, p.27). É por isso que nos parece importante estar atentos às enunciações que produzem enunciados do tipo "A matemática é...", "Acho que o ensino de matemática deveria...", "O bom professor de matemática é aquele que..." (pronunciados com maior frequência pelos alunos adultos do que pelos alunos jovens, mas sugeridos por uns e outros, e por seus professores, e alimentados, inclusive, por sua aceitação tácita, ainda que não sejam efetivamente realizados em sala de aula) – que constituem um discurso *sobre* Matemática. Mas também é preciso aprender a compreender e incorporar à dinâmica pedagógica aquelas enunciações em que alunos e professores falam *de* matemática. Nessas oportunidades, professores e alunos falam *de dentro* da Matemática, a partir de um modo de pensar matemático, construído na experiência de *matematicar*. Esse discurso *da* Matemática é forjado numa memória semântica, e, por sua vez, a alimenta.

A memória semântica, contudo, também se configura coletivamente. Os sujeitos supõem-na compartilhada por seus interlocutores, na medida em que tomam do discurso que ela conforma, não apenas para organizar e encaminhar suas estratégias de ver, falar, pensar e fazer matemática, como também para justificá-las perante o grupo. Constitui, pois, memória coletiva que os auxilia no estabelecimento de uma relação dialética entre teoria e prática, "de modo que aquela se construa como conhecimento das condições reais desta, e esta se revele como atividade social ao mesmo tempo *produzida* por condições sociais determinadas e *produtora* de condições sociais determinadas" (SOARES, 1991, p. 49-50).

É por isso que temos recorrido às discussões sobre memória na consideração das situações de ensino-aprendizagem da matemática na EJA como um fenômeno discursivo. Em particular, procuramos o aporte de trabalhos que têm mostrado como processos da memória se forjam socialmente por meio da conversação (cf. EDWARDS & MIDDLETON, 1986, 1988; MIDDLETON & EDWARDS, 1990; BILLIG, 1990): lembranças se reconstroem conjuntamente, mediante um discurso que supõe que os sujeitos que dele participam também as compartilhem.

Com efeito, se Bartlett (1932) considerava que mesmo o processo mais interno dos indivíduos que recordam é, na verdade, um processo *construtivo,* Shotter (1990) proporá que "esse processo construtivo não é apenas formalmente de tipo *social*, mas também está estruturado como processo *retórico* (ou argumentativo)" (p.148). O autor refere-se aí não apenas ao aspecto da retórica que costuma ser mais familiar e que tem relação com sua função persuasiva; ele dá um destaque especial aos poderes *poéticos* (do grego, *poiesis*: criação, processo de dar forma) da linguagem, que lhe permitem "'dar' ou 'emprestar' uma *primeira forma* ao que, de fato, são apenas sentimentos ou atividades parcial ou vagamente ordenados, para dar um sentido compartido a circunstâncias já compartidas" (p.141).

Essa dimensão semântico-pragmática da rememoração, constitutiva dos modos de se ensinar e aprender Matemática, de resolver problemas matemáticos, de organizar e analisar matematicamente uma situação, de criar conceitos ou procedimentos matemáticos, enfim, de matematicar, ademais, também se configura como coletiva, ainda que os sujeitos que componham uma classe específica numa escola de EJA jamais tenham convivido uns com os outros, antes de serem reunidos numa mesma sala de aula de adultos: os enunciados que proferem nas interações discursivas que ali se realizam constituem-se das vivências lembradas que não se referem a fatos de interesse exclusivamente pessoal, mas que são justamente aquelas "que se encaixam no marco aportado por nossas instituições sociais – aquelas em que temos sido socializados – caso contrário, não se recordariam" (SHOTTER, 1990, p.148). Será, pois, na relação do sujeito sociocultural com

Educação Matemática de Jovens e Adultos – Maria da Conceição Ferreira R. Fonseca

essas instituições que se forjarão os princípios de seleção do que é lembrado e do que é esquecido, do que se diz do que é lembrado e do que se silencia, e dos modos do dizer e do não dizer.

Dessa maneira, essa relação também definirá os modos de *matematicar* que os sujeitos mobilizarão, tentarão ou desejarão mobilizar no contexto escolar e a compreensão, e muitas vezes a explicitação, de sua marca no fazer matemático de alunos e professores podem ser decisivas para o estabelecimento de uma relação de respeito e de corresponsabilidade nos processos de negociação de significados na sala de aula (ou em outros contextos de aprendizagem).

Os modos de *matematicar* dos alunos da EJA constituem e refletem sua identidade sociocultural, que, a despeito das diversidades das histórias individuais, é tecida na experiência das possibilidades, das responsabilidades, das angústias e até de um quê de nostalgia, próprios da vida adulta; delineia-se nas marcas dos processos de exclusão precoce da escola regular, dos quais sua condição de aluno da EJA é reflexo e resgate; aflora-se nas causas e se aprofunda no sentimento e nas consequências de sua situação marginal em relação à participação nas instâncias decisórias da vida pública e ao acesso aos bens materiais e culturais produzidos pela sociedade; incorpora, ainda, recursos e alternativas aprendidas ou construídas no enfrentamento das demandas eventuais ou rotineiras, urgentes ou crônicas, para as quais são apresentadas soluções ou paliativos, ditados por visões pragmáticas ou românticas, e por movimentos de audácia ou de conservação, mas que revelam um sujeito responsivo que se posiciona (porque sua condição adulta o obriga a isso) diante das interpelações que a vida lhe impõe ou que ele impõe à sua vida.

O fazer, o pensar e o aprender Matemática dos alunos da EJA, por comporem essa identificação sociocultural (e valerem-se dela), também serão constituídos pela e na relação dos sujeitos com as instituições sociais, igualmente marcada por sua identidade sociocultural. Em particular, nas interações que acompanhamos, que têm lugar, ocasião e estrutura oportunizadas pelo contexto escolar, e, mais do que isso, num contexto de *retomada da vida escolar*, os sujeitos privilegiam os modos de relação com a Escola, modos de relação socioculturalmente compartilhados, para construírem seus enunciados *de* (e também *sobre*) Matemática, em seu conteúdo, forma e linhas de argumentação. Nas análises que fazemos e, principalmente, em nossas ações pedagógicas, devemos, por isso, considerar que os alunos da EJA compartilham uma memória matemática coletiva, sociocultural, ao mesmo tempo presumida e construída no âmbito das interações discursivas, e que informa e recorta o (mas também alimenta-se do) que dizem alunos e professores, de e sobre matemática, que é justamente aquilo "que ele (o falante) julga que aparecerá na atenção do ouvinte por efeito da interação verbal" (ILARI, 1992, p.134).

Esse é um aspecto fundamental deste nosso modo de compreender a Educação Matemática de Jovens e Adultos, e que o justifica, na medida em que insere nossa reflexão num conjunto de esforços de caracterização do alunado da EJA como um *grupo sociocultural*. Como tal, esse grupo tem perspectivas e expectativas, demandas e contribuições, desafios e desejos próprios em relação à Educação Escolar. Cabe, pois, às instituições educacionais se comprometerem com uma política de inclusão e de garantia do espaço do adulto na Escola, o que implica uma disposição para a reflexão e para a consideração dessas especificidades no delicado exercício de abandono e de criação, de reordenação e de (re-)significação das práticas pedagógicas da EJA.

Os processos de ensino-aprendizagem da matemática como fenômenos de interação verbal e de constituição do sujeito

É com esse olhar que nos temos voltado para a Educação Matemática de Jovens e Adultos, para compreender os processos de ensino-aprendizagem da Matemática como arena de negociação de significados, e, como tal, estratégia de constituição do sujeito. É, ainda, essa perspectiva que nos levou a, como postula a professora Magda Soares – e, sem dúvida, por influência dela –, tomá-los como *fenômenos de interação verbal*, que se realizam em sua enunciação (SOARES, 1998, p.72).

As análises que fazemos das enunciações que se forjam nas (e que forjam as) situações de ensino-aprendizagem da Matemática na EJA, entretanto, não querem circunscrevê-las à situação específica em que emergem, mas procurarão sempre relacioná-las ao interdiscurso, pois é essa relação que lhes confere historicidade. "A historicidade de sua relativa autonomia", diria Guimarães (1995,p.69). Mais do que como meras referências a conceitos ou procedimentos *da* Matemática, ou de opiniões *sobre* a Matemática, que se pretende aprender ou ensinar, queremos compreender a enunciação, e os enunciados que a compõem, como esforços de produção de sentido da Matemática que se ensina e se aprende numa situação específica, mas também de produção de sentido do próprio aprender Matemática. Isso nos impõe ultrapassar uma compreensão da contribuição dos enunciados apenas num nível *informativo*, restrito à possibilidade de expressar conteúdos, procedimentos ou opiniões que se procura aprender, ensinar, mobilizar, questionar, avaliar... Não vemos nossos sujeitos – alunos e professores da EJA – como locutores que "colocam a língua em funcionamento" para expressar aquilo que entendem, querem entender ou querem fazer entender de e sobre esse ou aquele tópico de Matemática. Educadores e educandos são compreendidos, sim, como indivíduos cognoscitivos, mas que ocupam posições de sujeito naquele acontecimento enunciativo, "e isto, por si só, põe a língua em funcionamento por afetá-la pelo interdiscurso, produzindo sentidos" (GUIMARÃES, 1995, p. 69).

A enunciação será, desse modo, um acontecimento de linguagem perpassado pelo *interdiscurso* (que se dá como espaço de *memória* no acontecimento). É um acontecimento que se dá porque a língua, a matemática, a cognição funcionam ao serem afetadas pelo interdiscurso. É, portanto, quando o indivíduo se encontra interpelado como sujeito e se vê como identidade que ele exercita os processos de significação, dando-lhes expressão.

O sentido da matemática que se aprende é também, para todos os alunos e professores, mas, de maneira dramática para os sujeitos da EJA, indissociável do sentido que se constrói no e do processo de ensino-aprendizagem e incorpora os efeitos dessa enunciação. A construção desses sentidos pode definir as possibilidades – constituídas mais de oportunidade e desejo, do que de leis e cobranças – de o aluno adulto permanecer na escola, por considerar-se *sujeito* do processo educativo.

Os sentidos da Matemática que se aprende e do aprender Matemática constituem-se, eles mesmos, como efeito dos interdiscursos, que mobilizam personagens, cenários e enredos da matemática

Acadêmica, das representações e propósitos da instituição escolar, das demandas da vida social, das histórias individuais compartilhadas (e que, sendo compartilhadas, tornam-se ou revelam-se coletivas). Assim, o sentido não é só efeito da circunstância enunciativa, nem é só memória. "O sentido são efeitos da memória e do presente no acontecimento: posições de sujeito, cruzamento de discursos no acontecimento" (GUIMARÃES, 1995, p.70).

A enunciação que estrutura e explicita a compreensão que se quer promover, adquirir, construir, questionar, conferir, avaliar, numa situação de ensino-aprendizagem da Matemática – em especial quando se dá no contexto da EJA –, integra-se, portanto, na constituição do aluno e do professor como sujeitos nas relações dialógicas que se estabelecem em situações como essa. Isso, porque essa enunciação se insere na "trama da textura social" (SMOLKA, GOES & PINO, s. d.), lugar da constituição do sujeito: "o indivíduo se torna sujeito configurado pelo outro e pela palavra, pelo discurso" (COSTA VAL, 1996, p. 97).

Na medida em que influem na conformação da interação que cada aluno e seu professor estabelecem com os outros participantes da dinâmica de ensino-aprendizagem, oportunizada pela escola por exemplo, os enunciados ali proferidos informam e revelam a consciência e o conhecimento de mundo do aluno e também do professor, "produto sempre inacabado deste mesmo processo no qual o sujeito internaliza a linguagem e constitui-se como ser social" (GERALDI, 1996, p.19). Na reflexão sobre essa enunciação, contemplamos não um sujeito pronto, que ensina ou aprende matemática e fala do que quer ensinar ou do que quer aprender ou aprendeu; mas um sujeito que constrói seus enunciados, e se constrói, *nas suas falas e nas falas dos outros*.

REFERÊNCIAS

BARTLETT, F. *Remembering: a study in experimental and social psychology.* London: Cambridge University Press, (1832)1977.

BILLIG, Michael. Memoria coletiva, ideologia y la familia real britanica. In: MIDLETON, David; EDWARDS, Derek (Org.). *Memoria compartida: la naturaleza social del recuerdo y del olvido.* Barcelona: Paydós, 1990. p. 77-96.

CHAUÍ, Marilena. Ideologia e educação. *Educação e sociedade,* São Paulo, v. 2, n. 5, p. 24-40, jan. 1980.

COSTA VAL, Maria da Graça F. *Entre a oralidade e a escrita: o desenvolvimento da representação de discurso narrativo escrito em crianças em fase de alfabetização.* 1996. Tese (Doutorado em educação) — Faculdade de Educação, Universidade Federal de Minas Gerais, Belo Horizonte, 1996.

EDWARDS, Derek; MIDDLETON, David. Joint remembering: constructing an account of shared experience through conversacional discourse. *Discourse processes,* n. 9, p. 423-459, 1986.

EDWARDS, Derek; MIDDLETON, David. Conversacional remembering and family relationships: how children learn to remember. *Journal of Social and Personal Relationships,* n. 5, p. 3-25, 1988.

FONSECA, Maria C. F. R. *O evocativo na matemática: uma possibilidade educativa.* 1991. 260 p. Dissertação (Mestrado em Educação Matemática) — Departamento de Matemática e Estatística, Instituto de Geociências e Ciências Exatas, UNESP, Rio Claro,1991.

FONSECA, Maria C. F. R. *Discurso, memória e inclusão: reminiscências da Matemática Escolar de alunos adultos do Ensino Fundamental.* 2001. 446 p. Tese de Doutorado — Faculdade de Educação, UNICAMP, Campinas, 2001.

GERALDI, J. Wanderley. Discurso e sujeito. In: *Linguagem e ensino: exercícios de militância e divulgação.* Campinas: Mercado das Letras – ALB, 1996.

GUIMARÃES, Eduardo. *Os limites do sentido*: *um estudo histórico e enunciativo da linguagem.* Campinas: Pontes, 1995.

HALBWACHS, Maurice. *A memória coletiva.* São Paulo: Vértice, 1990.

ILARI, Rodolfo. *Perspectiva funcional da frase protuguesa.* 2. ed. Campinas: Ed. da Unicamp, 1992.

MIDDLETON, David; EDWARDS, Derek. Recuerdo conversacional: un enfoque socio-psicológico. In: MIDLETON, David; EDWARDS, Derek (Org.). *Memoria compartida: la naturaleza social del recuerdo y del olvido.* Barcelona: Paydós, 1990. p. 39-62.

MOSCOVICI, S. The phenomenon of social representations. In: FARR, R; MOSCOVICI, S. (Org.) *Social representations.* Cambridge: Cambridge University Press, 1983.

ORLANDI, Eny P. *As formas do silêncio.* Campinas: Ed. da Unicamp, 1992.

SHOTTER, John. In: MIDLETON, David; EDWARDS, Derek (Org.). *Memoria compartida: la naturaleza social del recuerdo y del olvido*. Barcelona: Paydós, 1990. p. 137-156.

SMOLKA, Ana Luísa B.; GOES, Maria Cecília R.; PINO, Angel. The constitution of the subject: a persistent question. In: WERTSCH, J. (Ed.). *Sociocultural studies of the mind*. Cambridge: Cambridge University Press (no prelo, cópia mimeo.).

SOARES, Magda. *Metamemória-memórias*: travessia de uma educadora. São Paulo: Cortez, 1991.

SOARES, Magda. *Letramento: um tema em três gêneros*. Belo Horizonte: Autêntica, 1998.

TEIXEIRA, Mário Tourasse. *Notas de aula*. (não publicadas) Disciplina: Idéias essenciais da Matemática. 1986. Dissertação (Mestrado em Educação Matemática). IGCE/UNESP, Rio Claro:1° semestre, 1986.

THOMPSON, K. *Beliefs and ideology*. Chichester: Ellis Horwood, 1986.

PARTE V

FORMAÇÃO DE EDUCADORES(AS)

A formação de educadores de EJA:

o legado da educação popular

Maria Amélia G. C. Giovanetti

Introdução

A temática da formação de educadores de EJA (Educação de Jovens e Adultos) acompanha-me há alguns anos, por meio da docência, da orientação de pesquisas e da participação em processos de formação continuada de educadores que atuam no campo da EJA. Duas dimensões da atuação profissional do educador, em geral, são presentes na EJA: a dimensão prática (o fazer, a intervenção profissional em si) e a dimensão teórica (o pensar, a reflexão sobre a prática e a partir dela). Portanto, ação e reflexão, como é sempre enfatizado por vários autores (FREIRE, BRANDÃO), devem compor o cenário da práxis profissional do educador, alimentando-se mutuamente. Caso contrário, corremos o risco do ativismo, cuja prática esvazia-se e não avança, ou do teoricismo, cuja reflexão perde sentido em divagações abstratas.

Além da dimensão prática e teórica, um terceiro elemento faz-se presente na práxis profissional; ou seja, a explicitação da intencionalidade que orienta ambas. Dessa maneira, o processo educativo propiciado pela intervenção profissional ganha um sentido.

Marcas identitárias da EJA

A partir de minha inserção no campo da EJA, por meio tanto de atividades escolares como não escolares, conhecidas como práticas de educação popular, convivendo com atores da EJA (alunos, estagiários, professores, coordenadores pedagógicos, diretores de escola, moradores de bairros de periferia aglutinados em associações, coordenadores de trabalhos sociais), ressalto duas questões básicas que vêm constituindo referências ou, poderíamos dizer, marcas identitárias da EJA. A primeira é a origem social dos educandos, ou seja, seu pertencimento às camadas populares; e a segunda referência é a concepção de educação que norteia grande parte dos programas, projetos, ações de EJA, uma concepção que, absorvendo o legado da educação popular, explicita sua intencionalidade: educação – um processo de formação humana que visa contribuir para o processo de mudança social.

Aqui se manifesta o caráter emancipatório, libertador, transgressor da educação (ARROYO, FREIRE).

O PERTENCIMENTO SOCIAL DOS ALUNOS DE EJA:
JOVENS E ADULTOS DAS CAMADAS POPULARES

Por camadas populares, entendemos, com Romanelli (2003), uma das categorizações existentes ao nos referirmos à população pobre, aquela que vivencia o não atendimento a questões básicas de sobrevivência (saúde, trabalho, alimentação, educação). E, para o campo da EJA, são jovens e adultos que, não tendo tido o acesso e/ou permanência na escola, em idade que lhes era de direito, retornam hoje, buscando o resgate do mesmo.

A vivência do processo de exclusão social,[1] fruto do agravamento da desigualdade social que se expressa na falta de moradia, não atendimento à saúde, falta de oportunidades de trabalho e, inclusive,

---

[1] Para aprofundamento do estudo a respeito do fenômeno da exclusão social na sociedade brasileira, remetemos o leitor a ESCOREL, Sarah. *Vidas ao léu – trajetórias de exclusão social*. Rio de Janeiro: Fiocruz, 1999; e MARTINS, José de Souza. O falso problema da exclusão e o problema social da inclusão marginal. In: MARTINS, José de Souza. *Exclusão social e a nova desigualdade*. São Paulo: Paulus, 1997.

não acesso à educação, é uma experiência que deixa profundas marcas nos seres humanos. São jovens e adultos que vão construindo, ao longo de suas vidas, uma autoimagem marcada pela falta e pela negatividade.

Um dos desdobramentos dessa situação é que, a desigualdade social passa a ser concebida como realidade inescapável, isto é, como dado inquestionável; portanto, a inferioridade passa a ser naturalizada até mesmo pelos sujeitos que a vivenciam. Sarti (1999) alerta para uma questão preocupante: "a introjeção de imagem negativa por parte dos próprios sujeitos pertencentes às camadas populares". A autora ainda acrescenta: "A introjeção da inferioridade naturalizada está entre os danos mais graves da desigualdade social. Acreditar-se menos" (p. 107).

Os alunos da EJA, ao vivenciarem, pelo viés da exclusão social, o agravamento das formas de segregação – cultural, espacial, étnica, bem como das desigualdades econômicas –, experimentam, a cada dia, o abalo de seu sentimento de pertencimento social, o bloqueio de perspectivas de futuro social.

A proposta educacional subjacente à educação popular foca esse conflito ao conceber a educação como processo voltado para o resgate da "humanidade roubada" (FREIRE *apud* ARROYO, 2000).

Ao abrir-se para os sinais de alerta construídos pela educação popular, no tocante à realidade da exclusão social, a EJA assume o caráter de uma educação compromissada em reverter o quadro, muitas vezes já naturalizado, das desigualdades sociais.

A tendência, nas propostas de EJA, marcada pela "corrida em busca da recuperação do tempo perdido", sinalizando uma inserção escolar pela via de uma integração a um sistema já existente, passa a ser questionada à luz dos princípios norteadores da educação popular. Ao tomar como ponto de partida o reconhecimento da condição social de vida dos educandos, a educação popular enfrenta o problema da exclusão pelo viés oposto ao da integração, da adaptação, da naturalização. E, assimilando essa nova perspectiva, a EJA poderá vir a se comprometer efetivamente com o processo de mudança social. Podemos afirmar, portanto, que o legado da educação popular permanece atual.

Carlos R. Brandão, em um balanço recente a respeito da educação popular, afirma que

> um trabalho de educação de jovens e adultos, com um claro e assumido perfil de educação popular em seus pressupostos e em suas práticas didáticas continua sendo realizado por um número bastante grande de entidades e de pessoas, de Norte a Sul do Brasil (2002, p. 155).

O mesmo autor completa:

> Ao contrário do que possa parecer a um olhar apressado, para muitas educadoras e muitos educadores participantes de tais tipos de projetos [Brandão refere-se aos projetos de EJA], o ideário essencial do momento fundador da educação popular continua vigente. (BRANDÃO, 2002, p. 155).

Brandão inclui em seu balanço a presença de várias iniciativas de prefeituras que começaram a ensaiar experiências sociais de uma "escolarização popular". É o caso de Belo Horizonte, com a proposta da Escola Plural; Blumenau, com a Escola Sem Fronteiras; Brasília, com a Escola Candanga; e outras que apresentam em comum a proposta de uma política de educação pública marcada pela preocupação da oferta de uma escolarização como direito de todos.

A presença dessas diferentes experiências municipais significou um elemento decisivo que oportunizou uma atualização do legado da educação popular para a EJA. Esta última continua sendo questionada pela anterior, em sua vocação; ou seja, a de proporcionar a vivência de um direito historicamente negado às camadas populares brasileiras: o direito à educação. Esse direito é aqui entendido não apenas como o do acesso das camadas populares à escola, pela ampliação do número de vagas, mas também como propiciador de sua permanência em uma escola que proporcione um processo educativo marcado por sua inclusão efetiva; enfim, o direito a uma educação de qualidade, por parte daqueles excluídos "até aqui dos bens da vida e dos bens do saber", sendo também um lugar "onde a cultura e o poder sejam pensados a partir deles: de sua condição, de seus saberes e de seus projetos sociais" (BRANDÃO, 2002, p. 169).

São várias as contribuições do debate educacional, desencadeado pela educação popular, que marcaram a EJA. Arroyo destaca, por exemplo, "o alargamento do foco do nosso olhar docente para incluir os processos reais de produção da existência dos educandos" como um dos traços mais presentes na tradição da educação popular: "Vendo os educandos apenas como discentes, como alunos, não daremos conta da totalidade de suas existências, nem dos tensos processos sociais e culturais em que se formam ou deformam" (ARROYO, 2001, p. 122).

Conceber os alunos da EJA na totalidade de suas existências pressupõe concebê-los como pessoas que carregam as marcas de seu pertencimento de classe: "Reeducar o olhar docente para ver os educandos e as educandas em suas trajetórias não apenas escolares, mas também de vida, sua condição de sujeitos sociais e culturais, de direitos totais" (ARROYO, 2001, p. 121).

Ao reeducarmos o nosso olhar docente, à luz do legado da educação popular, poderemos superar a negatividade ainda tão presente em nossas abordagens sobre os alunos da EJA, ainda referidos por meio de uma visão marcada pela "carência", o que acaba por reafirmar uma postura preconceituosa e estigmatizada.

Ao buscar na educação popular referências para a construção de seu olhar a respeito dos educandos, a EJA cria condições para ampliar também o seu olhar a respeito das camadas populares. O foco passa a ser invertido, pois a negatividade do olhar centrado na carência passa a ser superada pela sensibilidade para captar as "redes de socialização de resistência e humanização" (ARROYO, 2001, p. 122).

Como um campo das ciências humanas, a educação lida diretamente com seres humanos, e, sendo a EJA um campo da educação que se dedica a seres humanos marcados pela exclusão social ou, no dizer de Paulo Freire, seres humanos que vivenciam o processo de sua "humanidade roubada", "seres humanos proibidos de ser", cabe à educação captar como os oprimidos "tentam superar as condições que proíbem de ser, perceber e se contrapor às situações e às condições em que realizam sua existência, em que se deformam e se desumanizam" (ARROYO, 2000, p. 242).

CONCEPÇÃO DE EDUCAÇÃO:
A PERSPECTIVA DO PROCESSO DE MUDANÇA

Conforme afirmamos anteriormente, uma segunda marca identitária da EJA encontra-se numa certa concepção de educação que orienta sua prática, uma concepção que enfatiza a contribuição para o processo de mudança social.

A sociedade brasileira ainda apresenta fortes marcas do nosso passado colonial, escravocrata, obstaculizando os processos de mudança social. É dentro desse contexto que estamos inseridos, todos nós, educadores e educandos, e, portanto, "seria uma ingenuidade não reconhecer que os sonhos têm seus contrassonhos [...]. Daí a natureza contraditória e processual de toda realidade" (FREIRE, 2000, p. 54). E, nessa perspectiva, Freire ainda nos alerta:

> É certo que mulheres e homens podem mudar o mundo para melhor, para fazê-lo menos injusto, mas a partir da realidade concreta a que "chegam" em sua geração. E não fundadas ou fundados em devaneios, falsos sonhos sem raízes, puras ilusões. (2000, p. 53)

De fato, é no interior das contradições vivenciadas na condição de excluídos socialmente que jovens e adultos das camadas populares construirão estratégias de superação de toda uma herança histórica que insiste em prolongar sua presença em prejuízo da mudança (FREIRE, 2002).

Ao nos debruçarmos na compreensão do contexto em que nossas práticas educativas acontecem, há uma importante distinção a ser feita entre *condicionamento* e *determinação*, sendo essa questão um outro legado do debate desenvolvido entre educadores populares, uma distinção que se descortina na seguinte afirmação de Paulo Freire (2000, p. 57): [Sou] "condicionado pelas estruturas econômicas, não sou, porém, por elas determinado". Freire complementa esse raciocínio ao expressar sua preocupação em não ser interpretado como um voluntarista inconsequente, defendendo, em seu posicionamento antifatalista, a possibilidade da intervenção no mundo: "Recusar a determinação não significa negar os condicionamentos" (2000, p. 59).

Intervenção essa que pode vir a ocorrer tanto no nível micro, pessoal, subjetivo – educandos e educadores mudam, saem de um "lugar" e ocupam outro – como no nível macro, coletivo, objetivo – a condição social ganha novos contornos, o clima institucional altera-se, a conjuntura manifesta-se sob novas formas, a sociedade, a longo prazo, passa a estruturar-se de maneira distinta, alterando antigas relações de poder. É o conhecido processo de mudança social que poderá vir a concorrer no desencadeamento da transformação social. Processo lento, conflituoso, gradativo, porém constante e contínuo.

Se a mudança é um processo subjacente ao fenômeno educativo, ao realizar-se no campo da EJA, ganha novos contornos. Esse processo não se restringe, então, à mudança de caráter micro, pessoal; ele poderá alcançar a dimensão macro, coletiva, social. Uma vez que os alunos – jovens e adultos – pertencentes às camadas populares vivenciam as ressonâncias da condição de exclusão social, o processo educativo vivenciado por eles poderá atingir a dimensão subjetiva, criando estratégias de superação da inferioridade, desnaturalizando-a. O mesmo processo educativo poderá ultrapassar o universo micro, pessoal, subjetivo e alcançar o grupal, o coletivo, chegando a contribuir para mudanças de caráter social.

Assim sendo, acreditamos, como Freire e Arroyo, que a educação das camadas populares ganhará densidade ao "captar e intervir no duplo movimento histórico de humanização e desumanização" (Arroyo, 2000, p. 242). Ao abordar a tensão humanização-desumanização, Paulo Freire revela sua visão de mundo e a de homem; ambas visões marcadas pela ótica do movimento: mundo – fruto de um processo em construção; homens – sujeitos, portadores de potencialidades.

Aqui, nos perguntamos: como pensar um processo de formação de educadores de EJA marcado pela intencionalidade de auxiliar no processo de mudança social?

Acreditamos que a formação de educadores de EJA ganha densidade teórica ao buscar uma interlocução com a filosofia e com as ciências sociais. Na filosofia, encontramos os referenciais teóricos para a explicitação dos pressupostos que fundamentam nossa concepção de educação. Ou seja, a concepção de mundo marcada pelo movimento, um processo em constante construção, e a concepção de homem marcada pela dimensão do sujeito e de um ser de relações. Nas ciências sociais, encontramos os referenciais teóricos para buscar a compreensão da complexidade dos dilemas presentes na sociedade brasileira, profundamente marcada pela desigualdade social.

A busca de interlocução com a Filosofia
Mundo: processo em constante movimento.
Homem: ser sujeito, ser de relações

A contribuição, por parte da EJA, para o desencadear de um processo de mudança social ganha sustentação ao ancorarmo-nos no legado da educação popular que capta o mundo pela ótica do movimento: "O mundo em que vivemos pode e deve ser transformado continuamente em algo melhor, mais justo e mais humano" (BRANDÃO, 2002, p. 168). A história humana é resultado de um processo contínuo de construção. Como nos alerta Jurandir Freire Costa: "um dia já pensamos que era impossível escapar do jugo da Inquisição ou do poder dos reis absolutos. Tudo isso, hoje, nos parece distante como conto de fada" (COSTA, 2000, p. 52).

Paulo Freire também endossa essa ideia, afirmando ser a história um tempo de possibilidades e não de determinismos, o que implica conceber a educação também como possibilidade de colaborar para uma transformação do mundo, "um mundo mais humano".

Além de conceber o mundo sob a ótica do movimento, a concepção de educação que fundamenta a educação popular percebe o homem como sujeito. Portanto, a EJA, ao buscar a referência no legado da educação popular, depara-se com mais esta contribuição: os alunos da EJA passam a ser compreendidos e apreendidos como sujeitos socioculturais. Visão que implica a superação de uma visão homogeneizante e estereotipada da noção de aluno, conferindo-lhe um outro significado. Segundo Dayrell (1996), trata-se de compreender os jovens e adultos, na sua diferença, enquanto indivíduos que possuem uma historicidade. Cabe a nós, educadores, indagarmo-nos: que dilemas vivenciam? Que escalas de valores referendam suas escolhas? Que sonhos e projetos estão a construir?

Conforme afirma Dayrell, referindo-se a esses alunos, "o que cada um deles é ao chegar à escola é fruto de um conjunto de experiências sociais vivenciadas nos mais diferentes espaços sociais" (DAYRELL, 1996, p. 140). Ao serem concebidos como sujeitos, os alunos da EJA são compreendidos como seres em construção, e a condição humana é vista "como um processo, um constante tornar-se por si mesmo, no qual o ser se constitui como sujeito à medida que se constitui como humano, com o desenvolvimento das potencialidades que o caracterizam como espécie" (p. 43).

Conceber os jovens e adultos das camadas populares como sujeitos significa acreditar em sua capacidade de superação dos dilemas intrínsecos à sua condição de exclusão social. Conforme mencionamos anteriormente, são jovens e adultos que vivenciam o processo de introjeção da inferioridade. Além do "outro" construir uma imagem negativa, inferiorizando as camadas populares ("ignorantes", "analfabetos", "marginais", "atrasados"), o que é mais alarmante é que os próprios sujeitos passam a "acreditar-se menos" (SARTI, 1999), introjetando a inferioridade naturalizada e, portanto, transformada em realidade inquestionável, inescapável.

Ao mesmo tempo em que existe o risco do agravamento da condição de subalternidade por parte das camadas populares, restringindo sua capacidade de reação, conformando-se, existe também a possibilidade da resistência.[2] Ao serem considerados seres inacabados e alcançarem a consciência de saber-se inacabados, jovens e adultos das camadas populares estarão "aptos para irem mais além da determinação [...]. Só na história como possibilidade e não como determinação se percebe e se vive a subjetividade em sua dialética relação com a objetividade. É percebendo e vivendo a história como possibilidade que experimento plenamente a capacidade de comparar, de ajuizar, de escolher, de decidir, de romper" (FREIRE, 2000, p. 57).

Um outro elemento-chave que fundamenta a EJA, na perspectiva da mudança social, encontra-se na concepção de homem como um ser de relações, ou seja, em afirmar que o homem se constitui na relação com o outro. Dayrell (2003), refletindo sobre o jovem como sujeito social , busca compreender o pensamento de Charlot e nos auxilia, explicando:

> Charlot (2000) lembra ainda que a essência originária do indivíduo humano não está dentro dele mesmo, mas sim

---

[2] Ver CHAUÍ, Marilena. *Conformismo e resistência. Aspectos da cultura popular no Brasil*. São Paulo: Brasiliense, 1993 (obra consagrada nas ciências sociais por sua compreensão da dialética existente no interior dos processos de mudança social).

> fora, em uma posição excêntrica, no mundo das relações sociais. Trata-se da outra face da condição humana a ser desenvolvida: a sua natureza social. (DAYRELL, 2003, p. 42)

Ao vivenciarem situações na EJA, jovens e adultos das camadas populares passam a se sentir reconhecidos em sua dignidade humana, por meio de relações marcadas pela escuta e pelo respeito efetivos, e pouco a pouco, o "acreditar-se menos" vai sendo desentalado, questionado, proporcionando o "resgate da humanidade roubada" (ARROYO, 2001).

Concepção de sociedade: espaço de expressão de conflitos

O agravamento da desigualdade social na sociedade brasileira nos apresenta um desafio que se torna cada vez mais complexo, levando em conta "um pesado legado de uma longa tradição autoritária e excludente e os novos dilemas postos pelas transformações em curso no mundo contemporâneo" (TELLES, 1999, p. 21).

Isso tem como um de seus desdobramentos mais sérios o fato de que a desigualdade social passa ser concebida como inelutável. As pessoas, de maneira geral, passam a conviver com a realidade como se algo estivesse determinado, perdendo a perspectiva de mudança.

A contribuição de uma interlocução por parte da EJA com as ciências sociais encontra-se no esclarecimento de questões que podem desembocar em denúncias, alertando-nos para os graves desdobramentos de uma estrutura calcada na desigualdade. Porém, essa interlocução é também portadora de fundamentos para uma resistência ao processo de desumanização.

Conceber a sociedade como um espaço de expressão de conflitos é fundamental para a compreensão da rede complexa de relações que se manifesta. Os jovens e adultos, com os quais convivemos na EJA, não são apenas agentes resignados diante da estrutura marcada pela desigualdade, "acreditando-se menos". Ao contrário, muitas vezes, também revelam um processo contínuo de resistências, manifestações de indignação frente aos dilemas postos, ora pela via da negociação, ora pela via da rebeldia.

Aqui, vê-se a importância do lugar a ser ocupado pela educação enquanto um espaço favorável ao desenvolvimento das potencialidades do ser humano. Podemos concluir, lembrando-nos com Dayrell, ao referir-se às reflexões de Charlot, "que o pleno desenvolvimento ou não das potencialidades que caracterizam o ser humano vai depender da qualidade das relações sociais desse meio no qual se insere" (DAYRELL, 2003, p. 43).

É necessário considerarmos que a constituição dos jovens e adultos das camadas populares, como sujeitos, depende do contexto no qual são tecidas as relações sociais. Ao apontarmos a educação como um processo propiciador para desenvolver as potencialidades dos educandos, não podemos perder de vista o contexto social no qual estão inseridos. Contexto marcado, na maioria das vezes, por processos de desumanização, nos quais, conforme mencionamos anteriormente, "o ser humano é proibido de ser".

O diálogo com as ciências sociais marca sua contribuição na formação de educadores de EJA, na medida em que fornece elementos de compreensão da densa e complexa trama das relações sociais.

Considerações finais

O legado da educação popular à EJA é evidente. Ao dedicarmo--nos aos processos de formação de educadores de EJA, é imprescindível o aprofundamento do debate em torno de questões fundantes de uma educação das camadas populares; ou seja, é necessário mantermos no horizonte duas questões-chave: o questionamento e a indignação frente a uma estrutura social marcada pela desigualdade social e a crença na possibilidade de contribuirmos para o processo de mudança social, questões estruturantes do debate educacional próprio da educação popular.

REFERÊNCIAS

ARROYO, Miguel. *Ofício de mestre: imagens e auto-imagens*. Petrópolis: Vozes, 2000.

ARROYO, Miguel. Assumir nossa diversidade cultural. *Revista de Educação AEC*, ano 25, n. 98, AEC do Brasil, jan./mar. 1996, p. 42-50.

ARROYO, Miguel. Escola como espaço público: exigências humanas. *Revista de Educação AEC*, n. 121, Brasília, 2001, p. 118-123.

BARREIRO, Júlio. *Educação popular e conscientização*. Petrópolis: Vozes, 1974.

BRANDÃO, Carlos Rodrigues. A educação popular 40 anos depois. In: BRANDÃO, Carlos Ropdrigues. *Educação popular na escola cidadã*. Petrópolis: Vozes, 2002.

CHARLOT, Bernard. *Da relação como saber*. Porto Alegre: Artmed, 2000.

CHAUÍ, Marilena. *Conformismo e resistência: aspectos da cultura popular no Brasil*. São Paulo: Brasiliense, 1993.

COSTA, Jurandir Freire. Entrevista concedida a José Geraldo Couto. In: *Quatro autores em busca do Brasil*. Rio de Janeiro: Rocco, 2000.

DAYRELL, Juarez. A escola como espaço sociocultural. In: DAYRELL, Juarez. *Múltiplos olhares sobre educação e cultura*. Belo Horizonte: UFMG, 1996.

DAYRELL, Juarez. O jovem como sujeito social. *Revista Brasileira de Educação*. São Paulo: Autores Associados, n. 24. set./dez. 2003.

ESCOREL, Sarah. *Vidas ao léu – trajetórias de exclusão social*. Rio de Janeiro: Fiocruz, 1999.

FREIRE, Paulo. *Pedagogia da autonomia*. São Paulo: Paz e Terra, 1996.

FREIRE, Paulo. *Pedagogia da indignação*. São Paulo: Ed. Unesp, 2000.

MARTINS, José de Souza. O falso problema da exclusão e o problema social da inclusão marginal. In: MARTINS, José de Souza. *Exclusão social e a nova desigualdade*. São Paulo: Paulus, 1997.

Formação de educadores de EJA voltada para a transformação social:

pesquisa e militância

Júlio Emílio Diniz Pereira

Em Minas, é bastante conhecido o "causo" do menino que, na roça, caiu de um pé de jabuticaba, ficou inconsciente e foi levado às pressas para o hospital da cidade mais próxima. Quando recuperou a consciência, o menino, com um olhar assustado, fez três perguntas para a médica e enfermeiros que estavam a observá-lo: *"Oncotô?"* (Onde eu estou?); *"Oncotava?"* (Onde eu estava?); e *"Proncovô?"* (Para onde que eu vou?).

Como me foi solicitado, o objetivo deste capítulo é discutir a minha área de atuação na educação e como ela estaria relacionada ao campo da Educação de Jovens e Adultos (EJA). Resolvi, então, inspirado no "causo" contado acima, dividir meu texto em três partes. Na primeira parte, *"Oncotô?"*, eu discuto a minha atual condição de aluno de doutorado em educação, já "em fase terminal", escrevendo os últimos capítulos da tese *A construção da identidade de educadores militantes*, baseando-me na experiência educativa do Movimento dos Trabalhadores Rurais Sem Terra (MST)[1] e, mais especificamente, em

---

[1] Recentemente, organizei um número especial da revista eletrônica *Currículo sem Fronteiras* sobre o projeto educacional do MST. Ver DINIZ-PEREIRA (2003).

histórias de vida de educadoras do MST. Discuto também, nessa parte do texto, a "descoberta" do campo da formação de educadores voltada para a transformação social como área de pesquisa e militância na educação, à qual venho me dedicando e que pretendo investir mais em termos de aprimoramento teórico e prático nos próximos anos da minha trajetória acadêmica, política e profissional.

"Oncotava?" é a parte deste capítulo em que eu discuto algumas experiências e reflexões passadas que acabaram me conduzindo para um programa de doutoramento para estudar e discutir o tema da construção da identidade de educadores militantes. Afinal de contas, de onde surigiu o desejo de pesquisar tal temática? Ao mesmo tempo, analiso, nessa parte do texto, experiências anteriores que também me ajudaram a delinear este campo de atuação (pesquisa e militância) na educação: o da formação docente para a transformação social.

A terceira e última parte, *"Proncovô?"*, é parcialmente especulativa e, como o próprio título sugere, tem uma característica mais prospectiva. Basicamente, eu discuto as potencialidades e os desafios do desenvolvimento de projetos de formação de educadores voltada para a transformação social na Educação de Jovens e Adultos (EJA).

É importante ressaltar que, apesar do forte caráter autobiográfico deste texto, a principal intenção é discutir a relação entre a área da formação de educadores voltada para a transformação social e a EJA. Daí surgem as seguintes perguntas: Como o tema que venho trabalhando no meu doutoramento e a área educacional que venho me dedicando se relacionam ao campo da EJA? Como a EJA, por sua vez, poderia fomentar os principais elementos da formação docente para a transformação social? E, de maneira semelhante, como essa área de pesquisa e militância poderia trazer novas questões e reflexões para a EJA?

É preciso também dizer que, para mim, este é o momento mais adequado e também o mais inapropriado para escrever um texto dessa natureza. Explico-me. Por um lado, não poderia ser mais inoportuno o momento para escrever este texto. À medida que o prazo para defender a minha tese de doutorado se aproxima e que "tempo" é algo extremamente precioso para um doutorando "em fase terminal", não poderia ser mais irresponsável e pouco ajuizado da minha parte aceitar o convite para participar desta coletânea.

256

Por outro lado, onde estou neste exato instante – praticamente concluindo a minha tese de doutorado – é ideal para refletir sobre as minhas experiências passadas e as mais recentes e pensar sobre os novos rumos a partir do momento que mais uma etapa da minha vida acadêmica e de militância estiver concluída. Há também o compromisso político, acadêmico e de amizade para com o grupo do qual tenho orgulho de fazer parte e de ter ajudado a criar na UFMG, o Núcleo de Educação de Jovens e Adultos: Pesquisa e Formação (NEJA).

Por fim, foi pensando na expressão, que também já se popularizou em Minas, "Viver é negócio perigoso", do gênio da literatura brasileira que ensinou para o mundo, por meio das estórias de Riobaldo, Miguilim, Manuelzão e outros, que as dicotomias entre o local, o regional, e o global, o universal, na verdade, estão apenas nas nossas cabeças, que eu me perguntei: por que não correr mais esse "risco" na minha já tão "arriscada" e "perigosa" vida, seja acadêmica, seja pessoal? Agradeço, pois, o convite para escrever este capítulo e espero que ele seja uma pequena contribuição para a brilhante ideia dos organizadores desta obra para discutirmos os nossos campos de atuação na educação e as suas relações com a EJA.

"Oncotô?" – A construção da identidade de educadores militantes

Venho, desde setembro de 2000, realizando o meu doutoramento na Universidade do Estado de Wisconsin, em Madison, nos Estados Unidos. Como disse anteriormente, tenho trabalhado na minha tese o tema da construção da identidade de educadores militantes, estudando histórias de vida de educadoras do Movimento dos Trabalhadores Rurais Sem Terra.

O foco da minha pesquisa é sobre os elementos que influenciaram essas educadoras tornarem-se militantes de um movimento social que luta por reforma agrária e justiça social em um dos países mais socialmente injustos do mundo e, então, analisar a influência desse movimento sobre o longo processo de construção de uma identidade de educadora militante.

Não é propósito deste texto detalhar os aspectos teóricos e metodológicos da minha tese de doutorado e tão pouco discutir os seus resultados. No entanto, gostaria apenas de registrar que o principal objetivo desse meu trabalho de pesquisa vem sendo o de enfocar os sujeitos da educação, suas histórias de vida e a maneira como suas identidades são construídas sem, no entanto, deixar de considerar a força que as estruturas sociais e culturais, historicamente constituídas, exercem nesse processo. Resumindo, estou plenamente de acordo com Arroyo (2000) ao afirmar que: "É necessário recuperar os sujeitos tão centrais nas matrizes mais perenes da teoria pedagógica" (p. 10). Todavia, e eu estou certo de que o professor Miguel Arroyo concordaria comigo, "recuperar os sujeitos" e a subjetividade na educação e nas ciências sociais não pode significar o abandono da influência das forças estruturais (e estruturantes) mas sim ressaltar, nesses estudos, a importância da "dialética da subjetividade-objetividade" (FREIRE, 1969, 1970).

Estou caminhando para os momentos finais dessa nova etapa da minha carreira e formação acadêmica com a certeza de que fiz a escolha certa ao vir para os Estados Unidos para fazer o meu doutoramento. Permita-me explicar rapidamente os momentos de dúvidas e certezas quando tive de tomar essa decisão na minha vida.

Primeiro, é preciso esclarecer que nunca tive planos de fazer o meu doutorado no exterior – na verdade, nunca me achei capaz para isso – e muito menos nos Estados Unidos, país a que, por razões óbvias, sempre tive uma forte resistência ideológica.[2]

A minha decisão sobre fazer o doutorado no exterior começou a ficar mais clara quando, em janeiro de 1999, fui convidado para uma estada de nove semanas na Universidade de Barcelona (UB), Espanha. Foi a primeira oportunidade na minha vida de permanecer por um tempo um pouco mais prolongado no exterior. Apesar desse espaço de tempo ter sido ainda relativamente curto, tal experiência foi suficiente para mostrar-me o quanto se pode aprender (não apenas

---

[2] Para se ter uma ideia do que estou falando, o primeiro país estrangeiro que visitei na minha vida – e esta foi uma escolha consciente – foi Cuba, em 1997. Uma das principais lições que aprendi, tanto da visita a Cuba quanto da experiência nos Estados Unidos, foi de que precisamos evitar "essencialismos" que, de uma maneira geral, revelam a ignorância das pessoas sobre o que conhecem apenas por meio de prejulgamentos.

academicamente falando) quando se vive em um país diferente, convivendo com pessoas de culturas diferentes. Dessa maneira, a experiência de morar aproximadamente três meses na Espanha, trabalhando na UB como pesquisador convidado, foi essencial para a minha decisão de fazer o meu curso de doutorado no exterior.[3]

Uma pergunta tornou-se, então, imperativa: Mas, se a experiência na Espanha tinha sido tão importante para a minha decisão de buscar fazer o doutorado no exterior, então, por que escolher os Estados Unidos e não a Europa?[4] Bem, houve um "fato inusitado" que me ajuda a explicar essa decisão.

Em outubro de 1999, encontrei na Faculdade de Educação (FaE) da UFMG, o amigo Álvaro Hypólito, professor da Universidade Federal de Pelotas (UFPel). Ele estava de passagem pelo Brasil, para coleta dos dados de pesquisa, vindo dos Estados Unidos, onde estava realizando o seu doutorado na Universidade de Wisconsin, Madison. Tive uma conversa longa com o Álvaro, pessoa com quem me identifico muito politica e ideologicamente, e ele me disse coisas muito positivas a respeito de Madison, da Universidade de Wisconsin e, mais especificamente, do programa de pós-graduação em educação dessa universidade. Além disso, o Álvaro me deu boas referências em relação ao professor Kenneth Zeichner – que mais tarde tornou-se, de fato, o meu orientador no programa – e de quem eu já havia lido alguns artigos e também assistido a uma palestra na ANPEd[5] de 1997, em Caxambu.

Outro importante aspecto que me fez decidir pelo doutorado no exterior foi a indiscutível piora das condições que estavam sendo oferecidas para as pessoas fazerem a pós-graduação no Brasil, alguns

---

[3] Sinceramente, penso que alguns programas de pós-graduação em educação no Brasil não deixam nada a desejar para os programas de pós-graduação em educação em vários países do mundo. Aliás, acho que já temos competência suficiente para começarmos a reverter o fluxo e passar a receber também estudantes de outros países, como, na verdade, já acontece nos melhores programas de pós-graduação em educação do País.

[4] Essa pergunta me foi feita por um dos membros do comitê de avaliação da CAPES durante a minha entrevista – como se sabe, a entrevista é uma das etapas do processo de julgamento para concessão de bolsas de doutorado pleno no exterior.

[5] Associação Nacional de Pós-graduação e Pesquisa em Educação.

anos atrás: a redução do tempo para a realização do doutorado,[6] as dificuldades para liberação do docente para cursar a pós-graduação no País, a precariedade dessa liberação, entre outras. Antes de sair, em função dessas dificuldades, presenciei vários colegas da minha e de outras universidades "optarem" pelo caminho supostamente mais fácil, ou seja, fazer o doutorado em um menor tempo possível no próprio País ou, o que é pior em termos da endogenia acadêmica, realizá-lo na mesma instituição onde ele (ou ela) já tinha cursado o mestrado e, em alguns casos, trabalhando com o(a) mesmo(a) orientador(a). Obviamente, não culpo os meus colegas pela "opção" que fizeram. Esse é um assunto complexo que envolve diversas variáveis, inclusive pessoais e familiares. Talvez, um elemento menos visível nesse tipo de comportamento seja o de como vem sendo pensada a produção, distribuição e consumo do conhecimento científico e tecnológico em um mundo de economia capitalista globalizada, bem como o papel que cabe aos países centrais e aos periféricos na produção desse conhecimento. A meu ver, esse elemento tem determinado a precarização das condições da realização da pós-graduação no País e das próprias condições de trabalho dos professores universitários no Brasil. Esse é um assunto muito sério que todos nós, que acreditamos na possibilidade da construção de um país livre e soberano no futuro, deveríamos refletir com muito cuidado.[7]

Em agosto de 2000, embarquei para os Estados Unidos para iniciar o meu doutoramento na Universidade de Wisconsin, Madison. Você, prezado(a) leitor(a), não pode imaginar o que foram esses meses entre o encontro com o meu amigo da UFPel na FaE/UFMG, e, por via de consequência, a decisão de buscar fazer o doutorado

---

[6] Se, por um lado, concordo que seis anos para se fazer um doutorado – o que na verdade, em alguns casos, levava oito ou mais anos para ser concluído – é um tempo demasiado e, sem dúvida, um exagero, por outro, penso que muitas pesquisas, principalmente nas ciências sociais e, mais especificamente, em educação, estão comprometidas com a redução do doutorado para três anos.

[7] Costumo dizer que, se Paulo Freire fosse professor universitário hoje no Brasil, talvez ele estaria escrevendo e publicando ainda mais artigos do que fez no passado, em função da lógica estabelecida nas instituições de ensino superior – "publique ou morra". Todavia, ele possivelmente não teve tempo e as condições de produção necessárias para escrever uma obra da qualidade de *Pedagogia do Oprimido*, por exemplo.

em Madison, e o recebimento do resultado final do pedido da bolsa bem como da aprovação da Universidade de Wisconsin. As renúncias foram várias. A disciplina e a concentração, indispensáveis.[8]

O anteprojeto de tese que usei durante o processo de pedido da bolsa de doutorado e que apresentei ao programa de pós-graduação em educação da Universidade de Wisconsin estava ainda bastante embrionário e genérico – o que aliás é bastante comum em se tratando de um "processo" de construção de um objeto de pesquisa. Essa primeira versão do meu projeto de tese tinha como título a *Construção de elementos da identidade docente em processos de formação inicial de professores* e foi desenvolvida basicamente a partir das reflexões que vinha fazendo com base na minha dissertação de mestrado, da minha experiência com a formação de educadores de jovens e adultos na UFMG, do meu envolvimento com a investigação sobre "construção da identidade docente" na Universidade de Barcelona e, finalmente, da minha participação em dois grupos de pesquisa na FaE/UFMG: o já citado NEJA e o Prodoc (Núcleo de Pesquisas sobre a Profissão Docente).

Foi a partir dos cursos que eu fiz na Universidade de Wisconsin, Madison, bem como das leituras que realizei nesses cursos, mas, fundamentalmente, da reflexão que fiz da minha própria vida e trajetória política e profissional, que o objeto e o foco da minha investigação tornaram-se mais claros e específicos. Um outro "fato inusitado" fez com que eu decidisse trabalhar com educadoras do Movimento dos Trabalhadores Rurais Sem Terra como sujeitos da minha pesquisa. Cole e Knowles (2001) afirmam, em um livro sobre pesquisa narrativa, que, assim como na vida, o processo de investigação é repleto de oportunidades e "fatos inusitados". Permita-me explicar rapidamente mais esse "fato inusitado" nessa minha trajetória recente.

---

[8] Conseguir a pontuação mínima no teste de proficiência de língua inglesa foi uma das tarefas mais difíceis para mim. Após uma preparação específica para a realização do teste e de realizá-lo por quatro vezes seguidas, consegui uma nota um pouco acima do mínimo que se exige para a implementação da bolsa e aceitação na universidade estadunidense. A proficiência, eu só adquiri mesmo após um período prolongado de contato e uso da língua.

Em abril de 2001, Maria Gorete de Sousa, educadora e militante do Movimento Sem Terra, veio aos Estados Unidos para divulgar as lutas que o MST vem desenvolvendo em favor da reforma agrária e da justiça social no Brasil. Nessa época, eu estava fazendo parte da diretoria da Associação de Estudantes Brasileiros de Madison (a *Brazilian Association* ou, simplesmente, B. A.), e nós, membros da diretoria da B. A., resolvemos apoiar a vinda da Maria Gorete para Wisconsin.[9] Eu acompanhei a Gorete em diferentes departamentos da universidade onde ela proferiu palestras sobre o MST. À medida que eu a escutava, pensava que eram educadoras com um perfil semelhante ao dela que eu gostaria que fizessem parte da minha pesquisa de doutorado. A própria Gorete não imagina – eu nunca mais tive um outro contato com ela – que ela foi essencial para a minha decisão de trabalhar com educadoras do MST na minha tese.

Porém, ao contrário daquilo que se pode pensar, esse não foi o meu primeiro contato com o Movimento Sem Terra. Antes de iniciar o meu doutoramento, fui convidado para coordenar um projeto educacional entre o MST e a UFMG. Infelizmente, tive que declinar esse convite em função do meu licenciamento para realização do curso de pós-graduação.

Esse convite para coordenar um projeto educacional entre o MST e a minha universidade certamente não foi feito por acaso. Com certeza, ele tem a ver com toda a minha trajetória política e acadêmica. Passo, então, a discutir, nos próximos parágrafos, um pouco mais sobre essa trajetória, procurando explicitar as principais experiências que acabaram me conduzindo ao programa de doutorado para estudar a construção da identidade de educadores militantes e a "descoberta" da formação docente voltada para a transformação social como campo de pesquisa e militância.

---

[9] A decisão da B.A. de apoiar a vinda de uma integrante do MST para Madison não foi simples. Alguns membros da associação se opuseram declaradamente a essa ideia e tentaram reverter a iniciativa da diretoria. Depois de muita discussão, por meio da lista de endereços eletrônicos, conseguimos convencer a maioria da importância de a associação apoiar a vinda de pessoas a Madison para discutir temas importantes da conjuntura brasileira. Para se ter uma ideia da complexidade da discussão, alguém chegou inclusive a sugerir que apoiássemos também a vinda de um representante da UDR para apresentar "o outro lado da moeda".

"Oncotava?" – Formação docente e EJA

Venho militando e realizando pesquisas na área da formação docente por quase dez anos. A minha ligação com a educação de pessoas jovens e adultas foi uma feliz coincidência que me ajudou a definir melhor esse meu campo de pesquisa e militância na educação.

A minha primeira experiência docente foi no "Projeto Supletivo" – como na época era conhecido o Programa de Educação de Jovens e Adultos da UFMG – ainda quando eu era aluno da graduação. Aliás, na primeira vez que entrei em uma sala de aula na condição de "professor", eu tinha apenas 19 anos e logo percebi que era o mais novo entre os meus alunos e alunas. Essa inversão etária – em que o professor é mais novo do que seus alunos – mas também as diferenças socioculturais entre os alunos e o "mestre" certamente obrigaram-me a refletir sobre o papel de educador.[10] Quem na verdade ensinava a quem ali naquele espaço educativo? Certamente havia uma troca, mas rapidamente percebi que aprendia muito mais com os meus alunos do que eu era capaz de ensinar-lhes algo. Passado o medo das primeiras semanas de aula,[11] comecei progressivamente a escutar mais os meus alunos, a ouvir suas estórias e a prestar mais atenção para o conhecimento que eles traziam para a sala de aula – as carteiras da sala de aula já haviam mudado de lugar; ao invés de fileiras, os alunos já se

---

[10] Tive a oportunidade de realizar uma pesquisa em conjunto com a professora Maria da Conceição Ferreira Reis Fonseca sobre a influência dessa experiência educativa na construção da identidade de educadores de jovens e adultos. Ver DINIZ-PEREIRA; FONSECA (2001).

[11] No meu primeiro dia de aula como "professor-monitor" de Ciências do "Projeto Supletivo", o medo que eu tinha dos alunos era tanto que fui para a sala de aula vestindo um jaleco impecavelmente branco. Consciente ou inconscientemente, a minha intenção foi passar uma imagem que, ali diante deles, havia uma pessoa (um "cientista") que, apesar de jovem, sabia o conteúdo que iria ensinar (nessa época, para mim, ensinar significava literalmente "transmitir conhecimentos"). Interessante foi perceber que senti o mesmo medo quase dez anos depois quando fui lecionar, pela primeira vez, para alunos da graduação em uma universidade nos Estados Unidos. Obviamente, a minha concepção de ensino e de educação já havia mudado bastante, e, dessa vez, não precisei vestir um jaleco branco para entrar na sala de aula. O que me aterrorizou naquele momento foi a ideia de que o professor seria o único na sala de aula que não tinha o inglês como primeira língua. Uma das coisas que aprendi, além da conclusão óbvia de que o aprendizado da docência é um processo longo e cheio de desafios, foi que devemos enfrentar nossos medos e correr riscos se quisermos avançar na nossa prática docente.

sentavam em semicírculos. Fui percebendo que a vida (e o trabalho) havia lhes ensinado muito. Comecei a aprender a valorizar, explorar e utilizar toda aquela sabedoria em sala de aula. Os meus alunos e alunas da EJA me ensinaram muito e, com certeza, tiveram uma responsabilidade muito grande no educador que me tornei a partir daquela experiência.

Busquei esse espaço alternativo de formação uma vez que os espaços formais que a universidade me oferecia não me satisfaziam naquilo que nela procurei mas não encontrei: a minha preparação e aprimoramento enquanto educador. Foi nesse espaço alternativo, juntamente com outros espaços de similar importância, como, por exemplo, o movimento estudantil, que me forjei um educador, um educador popular, um educador de pessoas jovens e adultas.

Foi também no "Projeto Supletivo" que li Paulo Freire pela primeira vez na minha vida e aprendi que a educação é uma atividade política. Essa reflexão somou-se outra que também já fazia naquela época sobre a natureza da atividade científica. Na minha graduação, em função do meu grande interesse por epistemologia, filosofia e história da ciência, e por ter lido autores como Fritjof Capra, Humberto Maturana, Hilton Japiassu, entre outros, desde cedo, aprendi a questionar a suposta neutralidade e objetividade da ciência.

Fico muito feliz de ter tido, naquele espaço, a oportunidade de ler e discutir as ideias de Paulo Freire sobre educação. Aliás, do contrário, penso que não teria lido Paulo Freire durante a minha graduação. Não me lembro de nenhum professor indicando um texto ou livro deste autor durante todo o meu curso de licenciatura.

Depois que me tornei um formador de educadores[12] – professor em cursos de licenciatura (inclusive no curso de pedagogia) –, passei a usar alguns textos de Paulo Freire como leitura obrigatória e a discutir com os meus alunos e alunas um estranho comportamento. Disse que eles(elas) apenas se lembravam de Paulo Freire no momento da formatura. Era bonito e, talvez, politicamente correto ter uma bela

---

[12] Após a experiência como "professor-monitor" do "Projeto Supletivo" da UFMG, lecionei em escolas públicas e particulares de Belo Horizonte, ensinando ciências no |Ensino Fundamental e biologia no Ensino Médio. Essa experiência, apesar de curta, ensinou-me que havia muito o que mudar na escola. Para mim, essa mudança deveria acontecer também – mas não exclusivamente – pela forma como os professores atuavam na escola, ou seja, passava também pela formação dos docentes.

Formação de educadores de EJA voltada para a transformação social – Júlio E. D. Pereira

citação de Paulo Freire no convite de formatura mesmo que esse autor tivesse passado como um ilustre desconhecido durante todo o curso de graduação.

Como brasileiro, sinto-me envergonhado ao admitir que, caso não tivesse lido e discutido Paulo Freire durante a minha participação nesse programa de educação de jovens e adultos, teria "conhecido" apenas o *"Paolo Freire"*[13] quando da minha estada nos Estados Unidos.[14]

As contradições vividas durante o curso de graduação, e, mais especificamente, em um curso de formação de educadores em uma instituição em que supostamente a pesquisa, o ensino e a extensão deveriam ser atividades indissociáveis, bem como a reflexão sobre a minha prática educativa acabaram conduzindo-me para o mestrado em educação na FaE/UFMG, onde tive a oportunidade de compreender melhor as raízes históricas e as razões sociopolíticas dessas contradições.[15]

Após trabalhar três anos como "professor-monitor" do "Projeto Supletivo" da UFMG, recebi, ainda durante o meu mestrado, um convite para tornar-me um dos coordenadores desse projeto. Por ter vivido aquela experiência de uma maneira tão intensa e apaixonada durante a minha graduação e por testemunhar a sua importância para a minha formação docente, resolvi aceitar o convite e começar a me dedicar, juntamente com os demais coordenadores, à construção de um projeto político-pedagógico para o "Supletivo"[16] e de estratégias mais específicas para a formação dos "professores-monitores".

---

[13] Para pronunciar o nome desse educador brasileiro em inglês, com o sotaque do meio-oeste estadunidense, tente "engolir" a língua quando estiver falando os "erres" de Freire.

[14] Na biblioteca da Faculdade de Educação da Universidade de Wisconsin, Madison, há duas placas homenageando dois ilustres educadores do século XX: um deles é John Dewey, educador estadunidense que ainda hoje é uma referência para a construção de uma "educação democrática" nos EUA, e o outro é Paulo Freire.

[15] A minha dissertação de mestrado foi publicada na forma de livro pela Editora Autêntica. Ver DINIZ-PEREIRA (2000).

[16] Uma das primeiras mudanças que fizemos foi substituir o antigo nome "Projeto Supletivo" por "Programa de Educação Básica de Jovens e Adultos". Como se sabe, a EJA, quando identificada como "ensino de suplência", caracteriza-se por uma perspectiva compensatória – a de que o aluno deve "recuperar o tempo perdido". Buscamos, então, não apenas com a troca de nomes mas fundamentalmente com

Quando me tornei professor efetivo da Faculdade de Educação da UFMG, não tive dúvidas de que gostaria de manter e aprofundar o meu vínculo com o programa de educação de jovens e adultos da universidade. A partir daí, as minhas ações, sempre em conjunto com as ações dos demais colegas envolvidos com o programa, concentraram-se bastante na pesquisa e no desenvolvimento de uma proposta de formação de educadores de jovens e adultos.[17]

Foram apenas três anos entre a minha efetivação como professor da FaE/UFMG e a licença para a realização do meu curso de doutorado. Mais uma vez, esse período foi vivido de maneira bastante intensa e apaixonada.[18] O mais fascinante, na minha opinião, foi a oportunidade de poder fazer parte de um grupo de professores que começou a trabalhar de uma forma cada vez mais articulada e profissional para a institucionalização da EJA na Faculdade de Educação e na universidade. O que conseguimos construir coletivamente nesses últimos anos é, no meu ponto de vista, algo extraordinário. Vejamos alguns exemplos: a consolidação do Programa de Educação Básica de Jovens e Adultos na UFMG, integrando os projetos de Ensino Fundamental (primeiro e segundo segmentos) e o projeto de Ensino Médio;[19] a implantação de um programa de formação de educadores

---

a ênfase de uma característica que já fazia parte da nossa prática pedagógica, privilegiar a dimensão da inclusão sociocultural e da construção da identidade de sujeito de alunos e professores. Além da mudança de nome, definimos também diretrizes gerais que deveriam orientar o trabalho pedagógico naquele espaço educativo. Ver: PROGRAMA DE EDUCAÇÃO BÁSICA DE JOVENS E ADULTOS. Belo Horizonte: UFMG/ProEx/FaE, 1996, 20 p. (folheto).

[17] Em 2000, coordenei o projeto de implantação do Programa Especial de Formação Inicial de Educadores/as de Pessoas Jovens e Adultas junto ao Projeto de Ensino Fundamental de Jovens e Adultos – 2º Segmento da UFMG (Proef II). Desde então, esse programa especial de formação vem funcionando no Proef II.

[18] De uma maneira geral, procuro viver a minha vida de uma forma bastante intensa e apaixonada. Como se sabe, em uma das cartas que Paulo Freire escreveu para professoras no livro "Professora sim, tia não" (1993), ele afirma que, entre outras qualidades indispensáveis ao "professor progressista", a "alegria de viver" é uma "virtude fundamental para uma prática educacional democrática".

[19] O Projeto de Ensino Fundamental de Jovens e Adultos – 2º Segmento da UFMG (Proef II) foi criado em 1986 – e é sempre importante lembrar – por reivindicação dos próprios funcionários da universidade. Os dois outros projetos, o de Ensino Fundamental de Jovens e Adultos – 1º Segmento (Alfabetização) – também uma antiga reivindicação – e o de Ensino Médio – eterna bandeira de luta dos egressos do Proef II –, foram criados depois, respectivamente, em 1995 e 1998.

de jovens e adultos diretamente vinculado à prática e à experiência pedagógica dos projetos de ensino, pesquisa e extensão; a criação da ênfase em EJA no curso de pedagogia; o estabelecimento de uma linha de pesquisa em EJA na pós-graduação da faculdade; e, finalmente, a criação do grupo de pesquisa sobre educação de jovens e adultos, o NEJA, cujo principal objetivo foi exatamente o de integrar todas as ações que vinham sendo desenvolvidas na universidade no campo da EJA.

Tudo isso só foi e vem sendo possível, a meu ver, em função da existência de um grupo de pessoas que, além da afinidade pessoal, política e ideológica, decidiu trabalhar de uma maneira conjunta e articulada em favor de um propósito coletivo. Penso que a experiência do NEJA/UFMG vem mostrando que a construção coletiva de conhecimentos teóricos e práticos na universidade, além de possível, é profundamente desejável. Tal experiência contraria um dos "mitos" na universidade de que esta é, por natureza, um ambiente competitivo onde as pessoas trabalham de forma isolada, buscando exclusivamente seus objetivos individuais.[20]

Discuto, então, em linhas gerais, na última parte deste capítulo, as possibilidades de desenvolvimento de um projeto ousado de formação de educadores voltada para a transformação social na educação de pessoas jovens e adultas.

"Proncovô?" – Formação de educadores para a transformação social: pesquisa e militância

Para mim, não foi nenhuma surpresa quando li Marx e Engels (1978) afirmarem que "é essencial educar os educadores". Para aqueles que têm um compromisso de vida com a transformação da sociedade e a construção de um mundo economicamente e socialmente justo, não poderia existir verdade mais contundente. Todavia, não sou suficientemente ingênuo para não concordar com McLaren (2000)

---

[20] A existência de grupos de professores e alunos como esse que estabelecemos na UFMG parece ser uma tendência nas instituições de ensino superior, seja no Brasil, seja no exterior. No Brasil, a organização de grupos interdisciplinares tem sido incentivada e faz parte, inclusive, de uma política induzida das agências de fomento à pesquisa.

quando esse, ao discutir a necessidade urgente de se lutar contra a atual globalização do capitalismo, diz que "a formação docente é, sem sombra de dúvidas, uma possibilidade necessária (mas não suficiente)".

Por isso, enquanto um educador que está sempre preocupado em educar a si mesmo por meio da autorreflexão de sua prática educativa, do estudo minucioso e da leitura cuidadosa, bem como da busca do estabelecimento do diálogo com outros educadores, sejam estes professores ou não, tenho como projeto pessoal – e espero que este seja parte de um projeto coletivo – aceitar o desafio de participar de iniciativas e ações político-pedagógicas que visem à educação dos educadores. Porém, com toda a humildade, penso que deveríamos ser mais explícitos nesse projeto. Não basta educar os educadores. É preciso educar os educadores para participarem em um projeto de transformação social.

A ênfase que aqui se pretende dar à "transformação social" difere conceitualmente e politicamente da ênfase que vem sendo dada, em alguns programas de educação no Brasil, à "inclusão social". Apesar de concordar que essa poderia ser uma "falsa dicotomia", acredito que um projeto educacional voltado para a "transformação social" deve necessariamente levar à "inclusão social", evitando que esta seja vista como fim em si mesma. Parte-se, então, da premissa que a sociedade capitalista (também machista, racista, homofóbica e discriminatória) é excludente por natureza. Dessa forma, a conquista de pequenos "pacotes" de "inclusão social" não deve ser prematura e ingenuamente comemorada, pois tal "inclusão", além de concedida por aqueles que já estão incluídos (agentes da opressão) e que apenas permitem novas "inclusões" como forma de amenizar certas tensões sociais e, por fim, manter seus privilégios, se dá de uma forma subalterna e temporária. O que se pretende, então, é que os sujeitos socialmente excluídos e discriminados (alvos da opressão) sejam agentes da transformação social e, como consequência dessa transformação, sejam participantes de uma sociedade que já os concebe de uma maneira diferenciada.

Para a concretização desse projeto de formação de educadores para a transformação social, a pesquisa (e o estudo), e, mais especificamente, a pesquisa-ação, é um elemento essencial.[21] Porém, é importante

---

[21] Ver DINIZ-PEREIRA (2002) e DINIZ-PEREIRA; ZEICHNER (2002).

ressaltar que essa atividade investigativa não deve estar dissociada da militância.[22] Portanto, como advoca Freire, não se trata nem de um "simples verbalismo" – um intelectualismo desengajado, descomprometido e, por isso, conservador – nem de um "ativismo cego" – um fazer sem pensar; um agir de maneira atabalhoada e sequer sem ter clareza dos objetivos e de refletir sobre o processo.

Existe um grande potencial desse projeto de formação de educadores para a transformação social – que infelizmente não tenho como detalhar aqui neste texto – ser realizado também junto à EJA. Em relação à faceta escolar da EJA, por exemplo, esse potencial reside no fato de que

> os alunos nessa modalidade de ensino, via de regra oriundos das camadas populares, com valores e expressão diferenciados daqueles que se estabelecem na cultura escolar, excluídos da escola regular por dificuldades de acesso, de conciliação com a inserção precoce no mercado de trabalho, ou de adaptação à própria organização escolar, e agora inseridos nessa instituição que não foi originariamente concebida para atender esse público, vão demandar um trabalho específico que considere o seu contexto de vida, necessidades de aprendizagem, desejos e expectativas em relação à escola e o vasto mundo de conhecimentos construídos ao longo da vida (Diniz-Pereira; Fonseca, 2001).

Mas, com certeza, para a efetivação desse projeto, teremos de enfrentar alguns desafios importantes. O primeiro grande desafio é exatamente o de não dicotomizar as facetas "escolar" e "não escolar" da educação de pessoas jovens e adultas. Sabemos, por meio de outras experiências, que essa é uma tendência forte em grupos que se dedicam à EJA.

Um outro desafio, que de alguma forma está relacionado ao primeiro, é enfrentar o risco da endogenia. Ao desenvolver programas de formação de educadores de jovens e adultos voltada para a transforma-

---

[22] Estou plenamente de acordo com a estratégia adotada pelo Movimento dos Trabalhadores Sem Terra (MST) que, por meio de uma "pedagogia da luta", procura inserir os educadores em lutas sociais à medida que esses buscam também um aprimoramento profissional (Ver CALDART, 2000).

ção social, devemos estar abertos a outras experiências de formação e nos articular com outras iniciativas político-pedagógicas. Muito importante seria a aproximação estratégica com movimentos sociais progressistas que estão diretamente envolvidos em lutas concretas de transformação social.

Outro aspecto que nos desafia é a pesquisa. Ainda sabemos muito pouco sobre a construção da identidade docente e, mais especificamente, pouco compreendemos sobre a construção da identidade de um educador militante. Eu arriscaria dizer que, ontologicamente, todo educador da EJA, pela própria natureza dessa modalidade educacional, é um educador militante. Porém, há de se buscar entender do que estamos falando quando nos referimos especificamente ao "educador militante". Que aspectos da sua prática o caracterizariam como tal? Igualmente, como diferentes sujeitos em diferentes espaços e tempos constroem sua identidade como educador militante? Como poderíamos utilizar as similaridades (e também as diferenças) das trajetórias desses sujeitos para pensarmos estratégias e ações concretas de formação de novos educadores militantes?

Finalmente, à guisa de conclusão, gostaria de insistir em que temos um terreno bastante fértil na educação de pessoas jovens e adultas para desenvolvermos projetos ousados de formação de educadores para a transformação social e, obviamente, que, para tal, teremos que enfrentar alguns desafios, como os citados nos parágrafos anteriores. O primeiro passo, e isso é apenas uma sugestão, é sermos capazes de enxergar as conexões e as articulações entre as ações e os projetos no campo da EJA e, a partir daí, integrá-los e fomentá-los.

REFERÊNCIAS

ARROYO, M. G. *Ofício de mestre: Imagens e auto-imagens*. Petrópolis: Vozes, 2000.

CALDART, R. S. *Pedagogia do Movimento Sem Terra*. Petrópolis: Vozes, 2000.

COLE, A. L.; KNOWLES, J. G. (Org.). *Lives in context: The art of life history research*. Walnut Creek: Altamira Press, 2001.

DINIZ-PEREIRA, J. E. *Formação de professores: pesquisas, representações e poder*. Belo Horizonte: Autêntica, 2000.

DINIZ-PEREIRA, J. E. A pesquisa dos educadores como estratégia para construção de modelos críticos de formação docente. In: DINIZ-PEREIRA, J. E.; ZEICHNER, K. M. *A pesquisa na formação e no trabalho docente*. Belo Horizonte: Autêntica, 2002. p. 11-42.

DINIZ-PEREIRA, J. E. (Org.). A educação no Movimento dos Trabalhadores Sem Terra (Brasil). *Currículo sem Fronteiras*, 2003. Disponível em: <http://www.curriculosemfronteiras.org>.

DINIZ-PEREIRA, J. E.; FONSECA, M. C. F. R. Identidade docente e formação de educadores de jovens e adultos. *Educação & Realidade*, Porto Alegre, v. 26, n. 2, 2001.

DINIZ-PEREIRA, J. E.; ZEICHNER, K. M. *A pesquisa na formação e no trabalho docente*. Belo Horizonte: Autêntica, 2002.

FREIRE, P. *Educação como prática da liberdade*. Rio de Janeiro: Paz e Terra, 1969.

FREIRE, P. *Pedagogia do oprimido*. Rio de Janeiro: Paz e Terra, 1970.

FREIRE, P. *Professora sim, tia não – Cartas a quem ousa ensinar*. São Paulo: Olhos D'Água, 1993.

MARX, K.; ENGELS, F. (Orgs.). *The Marx-Engels Reader*. New York: W. W. Norton, 1978.

MCLAREN, P. *Che Guevara, Paulo Freire, and the Pedagogy of Revolution*. New York: Rowman & Littlefield, 2000.

PROGRAMA DE EDUCAÇÃO BÁSICA DE JOVENS E ADULTOS. Belo Horizonte: UFMG/ProEx/FaE, 1996. 20 p. (folheto).

Do direito à educação à formação do educador de jovens e adultos

Leôncio Soares

Neste texto, analiso a minha inserção na área da educação de jovens e adultos a partir de alguns eixos que foram se constituindo como norteadores de minha trajetória. A opção por escrever um artigo desse tipo advém do interesse em re(visitar) o caminho trilhado, observando os elementos teórico-metodológicos que foram emergindo no percurso. Foi objetivo, também, perceber quais os conceitos que foram ressignificados e quais os passos que foram sendo redefinidos. Há uma certa tendência, da parte de alguns pesquisadores, em fazer uma reflexão sobre sua produção, uma pausa para pensar a respeito do que já se fez. Cito aqui as publicações de *Metamemórias,* de Magda Soares, de *Itinerário de leitura de um sociólogo da educação,* de André Petitat e de *Educação Popular e Escola Cidadã,* de Carlos Brandão em que os autores se dedicaram ao exercício do "pensar sobre" o que escreveram. Poderia citar ainda, no campo da literatura, a publicação recente do escritor Gabriel Garcia Marquez sob o título *Viver para contar.* Por isso, o interesse em ver novamente, revisitar o que se fez, observando o que se passava ao lado na história. Espero que a re(construção) dessa trajetória possa contribuir de algum modo para estudos do registro e da memória da constituição do campo da educação de jovens e adultos.

Organizei o texto em torno dos três eixos principais que marcaram minha atuação na área. Primeiramente, desenvolverei o eixo do direito à educação. Em seguida, as ações que delinearam o eixo das políticas públicas de EJA – Educação de Jovens e Adultos. E mais recentemente, o eixo a que venho me dedicando: a formação do educador de jovens e adultos. Em cada um dos eixos, procurei estar atento a dois olhares: a prática político-pedagógica em que atuei e sua relação com as questões mais amplas da área de EJA.

O direito à educação

Iniciei na área de educação de jovens e adultos a partir de um convite para integrar a equipe de educação no município de Ibirité, situado na Região Metropolitana de Belo Horizonte, em 1982. Naquela época, em Ibirité, havia um movimento comunitário intenso. A Federação das Associações Comunitárias de Ibirité (Faci) agrupava cerca de 30 associações de bairros e tinha, juntamente ao Ministério da Educação e Cultura (MEC), um programa intitulado Projeto Interação Escola-Comunidade. Esse projeto reunia várias frentes de trabalho junto aos bairros, e passei a fazer parte da frente de educação de adultos, denominada, naquela época, de Projeto Supletivo. Algumas associações de bairros haviam encaminhado abaixo-assinados reivindicando um curso supletivo para seus moradores.

Naquele período, anos 80, a oferta pública de educação para jovens e adultos era muito restrita. A Constituição em vigor estabelecia a oferta de estudos gratuitos apenas para aqueles que se encontravam na faixa etária dos sete aos 14 anos. Portanto, os que estavam acima dessa faixa não gozavam do direito à educação. O governo federal mantinha o Movimento Brasileiro de Alfabetização (MOBRAL) como um programa nacional e atendia, através do Programa de Educação Continuada (PEC), a população que não havia cursado até as quatro primeiras séries do antigo ensino primário. O governo estadual realizava os exames supletivos semestralmente e mantinha os Centros de Estudos Supletivos (CESUs) na forma de ensino semipresencial. (SOARES, 1995). As administrações municipais estavam implantando seus sistemas de ensino, e eram raras as iniciativas voltadas para o antigo "primeiro grau completo" para jovens e adultos. Sem políticas nacional, estadual e municipal que atendessem aos jovens e adultos com escolaridade fundamental incompleta foi que o movimento comunitário em Ibirité decidiu organizar um curso para essa população.

O direito à educação para jovens e adultos representava, naquele momento, uma luta a ser travada. Só mais tarde seria conquistada com a promulgação da Constituição de 1988 no Artigo 205: "A Educação é direito de todos" e no Artigo 208, em que estabelece o dever do Estado com o "ensino fundamental, obrigatório e gratuito, inclusive para os que a ele não tiveram acesso na idade própria". Dessa forma, em 1983, foi implantado, em Ibirité, o Projeto Supletivo em três locais: no bairro Brasília, no bairro Jardim das Rosas e em uma escola estadual no centro da cidade.

O Projeto Supletivo atendia a jovens e adultos interessados em concluir o antigo ensino de primeiro grau – hoje, Ensino Fundamental. O curso tinha duração de dois anos e estava dividido em quatro etapas semestrais. A Faci recebia recursos do MEC que mantinham o pagamento dos professores e os gastos com material didático. O projeto durou até 1987 quando, encerrada a duração do Programa do MEC, o prefeito não se interessou em incorporá-lo à Secretaria municipal (SOARES, 1987).

Minha inserção no projeto se deu na organização do curso, no acompanhamento do movimento comunitário e como professor de português. Mensalmente, participava das reuniões da Faci para manter um diálogo entre o projeto e as lideranças comunitárias. Foi um período muito rico para minha formação. As reuniões entre as diversas frentes de trabalho possibilitaram uma experiência que considero fundamental para entender as relações entre educação, Estado e sociedade civil. Carlos Rodrigues Brandão foi consultor do projeto juntamente com Felipe Aranha e Sérgio Haddad, que, permanentemente, problematizavam a prática ali vivida.

Simultaneamente, ingressei no mestrado em educação na UFMG, no qual pude discutir as questões emergentes do Projeto Supletivo sob a orientação do professor Miguel Arroyo. O direito à educação, a expectativa dos alunos quanto ao curso, a proposta e a organização do projeto foram algumas das questões que nortearam as discussões no mestrado. Consegui estabelecer uma relação profícua entre a prática social desenvolvida no projeto e a reflexão sobre essa mesma prática durante a pós-graduação, culminando na sistematização do projeto como meu objeto de estudo.

A sistematização de experiências foi uma tendência de pesquisa comum na época: era uma forma de registrar os projetos existentes e dar-lhes visibilidade, em um momento em que, no Brasil, trabalhos acadêmicos estavam intrinsecamente vinculados a opções político-pedagógicas. Ao mesmo tempo, experiências inovadoras, fora das redes oficiais de ensino, começavam a ser registradas e sistematizadas na produção acadêmica, o que facilitava a sua divulgação. Exemplos dessa tendência foram as dissertações de mestrado de Sérgio Haddad, sob o título *Uma proposta de educação popular no ensino supletivo,* defendida em 1982 na USP, e a de Juarez Dayrell, *De olho na escola: as experiências educativas e escola na ótica do aluno trabalhador*, defendida em 1989 na UFMG. Muito comum naqueles tempos de ditadura militar era a expressão "ocupar brechas": uma vez que as estruturas e o funcionamento das escolas públicas se encontravam amarrados sob as orientações impostas pela Lei 5692/71 de centralização e padronização do ensino, restava aos pesquisadores e educadores "engajados" ocupar os espaços "alternativos" possíveis de realizar experiências diferenciadas. Curiosamente, os trabalhos sistematizados por Haddad (1982) e Dayrell (1989) foram de iniciativas desenvolvidas nos espaços de escolas confessionais católicas, que, em "tempos de escuridão", possibilitaram experimentar o diferente e ousado.

Nesse contexto, a luta pelo direito dos jovens e adultos à educação também estava posta a cada evento que se realizava na área. Participei da Associação Nacional de Pós-Graduação e Pesquisa em Educação (ANPEd), pela primeira vez, como estudante da pós-graduação, em 1985, e pude perceber o ambiente propício para a reflexão das questões emergentes na área da educação. Foi nesse espírito que, no ano seguinte, apresentei minha pesquisa em andamento no Grupo de Trabalho de Educação Popular que acolhia as discussões relacionadas aos processos de escolarização e educação popular. Concluí minha dissertação, intitulada *Do Trabalho para a escola: as contradições dessa trajetória a partir de uma experiência de escolarização de adultos,* no final de 1987. A temática do direito à educação foi central nesse período. Trabalhos como os de Spósito (1984), Malta Campos (1983), Brandão (1984), Arroyo (1986), Haddad (1982) e Campos (1985) são referências ao associar a luta dos movimentos sociais à dimensão do direito à educação.

Em meados da década de 80, quando vivíamos no Brasil um período de transição da ditadura para a redemocratização, integrei o grupo de professores que estudava a implantação de um projeto de educação de adultos na Universidade Federal de Minas Gerais. Nesse período, iniciativas semelhantes se deram no interior de outras universidades, como, por exemplo, na UFSCAR, através do seu Projeto de Extensão. O ponto de partida foi o surgimento de projetos de alfabetização e/ou de escolarização voltados para os funcionários que não tinham o antigo "primeiro grau" completo.

A experiência vivida em Ibirité contribuiu para discutirmos o momento em que se encontrava a educação de jovens e adultos e optarmos por elaborar uma proposta, partindo do lugar que a universidade ocupa: desenvolver uma experiência diferenciada em relação às existentes nas redes públicas, tendo como base os desafios colocados pelo campo da educação de jovens e adultos. Na época, em 1986, decidiu-se que o curso proposto seria implantado, contemplando o segundo segmento do ensino de primeiro grau. Surgiram, mais tarde, o primeiro segmento do Ensino Fundamental e o Ensino Médio para jovens e adultos. A articulação entre os três projetos compõe, atualmente, o Programa de Educação Básica para Jovens e Adultos da UFMG.[1] Projetos como esse tiveram um significado importante no contexto da EJA, no Brasil, na época. De forma propositiva, eles representavam, ao mesmo tempo, um questionamento ao modelo existente nas redes públicas de ensino, enquanto propunham um outro formato de propostas curriculares para a EJA. É desse período

---

[1] A questão do direito à educação foi objeto de artigo publicado no *Caderno Ensinar* do Centro Pedagógico. A construção do currículo em EJA foi objeto de dois artigos publicados: um primeiro em *Educação em Revista,* e outro na revista da RAAAB – *Alfabetização e Cidadania.*

o lançamento da publicação organizada por Miguel Arroyo, intitulada *Da escola carente à escola possível* (ARROYO, 1986).

Ao mesmo tempo em que experiências eram vivenciadas em espaços "alternativos" visando à garantia do direito à educação dos jovens e adultos, a década de 80 também marca as primeiras experiências de escolarização nos espaços públicos. São desse período as experiências pioneiras do Seja – Serviço de Educação de Jovens e Adultos – da Prefeitura de Porto Alegre e do Mova – Movimento de Alfabetização – da Prefeitura de São Paulo, estando, à frente, Paulo Freire. Desse modo, enquanto a luta pela efetivação do direito à educação continuava em pauta, simultaneamente emergiam as experiências e os projetos de escolarização de jovens e adultos. Partindo de uma concepção mais ampliada do conceito de educação, esses projetos eram confrontados com o que existia no âmbito dos governos federal e estadual. Os CES – Centros de Estudos Supletivos – e os exames supletivos já não correspondiam a um acúmulo mais crítico que tais projetos propiciavam. Na mesma época, houve a elaboração de um documento pelo antigo Cedi – Centro Ecumênico de Documentação e Informação, hoje Ação Educativa, que serviu de referência para a formulação de políticas de educação de jovens e adultos.[2]

Com a Constituição de 1988 ampliou-se, como se viu, o direito de todos à educação; no entanto, o dever do Estado não foi cumprido. Passamos a ter um direito proclamado, mas não necessariamente efetivado. A proclamação já significou uma mudança nas políticas educacionais entre as diferentes esferas de governo. O direito passou a ser conquistado na prática de ações desenvolvidas, assim, principalmente, por iniciativas do poder local. Na ocasião, surgiu a configuração de políticas de EJA implantadas por prefeituras consideradas do campo democrático que reconheciam o direito dos jovens e dos adultos à educação. O direito à educação passou a se materializar nas ações municipais por meio de projetos e programas de alfabetização e de escolarização de jovens e adultos. Era o momento de compreender

---

[2] *Educação de Jovens e Adultos: subsídios para elaboração de políticas municipais.* Cedi – Série Documentos. Esse documento subsidiou o MEC em 1994 e passou a ser publicado pelo Ministério com o título *Diretrizes para uma política nacional de educação de jovens e adultos.*

quais os elementos, as matrizes que estavam orientando as políticas emergentes de EJA nos municípios.

Ganham expressão, nesse momento, os sujeitos como portadores de direitos. Passam de meros alunos a sujeitos concretos; são mulheres à margem dos processos de escolarização, negros com fortes marcas de exclusão social, os índios, a juventude, os idosos e os portadores de necessidades especiais.

A Política de Educação de Jovens e Adultos

Em 1989, iniciei o doutoramento na USP – Universidade de São Paulo – com o professor Celso Beisiegel. Interessado em compreender o campo da EJA em um cenário mais amplo, pesquisei a educação de jovens e adultos em Minas Gerais em dois momentos: a Campanha Nacional de Educação de Adultos de 1947-1963 e a educação de jovens e adultos no período da ditadura militar. Essa pesquisa me permitiu mergulhar na história mineira e extrair questões que permearam os dois períodos. No primeiro momento, o tratamento de campanha dado à educação de jovens e adultos. O provisório, o emergencial, o aligeiramento e o voluntariado foram marcas deixadas pela campanha. No outro momento, pude pesquisar a influência do governo federal através do MEC, por intermédio do Desu – Departamento de Ensino Supletivo – que criou em Minas os Cesus – Centros de Estudos Supletivos, e o tratamento dado à educação de jovens e adultos com uma metodologia única voltada para um público caracterizado como autodidata.

Embora não se possam relacionar diretamente as tendências da produção acadêmica nos diferentes momentos políticos do País, posso afirmar que a opção por realizar um estudo histórico no doutorado expressa a pluralidade de abordagens que começa a marcar a produção acadêmica na área de educação nos anos 90. Ao contrário do que ocorria no período da ditadura militar, já não se sentia a exigência de realizar pesquisas explicitamente "engajadas", mas, principalmente, de aprofundar temas ainda pouco explorados para melhor compreender a realidade educacional e, como consequência, neles intervir com mais propriedade.

Em 1996, ingressei na Faculdade de Educação e passei a fazer parte do Grupo de Estudos em Educação de Jovens e Adultos (Gio-

VANETTI, 2000). Nesse momento, a constituição de grupos e núcleos de pesquisa se torna uma tendência comum nas universidades, aglutinando pesquisadores em torno de temáticas semelhantes. A EJA, seguindo essa tendência, passa a ser vista, de forma crescente, não apenas como uma arena de experiências práticas e projetos políticos mas também como campo específico de produção do conhecimento, o que fortalece a necessidade de realização de pesquisas na área. No Grupo de Estudos, discutíamos também nossa atuação na Habilitação em EJA do Curso de Pedagogia e no Programa de Educação Básica para Jovens e Adultos da UFMG.

Nesse contexto, iniciei a pesquisa, financiada pela Fapemig – Fundação de Amparo à Pesquisa de Minas Gerais, sobre a Política de EJA em Minas entre 1991-1996. A pesquisa constatou uma tendência na expansão dos cursos de EJA com avaliação no processo. Dos dois únicos cursos privados existentes até 1991, com autorização para desenvolver avaliação no processo e certificar seus alunos na própria instituição, passamos para mais de 500 em 1996. Esse impacto se deveu em grande parte à aprovação, em 1991, da Resolução 386 do Conselho Estadual de Educação que flexibilizou a legislação de EJA no Estado. A Constituição de 1988 havia estabelecido o direito de todos à educação, mas os artigos referentes à educação só foram regulamentados pela LDB 9394 em 1996. No período posterior à Constituição, as iniciativas emergentes de EJA pressionaram os sistemas de ensino no sentido de flexibilizar a legislação estadual que já se encontrava desatualizada. Como pode ser visto, o tema do direito à educação continuou presente nessa produção, uma vez que a expansão dos cursos com avaliação no processo se deu, prioritariamente, na rede privada.

Em 1997, a V Confintea – Conferência Internacional de Educação de Adultos – realizada na Alemanha, representou um marco histórico na educação de jovens e adultos no Brasil. Essa Conferência teve como tema: "Educação de Adultos, a chave para o século XXI". A concepção de educação como processo de formação ao longo da vida foi um marco teórico, superando as ideias de suprimento e de educação compensatória presentes nas conferências anteriores.

> A educação de adultos engloba todo o processo de aprendizagem, formal ou informal, onde pessoas conside-

> radas "adultas" pela sociedade desenvolvem suas habilidades, enriquecem seu conhecimento e aperfeiçoam suas qualificações técnicas e profissionais, direcionando-as para a satisfação de suas necessidades e as da sua sociedade. A educação de adultos inclui a educação formal, a educação não-formal e o espectro da aprendizagem informal e incidental disponível numa sociedade multicultural, onde os estudos baseados na teoria e na prática devem ser reconhecidos. Declaração de Hamburgo. (UNESCO, MEC, 2004).

Os temas contemplados na V Confintea refletem as questões colocadas mundialmente pelo campo da educação de adultos no final do século: a alfabetização de adultos como uma realidade a ser enfrentada em países da América Latina, da África e de parte da Ásia; o fortalecimento e a integração das mulheres como uma necessidade emergente nas últimas décadas do século; a cultura da paz e a educação para a cidadania e para a democracia como desafios assumidos desde a criação da ONU; a diversidade e igualdade no que se refere aos direitos das minorias; a saúde na relação com a educação como ação preventiva; a sustentabilidade ambiental destacando-se a consciência e a educação para o meio ambiente; a educação e a cultura de povos indígenas e nômades compreendidos como sujeitos autônomos; as transformações na economia como realidade que tensiona o mundo globalizado; o acesso à informação como direito e, por último, o tema dos idosos com as especificidades de uma população crescente mundialmente.

A realização da V Confintea teve um significado importante para o campo da EJA e produziu um forte impacto na organização da área no Brasil. Além da Declaração de Hamburgo e da Agenda para o Futuro constituírem documentos de referência na área, a V Confintea desencadeou um processo de mobilização dos diversos segmentos envolvidos com a educação de jovens e adultos. Antes da conferência, houve uma etapa preparatória durante os anos de 1996 e 1997, em que se realizaram encontros de EJA estaduais, regionais, nacional e latino-americano, culminando com a indicação, pelo MEC, de uma delegação representativa das iniciativas no País.[3] Após a conferência, iniciou-se um processo de articulação desses segmentos que se dá, no âmbito dos Estados, por meio dos fóruns, e, em âmbito nacional, pela realização anual do Eneja – Encontro Nacional de Educação de Jovens e Adultos.

Foi nesse contexto que, em 1998, participei da criação do Fórum Mineiro de Educação de Jovens e Adultos (SOARES, 2004). O objetivo do fórum foi agrupar atores sociais que vinham trabalhando com a educação de jovens e adultos. A pressão inicial veio de grupos populares que desenvolviam alfabetização nas periferias e estavam interessados em socializar suas experiências. Reunindo-se mensalmente, o fórum tem sido um espaço plural de encontro entre diversos segmentos envolvidos com a EJA, como administrações públicas, universidades, ONGs, movimentos sociais, grupos populares, iniciativas dos trabalhadores e dos empresários, educandos e educadores. Existem atualmente 24 fóruns estaduais de EJA. Em Minas, já são cinco os fóruns regionais que se reúnem frequentemente para discutir as questões relacionadas à EJA: Leste, Oeste, Norte, Zona da Mata e Vale das Vertentes. A existência dos fóruns está em sintonia com a "Agenda para o Futuro" estabelecida na V Confintea:

> Desenvolver a educação de adultos exige uma ação de parceria entre os poderes públicos em diferentes setores, as organizações intergovernamentais e não-governamentais, os empregadores e os sindicatos, as universidades e os centros de pesquisa, os meios de comunicação, as associações e os movimentos comunitários, os facilitadores da educação de adultos e os próprios aprendizes. Agenda para o Futuro. (UNESCO, MEC, 2004)

Os fóruns têm desempenhado um papel político-pedagógico e de formação de extrema importância. O espaço de participação plural visa criar uma "articulação" entre as múltiplas instituições envolvidas com a EJA. Durante os encontros são realizadas trocas de experiências, possibilitando uma "socialização" do que se tem

---

[3] A delegação oficial do Brasil foi composta de representantes de cinco instituições: Ministério da Educação, Consed, Undime, universidades e ONGs.

Do direito à educação à formação do educador de jovens e adultos – Leôncio Soares

experimentado e produzido na diversidade de iniciativas de EJA. Dos encontros entre os atores resulta o fortalecimento entre os protagonistas visando à "intervenção" na proposição de políticas educacionais de jovens e adultos. Paralelamente ao surgimento dos fóruns, passaram a ser organizados os ENEJAs – Encontros Nacionais de Educação de Jovens e Adultos.

Os fóruns alimentam os encontros nacionais, e estes produzem subsídios e deliberam formulações políticas importantes para os rumos da EJA no Brasil. Participei de todas as edições dos ENEJAs – Rio/1999, Campina Grande/2000, São Paulo/2001, Minas/2002, Cuiabá/2003 e Porto Alegre/2004 –, acompanhando as temáticas apresentadas. A regularidade com que os ENEJAs vêm sendo realizados expressa o fortalecimento e o crescimento do campo da EJA no Brasil. Enquanto no primeiro Eneja/Rio/99 estiveram presentes três fóruns estaduais,no último, em Porto Alegre, 24 fóruns se fizeram representados (Unesco/MEC, 2004). Trata-se de um dado histórico significativo. Iniciativa semelhante só aconteceu em setembro de 1963, quando se reuniu em Recife, mais de 80 grupos no Encontro Nacional de Alfabetização e Cultura Popular (Fávero,—). A partir desse encontro, criou-se a Comissão Nacional de Alfabetização e Cultura Popular que se desmantelou, em seguida, pela ação do golpe militar.

Como evidência do crescimento do campo da EJA, foi proposta a criação do GT de EJA – Grupo de Trabalho de Educação de Jovens e Adultos, na Associação Nacional de Pesquisa e Pós-graduação em Educação, em 1998. Não havia na ANPEd, até então, um espaço privilegiado que contemplasse a apresentação e a discussão dos estudos e pesquisas desenvolvidas em EJA. De 1998 até 2004, foram apresentadas cerca de 60 pesquisas desenvolvidas em EJA possibilitando um mapeamento no campo e uma discussão dos principais problemas encontrados.

O GT de EJA tem sido um estímulo para os que concluíram ou estão desenvolvendo dissertações ou teses apresentarem suas pesquisas, alimentando uma interlocução entre os pesquisadores da área. Entre as pesquisas apresentadas, destacam-se os seguintes temas: a caracterização do aluno da EJA; alfabetização e escolarização de jovens e adultos; o direito e as políticas voltadas para esse público; as interfaces com o mundo do trabalho e da cultura; a EJA no campo; sistematização de experiências; currículo; material didático e a formação de educadores da EJA.

Ao mesmo tempo em que se consolidam as políticas para a educação de jovens e adultos na realidade brasileira, tem sido cada vez mais crescente a discussão em torno das especificidades do público que frequenta os espaços em que essa educação ocorre, não mais considerado de forma abstrata, mas encarnado em homens e mulheres concretos, negros, brancos, índios, jovens, idosos. Nesse debate, ganha importância o papel desempenhado pelo educador que atua junto a essa população. É nesse sentido que venho direcionando meu interesse para pesquisar o educador de jovens e adultos, os espaços de sua atuação e os processos de sua formação.

A Formação do Educador de Jovens e Adultos

Como já referido, a década de 90 é marcada também pelo surgimento de Grupos e Núcleos de Educação de Jovens e Adultos no interior das universidades. Na UFMG, o Grupo de Estudos em EJA se ampliou e ganhou maior visibilidade dentro da instituição, transformando-se em Núcleo de Educação de Jovens e Adultos — Neja. Particularmente, no caso da EJA, essa tendência caracteriza o momento de sua configuração como campo de estudos e pesquisa. Para ilustrar, podemos citar alguns núcleos constituídos nas seguintes universidades: UFPB, UFPE, UFRGS, UERJ, UFES. No caso da UFMG, o interesse que nos agrupava passou a ser também a pesquisa e a formação na EJA.

Em 2000, começamos a desenvolver um Projeto Integrado de Pesquisa sobre a Formação do Educador de Jovens e Adultos, enfocando a formação inicial do educador, a formação continuada do educador e a formação fora dos espaços acadêmicos. Assumi a pesquisa relacionada à formação continuada dos educadores de jovens e adultos e procurei acompanhar as estratégias de formação nas redes municipais das cidades de Belo Horizonte, Contagem e Betim (Soares, 2002).

A LDB 9394/96 estabelece, no Art. 4 inciso VI, "oferta de ensino noturno regular, adequado às condições do educando"; e no inciso VII, "oferta de educação escolar regular para jovens e adultos, com características e modalidades adequadas as suas necessidades e disponibilidades, garantindo-se aos que forem trabalhadores as condições de acesso e permanência na escola". A garantia das condições de acesso e permanência passa pela qualidade da educação da qual a formação do educador é componente. Pensar na preparação desse educador é profissionalizar um campo tratado como "provisório", concebendo a população a ser atendida como "residual".

A realidade contrasta com essa percepção. São cerca de 16 milhões de brasileiros com 15 anos e mais, sem acesso ao domínio da leitura e da escrita. População que tem sido "alvo" de sucessivas campanhas – CNEA, de 1947 a 1963; Mobral, de 1969 a 1985; PAS, de 1996 aos dias de hoje, e, atualmente, o Programa Brasil Alfabetizado com resultados pouco expressivos se comparados ao montante de recursos disponibilizados. Acrescente-se a essa população aproximadamente 60 milhões de brasileiros com 15 anos e mais, sem a escolaridade mínima completa, ou seja, o Ensino Fundamental. Não é uma cifra desprezível e tampouco residual. Além da ausência de uma política de atendimento ao direito à educação, os projetos e programas dos governos anteriores não vinham contemplando a mesma exigência de qualidade que se está postulando para o dito "ensino regular" diurno ofertado a crianças e adolescentes.

O Plano Nacional de Educação estabelece no item 5 dos Objetivos e Metas para a Educação de Jovens e Adultos:

> Assegurar que os sistemas estaduais de ensino, em regime de colaboração com os demais entes federativos, mantenham programas de formação de educadores de jovens e adultos, capacitados para atuar de acordo com o perfil da clientela, e habilitados para, no mínimo, o exercício do magistério nas séries iniciais do ensino fundamental, de forma a atender a demanda de órgãos públicos e privados envolvidos ao esforço de erradicação do analfabetismo.

Como acontece com a alfabetização, a continuidade dos estudos dos jovens e adultos não recebe atenção diferenciada de parte dos cursos de formação de educadores. Segundo dados do Inep, em 2003, dos 1.306 cursos de pedagogia existentes no País, apenas 16 ofereciam habilitação em educação de jovens e adultos. Nove destes cursos eram mantidos por instituições privadas de ensino superior, e sete, por universidades públicas – duas federais e cinco estaduais. Dessa forma, uma questão recorrente diz respeito à necessidade de se ter uma formação específica para o educador de jovens e adultos. Pensando nessa pergunta é que volto a pesquisar experiências no interior da universidade, desta vez com o olhar para o curso de pedagogia, em particular para a Habilitação em Educação de Jovens e Adultos criada na UFMG desde 1986.

A pesquisa visa conhecer o egresso da habilitação de jovens e adultos do curso de pedagogia da UFMG. Conhecer o egresso significou fazer um levantamento para saber quantos haviam concluído a habilitação desde a sua criação até 2002. Em seguida, procuramos saber onde estavam esses profissionais, quem estava atuando na educação de jovens e adultos. Os dados preliminares da pesquisa, coletados através de questionários e entrevistas, nos assustaram. Durante 17 anos da existência da habilitação, somente 140 estudantes constavam como formandos nessa área.

Do total de 79 ex-alunos que responderam ao questionário, apenas 22 atuavam com a educação de jovens e adultos nesse momento. Surgiu, com isso, uma questão a ser investigada: por que a grande maioria não estava atuando na área que havia se formado? Se, por um lado, a pesquisa anterior sobre formação continuada apontava a necessidade de se ter um profissional com uma formação específica para trabalhar com jovens e adultos, por outro, na pesquisa atual, os formandos declararam que não conseguiram trabalhar com EJA pela indefinição do lugar desse profissional na escola.

Próximos desafios

O reconhecimento do "Direito à Educação" se concretiza no direito a aprender por toda a vida, o que implica que parcelas expressivas da população mais adulta tenham acesso a um processo de formação que lhes considere como sujeitos; parcelas essas que ainda são limitadas por projetos e programas de EJA, geralmente, pela lógica do mercado, ou de gerenciamento com visão de educação apenas como gasto. No que diz respeito à escolarização, é possível reconhecer algumas conquistas no campo do direito. Entretanto, quando tratamos de uma concepção mais ampla de educação, estamos apenas engatinhando.

É preciso avançar na concepção de direito e de educação na vida adulta para nos aproximarmos dos compromissos assumidos pelo Brasil como País signatário da V Confintea. Nesse sentido, é preciso que o público da EJA se exponha como sujeitos portadores de direitos.

No campo das políticas, convivemos com as expressões "supletivo", "aceleração de estudos", que refletem a concepção de educação compensatória presente nas ações de EJA. É preciso avançar no campo conceitual, tendo como foco o jovem e o adulto concreto, como sujeitos de direitos e não de favores. A articulação de uma política nacional de educação de jovens e adultos em muito contribuirá para a convergência das instituições governamentais nas esferas federal, estadual e municipal, bem como dos demais segmentos envolvidos com a EJA: as universidades, os movimentos sociais, as organizações não governamentais e as iniciativas dos trabalhadores e dos empresários.

Entre os desafios colocados para a EJA, está a configuração de seu campo de estudo e de atuação, e como parte dessa configuração, situa-se a formação do educador de jovens e adultos. É necessário, portanto, estender a formação do educador de jovens e adultos para além do curso de pedagogia, pois é comum ouvirmos: "Qualquer um que saiba ler sabe e pode alfabetizar." Com as origens fincadas nas ações da educação popular e em sintonia com as formulações das conferências internacionais, espera-se que educadores e estudiosos do tema contribuam com a configuração dessa área para que ela não continue, segundo Arroyo (2004), como "lote vago", "terra sem dono", onde tudo se pode e qualquer um põe a mão.

Se, no horizonte, a criação do Fundeb[4] incorporar a educação dos jovens e adultos, teremos um contingente expressivo para o Ensino Médio que irá requerer a formação de licenciados das diversas áreas do conhecimento.

REFERÊNCIAS

---

[4] O Fundeb é o Fundo de Desenvolvimento e Valorização da Educação Básica. Diferentemente do Fundef, que é exclusivo para o Ensino Fundamental, o novo fundo incorporará a educação infantil e o ensino médio.

ARANHA, Felipe. *Educadores populares e movimentos populares. Relação de saber.* Belo Horizonte: PUC Minas, 2000.

ARROYO, Miguel. A escola possível é possível. ARROYO, Miguel (Org). *Da escola carente à escola possível.* São Paulo: Edições Loyola, 1986.

ARROYO, Miguel. *A Educação de Jovens e Adultos em tempos de exclusão. Alfabetização e Cidadania.* São Paulo: Rede de Apoio à Ação Alfabetizadora no Brasil, 2001.

BRANDÃO, Carlos Rodrigues. Educação alternativa na sociedade autoritária. In: PAIVA, Vanilda (Org.) *Perspectivas e dilemas da educação popular.* Graal: Rio de Janeiro, 1984.

BRANDÃO, Carlos Rodrigues. *A Educação Popular na Escola Cidadã.* Petrópolis: Vozes, 2002.

CAMPOS, Maria M.M. *Escola e participação popular: a luta por educação elementar em dois bairros de São Paulo.* 1983. Tese de Doutorado – FFLCH, Universidade de São Paulo, São Paulo, 1983.

CAMPOS, Rogério. *As lutas dos trabalhadores pela escola.* 1985 Dissertação de Mestrado Faculdade de Educação, Universidade Federal de Minas Gerais, Belo Horizonte, 1985.

DAYRELL, Juarez. *A escola como espaço sócio-cultural. Múltiplos Olhares sobre Educação e Cultura.* Belo Horizonte: UFMG, 1996.

FÁVERO, Osmar. *Cultura Popular e Educação Popular: memória dos anos 60.* Rio de Janeiro: Graal, 1983. v. 1, p. 283.

FREIRE, Paulo. *Desafios da educação de adultos ante a nova reestruturação tecnológica.* Pedagogia da indignação: cartas pegadagógicas e outros escritos. São Paulo: Ed. da Unesp, 2000.

GIOVANETTI, Maria Amélia. Núcleo de Educação de Jovens e Adultos; pesquisa e formação. Neja/UFMG. *Educação em Revista,* Belo Horizonte, n. 32, p. 197-207, 2000.

HADDAD, Sérgio. Escola para o trabalhador (uma experiência de ensino supletivo noturno para trabalhadores). In: ARROYO, Miguel (Org.) *Da escola carente à escola possível.* São Paulo: Edições Loyola, 1986.

NÓVOA, Antônio. O professores e as histórias de sua vida. In: NÓVOA, A. (Org.). *Vidas de professores.* Porto: Porto, 1995.

PETITAT. André. *Itinerário de leitura de um sociólogo da educação. de um mito ao outro.* Porto Alegre: Teoria & Educação, 1991. p. 143-150.

RIBEIRO, Vera M. A formação de educadores e a constituição da educação de jovens e adultos como campo pedagógico. *Educação e Sociedade*, Campinas, v. 20, n. 68, p. 184-201, dez. 1999.

SOARES, Leôncio. *Do trabalho para a escola: as contradições dessa trajetória a partir de uma experiência de escolarização de adultos.* 1987 Dissertação de Mestrado – Faculdade de Educação, Universidade Federal de Minas Gerais, Belo Horizonte, 1987.

SOARES, Leôncio. *Educação de adultos em Minas Gerais. Continuidades e rupturas.* 1995. Tese de Doutorado – FEUSP, Universidade de São Paulo, 1995.

SOARES, Leôncio. *A formação continuada de educadores de jovens e adultos.* Congresso Brasileiro de Qualidade na Educação: formação de professores. Painéis. Brasília: MEC, SEF, 2002. p.131-136.

SOARES, Leôncio. *Os Fóruns de Educação de Jovens e Adultos; articular, socializar e intervir.* Presença Pedagógica, 2003.

SOARES, Leôncio. *A formação do educador de jovens e adultos.* In: SOARES, Leôncio (Org.). *Aprendendo com a diferença. Estudos e pesquisas em Educação de Jovens e Adultos.* Belo Horizonte: Autêntica, 2003. p. 121-141.

SOARES, Magda. *Metamemória.* São Paulo: Cortez, 1991.

SPÓSITO, Marília. *O povo vai à escola.* São Paulo: Edições Loyola, 1984.

UNESCO-MEC. *Educação de jovens e adultos*: *uma memória contemporânea 1996-2004.* Brasília, 2004.

Os autores

ANA MARIA RABELO GOMES

Professora Adjunta do Departamento de Ciências Aplicadas à Educação da Faculdade de Educação da UFMG; doutora em Sociologia (Universidade de Bolonha); coordenadora do Grupo de Educação Indígena da FaE/UFMG e integrante do Programa Ações Afirmativas na UFMG.

ANA MARIA SIMÕES COELHO

Professora Assistente do Instituto de Geociências da Universidade Federal de Minas Gerais; Mestre em Geografia (UFMG).

CARMEM LÚCIA EITERER

Professora Adjunta do Departamento de Métodos e Técnicas de Ensino da Faculdade de Educação da UFMG; doutora em Educação (USP).

GERALDO MAGELA PEREIRA LEÃO

Professor Adjunto do Departamento de Administração Escolar da Faculdade de Educação da UFMG; doutor em Educação (USP); integrante do Programa Observatório da Juventude da FaE/UFMG.

JOÃO VALDIR ALVES DE SOUZA

Professor Adjunto do Departamento de Ciências Aplicadas à Educação da Faculdade de Educação da UFMG; doutor em História e Filosofia da Educação (PUC/SP).

JUAREZ TARCÍSIO DAYRELL

Professor Adjunto do Departamento de Métodos e Técnicas de Ensino da Faculdade de Educação da UFMG; doutor em Educação (USP); coordenador do Programa Observatório da Juventude da FaE/UFMG e integrante do Programa Ações Afirmativas na UFMG.

Júlio Emílio Diniz Pereira

Professor Assistente do Departamento de Métodos e Técnicas de Ensino da Faculdade de Educação da UFMG; mestre em Educação (UFMG); doutorando em Educação (Universidade de Wisconsin).

Leôncio Soares

Professor Adjunto do Departamento de Administração Escolar da Faculdade de Educação da UFMG; doutor em Educação (USP), coordenador do Neja.

Lúcia Helena Alvarez Leite

Professora Adjunta do Departamento de Administração Escolar da Faculdade de Educação da UFMG; doutora em Filosofia da Educação (Universidade de Valência); coordenadora do Programa de Implantação de Escolas Indígenas em Minas Gerais.

Luiz Alberto Oliveira Gonçalves

Professor Adjunto do Departamento de Ciências Aplicadas à Educação da Faculdade de Educação da UFMG; doutor em Filosofia (École des Hautes Études en Sciences Sociales, França); integrante do Programa Ações Afirmativas na UFMG.

Maria Amélia Gomes de Castro Giovanetti

Professora Adjunta do Departamento de Administração Escolar da Faculdade de Educação da UFMG; doutora em Sociologia (Universidade Católica de Louvain-Bélgica); coordenadora do Programa de Educação Básica de Jovens e Adultos.

Maria da Conceição Ferreira Reis Fonseca

Professora Adjunta do Departamento Métodos e Técnicas de Ensino da Faculdade de Educação da UFMG; doutora em Educação (Unicamp).

Miguel González Arroyo

Professor Titular Emérito da Faculdade de Educação da UFMG; doutor em Educação (Stanford University).

NILMA LINO GOMES

Professora Adjunta do Departamento de Administração Escolar da Faculdade de Educação da UFMG; doutora em Antropologia Social (USP). Autora do livro *A mulher negra que vi de perto*. Coordenadora do Programa Ações Afirmativas na UFMG e vice-coordenadora do Programa Observatório da Juventude da FaE/UFMG.

ROGÉRIO CUNHA CAMPOS

Professor Adjunto do Departamento de Administração Escolar da Faculdade de Educação da UFMG; doutor em Educação (USP) e integrante do Grupo de Educação Indígena/FaE-UFMG. Investigador visitante na Universitat de Barcelona 2004-2005.

Neja – Núcleo de Educação de Jovens e Adultos: Pesquisa e Formação – Faculdade de Educação/FaE/UFMG.

neja@fae.ufmg.br

Este livro foi composto com tipografia Times New Roman
e impresso em papel Off Set 75 g/m² na Formato Artes Gráficas.